中华现代学术名著丛书

# 中国经济建设之路

吴景超 著

商务印书馆

图书在版编目(CIP)数据

中国经济建设之路/吴景超著.—北京:商务印书馆,2023
(中华现代学术名著丛书)
ISBN 978-7-100-21864-1

Ⅰ.①中… Ⅱ.①吴… Ⅲ.①中国经济—经济发展—研究 Ⅳ.①F124

中国版本图书馆 CIP 数据核字(2022)第 223199 号

权利保留,侵权必究。

据商务印书馆1943年版排印

中华现代学术名著丛书
## 中国经济建设之路
吴景超 著

商 务 印 书 馆 出 版
(北京王府井大街36号 邮政编码100710)
商 务 印 书 馆 发 行
北京通州皇家印刷厂印刷
ISBN 978-7-100-21864-1

2023年1月第1版　　　开本 880×1240　1/32
2023年1月北京第1次印刷　印张 8¾
定价:56.00元

# 出版说明

百年前,张之洞尝劝学曰:"世运之明晦,人才之盛衰,其表在政,其里在学。"是时,国势颓危,列强环伺,传统频遭质疑,西学新知亟亟而入。一时间,中西学并立,文史哲分家,经济、政治、社会等新学科勃兴,令国人乱花迷眼。然而,淆乱之中,自有元气淋漓之象。中华现代学术之转型正是完成于这一混沌时期,于切磋琢磨、交锋碰撞中不断前行,涌现了一大批学术名家与经典之作。而学术与思想之新变,亦带动了社会各领域的全面转型,为中华复兴奠定了坚实基础。

时至今日,中华现代学术已走过百余年,其间百家林立、论辩蜂起,沉浮消长瞬息万变,情势之复杂自不待言。温故而知新,述往事而思来者。"中华现代学术名著丛书"之编纂,其意正在于此,冀辨章学术,考镜源流,收纳各学科学派名家名作,以展现中华传统文化之新变,探求中华现代学术之根基。

"中华现代学术名著丛书"收录上自晚清下至20世纪80年代末中国大陆及港澳台地区、海外华人学者的原创学术名著(包括外文著作),以人文社会科学为主体兼及其他,涵盖文学、历史、哲学、政治、经济、法律和社会学等众多学科。

## 出版说明

出版"中华现代学术名著丛书",为本馆一大夙愿。自1897年始创起,本馆以"昌明教育,开启民智"为己任,有幸首刊了中华现代学术史上诸多开山之著、扛鼎之作;于中华现代学术之建立与变迁而言,既为参与者,也是见证者。作为对前人出版成绩与文化理念的承续,本馆倾力谋划,经学界通人擘画,并得国家出版基金支持,终以此丛书呈现于读者面前。唯望无论多少年,皆能傲立于书架,并希冀其能与"汉译世界学术名著丛书"共相辉映。如此宏愿,难免汲深绠短之忧,诚盼专家学者和广大读者共襄助之。

商务印书馆编辑部

2010年12月

# 凡 例

一、"中华现代学术名著丛书"收录晚清以迄20世纪80年代末,为中华学人所著,成就斐然、泽被学林之学术著作。入选著作以名著为主,酌量选录名篇合集。

二、入选著作内容、编次一仍其旧,唯各书卷首冠以作者照片、手迹等。卷末附作者学术年表和题解文章,诚邀专家学者撰写而成,意在介绍作者学术成就,著作成书背景、学术价值及版本流变等情况。

三、入选著作率以原刊或作者修订、校阅本为底本,参校他本,正其讹误。前人引书,时有省略更改,倘不失原意,则不以原书文字改动引文;如确需校改,则出脚注说明版本依据,以"编者注"或"校者注"形式说明。

四、作者自有其文字风格,各时代均有其语言习惯,故不按现行用法、写法及表现手法改动原文;原书专名(人名、地名、术语)及译名与今不统一者,亦不作改动。如确系作者笔误、排印舛误、数据计算与外文拼写错误等,则予径改。

五、原书为直(横)排繁体者,除个别特殊情况,均改作横排简体。其中原书无标点或仅有简单断句者,一律改为新式标点,专名号从略。

六、除特殊情况外,原书篇后注移作脚注,双行夹注改为单行夹注。文献著录则从其原貌,稍加统一。

七、原书因年代久远而字迹模糊或纸页残缺者,据所缺字数用"□"表示;字数难以确定者,则用"(下缺)"表示。

# 目　录

自序 …………………………………………………………… 1
第一章　抗战前的经济建设 ………………………………… 2
　　一、60 年来的中国经济 ………………………………… 2
第二章　几个失败的教训 …………………………………… 16
　　二、汉冶萍公司的覆辙 ………………………………… 16
　　三、记湖北象鼻山铁矿 ………………………………… 28
　　四、安徽售砂公司的始末 ……………………………… 36
　　五、龙烟铁矿的故事 …………………………………… 44
　　六、国营钢铁厂的前奏 ………………………………… 52
　　七、整理生产事业的途径 ……………………………… 60
第三章　经济建设的展望 …………………………………… 75
　　八、国民经济建设运动的体系 ………………………… 75
　　九、经济建设与人才训练 ……………………………… 84
　　十、中国资源与经济建设 ……………………………… 94
　　十一、经济建设与国内资金 …………………………… 101
　　十二、中国应当建设的工业区与工业 ………………… 110
　　十三、中国经济建设之路 ……………………………… 119
　　十四、中国工业化问题的检讨 ………………………… 132

十五、战后我国国际收支平衡的问题 …………… 155
十六、美国经济政策对于中国的影响 …………… 164
十七、论外人在华设厂 …………………………… 171

## 相关研究补编

工业化过程中的资本与人口 ………………………… 179
中国工业化的资本问题 ……………………………… 186
战后美国的资本会来中国吗？
　　——一月二十六日在西南实业协会星五聚餐会讲 …… 210
美国资金的出路问题 ………………………………… 216
社会主义与计划经济是可以分开的
　　——陈振汉《混合制度与计划制度中间的选择》讨论意见 …… 221
计划经济与价格机构 ………………………………… 224
谁知道中国的资源？ ………………………………… 246

吴景超先生学术年表 …………………………… 吕文浩 251
以历史主动精神探索中国致富图强的现代化之路
　　——读吴景超的《中国经济建设之路》 …………… 王 昉 257

# 自　序

　　这儿所收集的 17 篇文章，除了两篇是在抗战前一年所写的以外，其余都是在抗战期内写的，而且是在两种不同的心情之下写的。

　　在抗战的初期，我自己很深切的感觉到，我国虽然高谈经济建设已有多年，但是经济建设对于抗战，似乎没有很大的贡献。这是什么原因？我怀着检讨过去的心情，从一个机关的档案中，去搜集有关的材料，想从这种研究中，发现我们过去的错误，以为将来改进的参考。本书第二章的几篇文章，便是这个时期的产品。我深信这种研究，是很有意义的，因为它告诉我们以前走错的路，以后不要再入迷途。

　　自从太平洋战争发生之后，全国的人民，都感到很大的兴奋。抗战的胜利，因盟国加增而更有把握，战后经济建设的各种问题，现在即应研究，以便战争结束之后，我们便可大规模的进行经济的建设。我怀着策划将来的心情，对于与经济建设有关的人才、资源、资金、工业区位、利用外资等等问题，都作了一番的探讨，第三章里面的 10 篇文章，除了"中国工业化问题的检讨"一文外，都是在过去一年之内写成的。

　　在这抗战胜利的前夕，我愿以满怀的热忱，把这本小册献给全国留心经济建设的同志，欢迎批评与指正。

三二，三，十四。

# 第一章 抗战前的经济建设

## 一、60年来的中国经济

溯今60年前,便是1881年。在这60年内,中国各方面的变动,如政治、军事、教育、思想、家庭,等等,变动都是很大的,但是经济的变动尤为剧烈。简单的说,这60年来经济的变动,是使中国由一个中古时代的经济走向近代化的经济。所谓近代化的经济,在欧美也不过一二百年的历史,乃是工业革命以后的产物。在英国,工业革命在18世纪的中叶便开始了,但在中国,这种运动直到19世纪的末年才见萌芽,到了现在还未完毕。我们现在检讨过去60年的经济变动,是要温习我们已经走过的路程,看看我们已经有了什么成绩,因而决定我们在哪些部门,还要继续的努力。

(一)

在第一个十年内,便是从1881年到1890年,中国的国际贸易有一个很大的变动。在进口洋货一方面,我们自有海关报告以来,总是以鸦片居第一位。但自1885年起,鸦片的位置便让给棉织品了，此后鸦片的进口便逐渐衰微，直到1917年，鸦片的进口便完全禁止了，结束了中外贸易的一段丑史。国外棉织品的输入起于何时不能断言，但是总在英国工业革命之后。据英人的记载，在18世纪中叶的时候，中国货物输往英国的，除了茶、丝，就要轮到土布。那时英国棉纺织业还未发达，英人手织的布匹不能与中国的土布比美，所以贵族富豪都愿意买中国的布。工业革命的结果，把这项贸易的方向倒过来了，英国人不但不买中国的土布，而且还把大批的棉货向中国运来，中国的手工纺织业受到打击而逐渐消灭。20世纪的初叶，舶来的棉织品达到了最高峰。1905年，棉织品的输入占总输入的40.5%。可是凡事有弊亦有利，舶来棉织品虽然打击了我国的手工纺织业，同时也刺激了机器的纺织业。中国新式的纱厂布厂，一天一天的加增起来了，直到1936年，中国输出的棉货已超过输入的棉货。这一个例子，是很可玩味的，因为它证明了，只要我们自己努力，与外人作经济的竞争，并非困难的事。

在出口土货一方面，1887年以前，茶总是居第一位，是年它的位置，给生丝夺去了。丝在出口方面占首席近40年，1928年让给大豆，大豆于1935年又让给桐油。在19世纪初叶，中国的茶独霸世界上的市场。1839年，印度第一次运了八箱茶叶到伦敦出售，重量一共不过350磅，以后印度、锡兰的茶叶，便取中国原有的光荣地位而代之。据1937年的统计，印度输出茶叶156万公担，锡兰输出96万公担，荷属印度，输出40万公担，中国输出40万公担，只及印度输出总量的四分之一。中国的丝在世界市场上的位置，于1905年开始衰退，日本的丝逐渐夺取中国丝的地位。到了1937年，日本丝的输出已有2853万公斤，中国的输出，只有411万公斤，只及日本的输出七分之一而已。茶与丝的没落,是中国近代商业史中最值得注意的事,它证明了,一种商品如不力图改进,只知故步自封,结果是终要失败的。

60年来,参加中外贸易的商品,是逐年的多起来了。在1881年,茶与丝两种商品占出口总量的83.6%;鸦片与棉织品占入口总量的69.4%。可见当时中外的贸易,只限于少数的商品。可是到了1932年,出口的货物共有356项,进口的货物共有483项。项目的加增,自然与价值的加增,是成正比例的。在1881年,进出口的总值,不过14,000余万两,但是去年进出口的总值,便达23万万元。以后中国经济的发展,需要外国合作,所以生产工具、交通器材等等,输入的数量,一定日有加增,同时我国的富源,为外人所需要的也很多,所以中外贸易的前途,一定是很光明的。

(二)

在第二个十年内,便是从1891年到1900年,影响中国经济发展的第一件大事,便是《马关条约》。《马关条约》是于1895年签订的,其中有一条,是允许外人在中国的口岸开设工厂。在《马关条约》以前,中国不能说是没有新式的工业。杨杏佛先生,曾把中国近代工业的发展史分为五期,自1862年至1881年,为军用工业时期;自1882年至1894年,为官督商办时期;自1895年至1902年,为外人兴业时期;自1903年至1911年,为政府奖励及利权收回时期;自1912年至1921年,为自动发展时期。杨先生的前两期,都在《马关条约》之前。现在我们环顾国内的工厂,就可发现在《马关条约》以前设立而现在还存在的,真是寥若晨星。军用工业时期内设立的兵工厂与造船厂,可以说是完全失败。李鸿章于1890年在上海设立的机器织布局及纺织新局,以及张之洞于1893年在武昌设立的机器织布局,有的已毁于火,有的已经易主数次。上海是中国纺织业的中心,但在《马关条约》以前设立的纱厂,只有四个,便是华盛(机器织布局改组)、裕源、裕晋及大纯。可是在1895年,外商的纱厂便有五个设立,即日商的东华公司,英商的怡和、老公茂及鸿源,德商的瑞记。自1897年以后,棉花的进口大增,便是中国机器纺织业开始发展的预兆。新式的丝厂也逐渐设立。以前中国出口的丝,都是手工业的产品,1894年,厂丝第一次在海关报告中出现,到了19世纪末年,厂丝居然在出口丝中占了40%的数量了。我们还有一种统计,可以表示工业在19世纪末年,受了外人的刺激,有长足的进展,就是在1886年时,进口的机器只值18万两,1894年,加至111万两,《马关条约》签订的那年,突增一倍,达到230万两。

自从《马关条约》之后,中国的工业,虽然遇到不少的磨折,但总在那儿进步。我们可惜没有完备的统计,来表示进步的过程。20年前,杨杏佛先生写中国工业史的时候,发现注册的工厂,共有475家。根据经济部二十八年底的工厂登记底册,登记的工厂,已有4277家,资本总数为390,540,965元,职员有45,512人,工人有467,894人。这种登记,可惜是不完全的,不能代表中国工业的全貌。单就登记的工厂来说,有两点可以注意的。第一是中国过去发展的工业多为轻工业,在4000余工厂中,饮食品工业有1061家,纺织工业有914家,居第一位及第二位。机器工业不过369家,而且都是小规模的,因为这300多家的工厂,资本合计不过400余万而已。化学工业差强人意,共有584家,资本总额为

5100万元,厂数与资本数均列第三位。第二点可注意的,就是这些工厂多集中于少数都市,上海一地便有1235家。上海除外之江苏及浙江二省,合有工厂1201家。所以登记的工厂,有一半以上,是集中在江浙二省的。

《马关条约》,一方面刺激了中国的新式工业,一方面也替外人在华投资开了方便之门。据雷玛教授的估计,外人在华投资,总数约美金30万万至35万万元。在1931年,还是以英国的投资为最多,约美金118,900万元,占全数36.7%。日本次之,计投资金113,700万元,占全数35.1%。俄国居第三,投资美金27,300万元。美国居第四,只投资美金19,700万元。关于外人在中国的投资,有三点可以注意。第一,以时间论,在20世纪以前,外人投资于中国的数量颇少,自1902年至1914年,数量加了一倍,自1914年到1934年,又加了一倍。第二,以地域言,英国的投资,有四分之三在上海;日本的投资,有三分之二在满洲。英日俄美四国的投资合算,有46.4%在上海,36%在满洲,留下来的只有17.6%,分散于中国其他各区域。第三,外人的投资在工商业中占80%;政府的借款只占13%。

关于工业经营的方式,自从《马关条约》以来,可以说是大部分都在私人的手里,一直到了最近数年,国营的工业有逐渐抬头之势。在中央方面,资源委员会所管理的工厂,其单位日渐加多,但直至今日,中央所经营的工业多为国防所急需的重工业,及为民营工业供给电力的发电厂。以后是否拘于此项范围,抑将扩充至他项事业,极堪注意与研究。省政府办理工业的试验,在北有山西,在南有广东。山西省政府于1932年,曾组织西北实业公司,所办事业,略具规模的,有钢铁、煤气、制纸、洋灰、酒精、纸烟、窑业、火柴、毛织、印刷、皮革、机器、电化、兵工等工厂,资本2300万元。广东于1933年,定有三年施政计划,拟在此时期内,设水泥厂二处,蔗糖厂四处、缫丝厂一处、丝织厂一处、电力厂二处及呢绒纺织厂、烧碱厂、磷酸肥料厂、淡气肥料厂、硫酸厂、造纸厂、钢铁厂、酒精厂、啤酒厂、棉纱厂、麻布厂、炭气引擎制造厂等共22处,其规模较之山西为宏大。可惜抗战发生之后,这两处的工厂,都没有筹备内迁,以致现在无法利用。将来抗战结束之时,民营工业与国营工业当如何分工合作,国营工业之中,中央与地方又当如何配合,始最有利于国防的建设、人民的康乐,乃为尚待解决的问题。

## (三)

在第三个十年内,便是自1901年至1910年,中国的交通,有速度的发展。中国最早的一条铁路,是1876年建筑的,自上海通至吴淞,但因清廷反对,不久便毁弃了。1881年,开平矿务局筑了长20里的唐胥铁路,以后北宁铁路,便以此线为始基。1889年,这条铁路线往南通到天津,1894年,往北通到长城,其后因中日战争,往关外扩展,便暂告停止。1898年,上海吴淞线又重筑完成。所以在20世纪以前,中国的铁路,在南只有沪淞线,在北只有唐胥线及其扩展之部,里数是有限的。

可是一到20世纪的第一个十年,中国铁路的黄金时代便出现了。这个十年中建筑的铁路,列表如下:

1902年　　中东铁路

1904年　　胶济铁路

1905年　　平汉铁路

1907年　　北宁铁路

1908年　　京沪铁路

1909年　　平绥铁路

1909年　　沪杭铁路

1910年　　滇越铁路

1910年　　陇海铁路（一部分）

接着于1911年，广九铁路完成，1912年，津浦铁路完成。在短短的十年之内，中国完成的铁路，约有6000英里，对于中国经济各部门的发展，都有很大的助力。可惜民国成立之后，连年内乱，铁路的建筑，一搁便是十余年。在这十余年内，铁路不但鲜有进展，而且原来的路产以及车辆，因为内乱之故，也损毁了不少。直至国民政府成立之后，铁路建筑的工作又重行开始。1929年至1932年，修竣的铁路共达346公里，其中有陇海路数段，杭江铁路一段，粤汉铁路一段。1933年，杭江铁路竣工，首都轮渡正式通车，陇海路已展至渭南，粤汉路亦有进展。1936年，是中国铁路史上最可记念的一年，是年九月一日，粤汉路全线首次通车。浙赣铁路南玉段，于一月间落成，淮南铁路长215公里，亦于一月二十日正式通车。陇海路展至宝鸡。同蒲铁路除太原至原平一段外，已告完成。江南铁路由南京至芜湖，于四月间直达通车。苏嘉铁路，于七月十六日完成。

公路的建筑比较在后。1921年，全国公路不过一千多公里，但到1936年，全国各省所建公路共163,000余公里。民用航空起于1929年，到了1936年，经营这种事业的，共有三个公司，即中国、欧亚及西南。航线北至兰州，东至上海，西至成都，南至广东。

新式交通事业中发达最早但最无成绩的，要算航业。招商局是于 1872 年设立的,比起外国许多有名的航业公司,还要早许多年,但这个机关数十年来,都在腐败的管理之下,直至抗战发生的时候,这个有将近 70 年历史的公司,留下来的不过几条旧船而已。但它的同业,在外人经理下的怡和、太古及日清,却是日有进展的。

## (四)

在第四个十年内,便是从 1911 年到 1920 年,我们看到中国的煤产量,突破了 1000 万吨的大关。在 1912 年的时候,中国本部及东北的煤产量,合起来不过 800 余万吨,两年之后,就在 1914 年,中国本部的煤产量,便有 1100 万吨了。这种发展,与前十年铁路的建筑,是有密切关系的。本来煤是一种笨重的货物,如果运输问题不能解决,大量的开发是没有希望的。华北的第一条铁路,我们在上面已经说过,便是因为运煤而建筑的。在铁路没有分布于各地以前,中国并非没有采煤的事业,只是多用土法,出产不多,等到铁路造到煤矿的门前之后,运输不成问题了,大量的生产,不愁没有销路了,于是以前用土法的,现在多用新式机器开采,以前日出数吨的,现在可出数百吨以至数千吨。我们的煤产量,超过 1000 万吨,要在 1914 年,便是因此。

现在国内的大矿,大多数都在铁路的附近。中国本部的第一个大矿,在抗战以前,年产煤 400 万吨以上的,是开滦矿务局,位于北宁沿线。年产 100 万吨以上的两家,中兴在津浦与陇海的附近,中福在道清的附近。年产 50 万吨以上,不到 100 万吨的有四家,井陉与保晋沿正太,六河沟沿平汉,淄川鲁大沿胶济。年产 10 万吨以上，不到50万吨的17家，门头沟、怡立、临城、兴宝，均沿平汉，晋北矿务局沿平绥，柳江沿北宁，正丰沿正太，潍县鲁大、悦升、博东沿胶济，华东贾汪沿津浦，大通、淮南沿淮南，萍乡沿株萍。余下来的三个矿没有铁路运输，但长兴沿湖，由矿到水路，也有26公里的轻便铁路；富华与富源沿长江，由矿区至江边码头，也筑有很短的轻便铁路。中国煤矿的分布，有两点是可以注意的：第一，上面所说的大煤矿，除了萍乡、长兴、富华、富源四矿外，其余均在长江以北。第二，大矿均集中于铁路附近，山西产煤区，分布于57县，但已开采的大矿，均在正太与平绥沿线。陕西的储煤量仅亚于山西，但因交通不便，陇海路最近才由西安通至宝鸡，所以陕西境内，并无一个大矿。

中国的铁矿，抗战前已经开采的，均在长江沿岸。在湖北有大冶铁矿及象鼻山铁矿，在安徽的繁昌与当涂，有裕繁、福利民、宝兴、益华等公司，开采当地的铁矿。这些地方所开采出来的铁砂，可惜国人不能利用，差不多完全都运到日本去了。大冶铁矿，自1893年至1934年，共产铁砂1100万吨，其中运往日本的为750万吨。象鼻山铁矿，自1920年至1934年，共产铁砂185万吨，运销日本的计141万。安徽的产砂公司，其出品悉数运销日本，每年自10余万吨至40余万吨不等。此外在华北的宣化，还有龙烟铁矿，1918年曾成立公司开采，但不久即因经费困难而停顿。安徽的铜官山铁矿，以及江苏的利国驿铁矿，均曾有过开发的计划，可是均无结果。

中国的煤储藏量，虽然集中于华北，可是特种矿产却集中于华南。江西的钨、湖南的锑，其产量在世界上均占第一位，他们的积极开发，乃是受了第一次欧战的刺激所致。此外如贵州的汞、广西、云南的锡,其产量除自给外,尚可运销海外。这些矿产品,在近年的国际贸易上,已曾占据很重要的地位了。

(五)

在第五个十年内,便是从1921年到1930年,农业改良的工作才积极发展。农业是中国最老的经济生产方式,可是中国的智识阶级,一向很少有人去理他,所以农业的生产,直至最近,还是停留在陈旧的方式里。可是1921年以后,政府与社会举办了好几种工作,对于农民的生产颇有帮助。第一是合作事业的发展。合作社的组织,乃是华洋义赈会于1923年在河北开始的,第二年只成立了8社,但是到了1930年便有946社。其后南昌行营也利用合作社的组织,来做复兴劫后农村的工具;实业部又于1935年成立合作司,于是合作事业的进步一日千里,最近合作社的登记已超过78,000个单位,在十余年内有此成绩,确为难能可贵。在各种合作社中,以信用合作社为最普遍,这种组织对于农民的资金问题,给以相当的解决。农民如欲增加生产而缺乏资金的,可利用合作社向合作金库或办理农贷的银行去借贷,不像以前那样呻吟于高利贷者的压迫之下了。其次是农田水利的兴办。中国古代对于农田水利本极注意。譬如战国的时候,秦用水工郑国,引泾灌田,史称溉田45,000顷;李冰为蜀守,穿郫、检二江,引溉成都,灌县一带田畴以万亿计,都是很著名的水利工作。民国成立以后,水利失修。1928年,华北大旱,大家的注意力,才又引到灌溉事业上去,于是绥远开民生渠,陕西开泾惠渠,为近年灌溉事业之起始。其后甘肃有洮惠渠,宁夏有云亭渠,陕西除泾惠渠外,有洛惠渠、渭惠渠、梅惠渠,河北有仁寿渠,其他小规模的新式灌溉工程不可胜计,对于旱灾的预防,是有很大功用的。农民有了这种新式工程的帮助,每年收获的多少便不是完全靠天了。再其次便是良种推广与病害防除等工作,以加增米麦棉花等作物的生产,使中国的衣食自给政策可以早日达到。这种工作,起初是私人机关,如金陵大学的农学院,加以注意,及至1930年,实业部与全国经济委员会成立之后,政府对于这种工作继续努力。实业部的中央农业实验所,对于米麦种子的改良,全国经济委员会的棉业统制委员会,对于棉花良种的推广,贡献尤多。经过相当的努力,自然表现成绩。如洋米进口,在一个时期,曾达1000万公担,但在1936年,进口的数量,只有180余万公担。棉花的产额,由1932年的490万公担,增至1936年的840万公担,因而进口的棉花,也由1932年的220万公担,降至1936年的40万公担,可见那年我们的棉花已能自给。

中国大多数的人民还是以农为业,农业的生产总值至今还居各业之首,所以农业改良的重要性是不可忽视的。以后农业对于建设新中国的贡献,即在生产大量的剩余,运销国外,以换取我们工矿业所必需的生产工具及运输业必需的交通器材。假如中国的农民能够实现此点,不但近代化的经济可以早日在中国实现,就是农民本身的生活也可日渐上进了。

(六)

以上我们已经把经济的各部门:商业、工业、交通、矿业、农业,在过去几十年内的发展,大略的画了一个轮廓。现在让我们把第六个十年,就是最近的十年内,经济方面的大事,略书数语,以结此文。

最近的十年,自然的分为两个段落,抗战前为第一段落,抗战后为第二段落。抗战前的数年,是中国最进步的几年,经济各部门的发展,无一不可使人乐观。1936年的海关报告,对于当年的经济,有下面一段很扼要的描写:

> 言乎经济,则汇市稳定,物价上腾,币制改革政策,经此一年之试验,进行顺利,已奏肤功。至于农工各业,亦系齐趋发展。关于农业,举凡农村信用贷款之兴办,棉稻及小麦种子之改良,以及种茶制丝新法之提倡,均足以促进农业技术,而使之日见增进。关于工业建设,则机器制造厂,化学产品炼制厂,以及制糖厂、炼油厂等,纷纷兴办,几如雨后春笋,是则工业发展之象征也。至言交通建设,则铁路、公路、航空,莫不突飞猛进,一日千里。再就对外贸易言之,据统计数字推测,中国对于舶来物品,需要渐少,尤以食料及消耗物品为最,其将来所需洋货,殆仅以生产物品:机器、金属、矿砂、车辆及油类等为限。良以此项物品,或为本国所不产,或因现今所产者,尚不甚精也。至主要出口土货,一俟世界经济状况,逐渐恢复,则其海外销路,亦必渐形畅旺。

可惜好景不常,第二年卢沟桥的炮声,把中国经济的正常发展路线完全毁坏了。抗战对于中国经济的发展,一定有深刻而巨大的影响,也许后人来写中国的经济发达史,要把抗战这一件事来划分时期。我们现在还在抗战的时期中,对于这个巨大的变动,也许还不能看得十分清楚,但是有重要的几点,也无妨在此提出。第一是沿江沿海各大都市中工商业的破坏。我国旧有的新式工商业，大部分都集中于大都市，自从这些大都市受了敌人的炮火摧残之后，中国人费了几十年心血才创造起来的事业，便大部分被毁坏了。我们只拿上海来说：战前全市有华商纱厂31家，纱锭超过110万枚，战后只剩了8厂，残留在租界内，可以自由开工，纱锭总数不过34万枚，等于战前的30%。又如面粉工业，战前有15厂，战后只残留了8厂。其次如卷烟业，总共31家，全在军事区域之内，因而都受了损失。再其次，缫丝业战前有44家，却有42家设在闸北战区而受了摧残。我们因为这次战事而受到的经济损失，大约要到战后才可写出一篇清账，等到写出来时，其数目之大，一定是可惊的。第二，抗战促成了内地的建设。中国的内地，虽然地大物博，但在抗战以前，新式的事业很少在内地立足，因之口岸虽然开发，而内地的闭塞与守旧如故。抗战以后，迁入内地厂矿不下448家，其中分布川境的254家，湘境的121家，桂境的23家，陕境的27家，其他各地尚有23家。由政府资助技术工人迁入内地，凡12,000余人，运入机械最低重量为12万吨。交通方面，西南各省在战前除滇越路外，没有一条铁路。抗战之后，建设的铁路或在计划中的铁路，有成渝、湘黔、川黔、滇黔、川滇、湘桂、滇缅等路线。贵阳、昆明等都市，与东南各省连络的公路，在抗战前几个月才通车，现在贵阳已成为西南公路的中心了。在抗战以前，云南省内，没有一个中央的金融机关，现在云南以及其他西南、西北各省，已经在中央的金融网之内了。此外如农产品的改良，合作金库的创设，农田水利事业的推进，工业合作的提倡，在内地各省，都有人在那儿工作，远非战前歧视内地的情形所可比，所以抗战虽然造成了沿海沿江大都市的破坏，但同时也促成了广大内地的开发，使中国的现代化更为深入。第三,抗战统一了从事经济事业的人的信仰与意志。这种信仰,就是《抗战建国纲领》中所谓经济建设以军事为中心,同时注意改善人民生活。所谓统一的意志,便是百折不回,要建设一个富强的新中国。由于统一的信仰与意志所产生的力量是很伟大的。它的成就,我们愿俟诸异日的史学家。

# 第二章　几个失败的教训

## 二、汉冶萍公司的覆辙

### （一）汉冶萍公司的成立

汉冶萍公司的正式成立，是在1908年（光绪三十四年），但是我们如要知道它的来源，还要上溯到1890年（光绪十六年），在那一年，两广总督张之洞条陈路政，预备在广东创办铁厂，自造钢轨，就托驻英公使向英国工厂订购机炉。英国的厂主说是应当先把铁矿煤焦寄厂化验，然后可以定造，不可贸然从事。公使以此告张之洞，张之洞的答复，是中国之大，何处无煤铁佳矿，只照英国所有的购办一份便可。机炉还没有运到，张之洞已经调督两湖，后任不肯接收前任订办的外国东西，只好又将机炉改运湖北。张之洞便在汉阳选定地点，安置机件，所谓汉阳铁厂就是这样碰巧的建筑起来的。在张之洞筹划铁厂的时候，还没有知道炼铁的原料在什么地方取给，当时适值盛宣怀率同英国矿师，勘得大冶铁矿，先已购地数处，于是献给张之洞，以资采炼。不过大冶的铁,是否适于汉阳机炉之用呢？据曾述棨的报告："炼制钢铁须视矿料原质配合炉座。冶铁原质最初未经化验,与前购机炉两相凿枘,制出钢轨不合准绳。"汉阳铁厂初办的时候,还有一个大问题,就是炼铁的煤焦尚无着落。汉厂附带经营的江夏马鞍山煤矿,其煤炼出的焦,磺重不合化铁。由于这些原因,所以铁厂自开办之日起,到1896年商办止,据说只购取欧洲煤炭,开炉一次,并无丝毫货款收入,但是部拨经费以及挪用各局的官款,已用库平银568万余两。张之洞办不下去了,于是招商承办,盛宣怀便集股100万两,代表股东,承办此厂。以前各项用款及欠款,据张之洞所订官督商办的章程中所载,都归官局清理报销。自改归商办后,每出生铁一吨,提银一两,抵还官局用本。还清以后,永远每吨生铁提捐一两,以伸报效。盛宣怀接收之后,有两件工作最可注意:一为创办萍乡煤矿,该矿系于1896年勘得,1898年,盛宣怀奏派张赞宸任萍矿总办,驰往开采。萍乡的煤,不但藏量丰富,而且适于炼焦,合于化铁。二为改良汉厂,添置机炉,弃旧更新。但因此而用款更巨,借贷利息,愈久愈增。据盛宣怀原奏:"自光绪二十二年(1896年)五月,截至三十三年(1907年)八月,铁厂已用商本银1020万余两。煤矿输驳,已用商本银740余万两。其余外债商欠,将及1000万两。抵押居多,息重期促,转辗换票,时有尾大不掉之虞。"在这种情形之下,不得不另筹添股办法。1908年,旧股东便议决合并汉阳铁厂、大冶铁矿、萍乡煤矿为一公司,举盛宣怀为总理,重订章程,加招华股,于是年二月二十四日,赴前清农工商部缴费注册,定名为汉冶萍煤铁厂矿股份有限公司。

汉冶萍公司,就是在这种负债累累的状况之下成立的。

## (二) 日人垄断汉冶萍公司的经过

在汉冶萍公司还没有正式成立之前,日本的金融家,与中国这个新兴的事业,便已发生关系。在1903年的九月,盛宣怀与代表日本制铁所及日本兴业银行的日本驻沪总领事小田切,签订了借日币300万元的合同。这个合同上有三点极可注意。第一,合同载明以大冶矿山及运矿铁道抵押与日本兴业银行,在该限期内,不得或卖或让或租与他国的官商。第二,如欲另作第二次借款,应先向日本接洽。第三,制铁所至少要收买上等矿石6万吨。自从那年以后,汉冶萍与日本的金融界与实业界,便不断的发生借款的关系。据贺良朴在民国元年的调查,那年该公司共欠正金银行预支铁价日金600万元,又借正金银行规银100万两,三井洋行日金100万元。汉口厂矿局预支矿石价日金300万元,除还尚欠200余万元,又借正金银行日金200万元以上。由此可见汉冶萍在民国初年,共欠日本各银行的债款,已在1000万元以上,但是公司的经济,并无好转的希望,内则厂矿经费无着,外则各债户昼夜追迫。就在这个时候,我们第一次听到中日合办的呼声。

汉冶萍公司与日商代表所订的中日合办草约,系于民国元年一月二十九日签字,共有十条,规定新公司的股本为3000万元,华股五成,计华币1500万元,日股五成,计日币1500万元。新公司股东公举董事共11名,内华人6名,日人5名,再由董事在此11人内公举总理华人1名。协理日人1名。中日合办的要求,到底是谁的主张,以及后来为何取消,我们看到两种不同的说法。一说见于汉冶萍董事的呈文,他们说是南京政府甫成立时,因北伐军饷,无可押借,严电逼盛,以厂矿抵借日金300万元,外人遂有合办的要求。查《中日合办草约》第十条订明,此合约须经全体股东决议。那年三月二十二日,股东在沪开会,到会股东,全体反对合办,于是电致日本,取消草合同。另外一说,见于鄂人孙武等的宣言,据他们说,南京政府新立,盛氏私与勾结,将厂矿抵押日债,改为中日合办,经鄂人力争中止,挽回危局。我们现在不问这种办法,是谁提出来的,不过这种提议,经当时的国人反对,并没有成功。

元年合办之议,既然没有成功,公司的财政,又逐渐的崩溃,所以在民国二年,便有向日本大借款的案件发生。借款的理由,据合同上所载,系为湖北省大冶地方,新设镕矿炉二座,且扩充改良湖北省汉阳铁厂、大冶铁路电厂并江西省萍乡煤矿电厂洗煤所等项,需要资金。借款的数目,共为日金1500万元。合同中的款项最重要的有三点:第一,自合同生效之日起,40年内,公司允除已订合同外,售与制铁所头等铁矿石1500万吨,生铁800万吨。第二,公司须聘日本工程师一名,为最高顾问工程师,另聘日本人一名为会计顾问。第三,公司如欲由中国以外之银行资本家等商借款项,及其他通融资金之时,必须先尽向横滨正金银行商借,如银行不能商借,公司可以另行筹借。自从这次借款之后,公司的业务及财政,便在日人的监督之中。公司借款的权利,完全受日人所限制。一个中国人所办的事业,实际只是供给原料,替日本的重工业树立基础而已。

借款的合同,是民国二年十二月二日签订的,到了民国三年一月十一日,农商部才有电给汉冶萍公司阻止,可惜已经太迟,无法补救了。民元至民三之间,朝野各界,对于改组汉冶萍,有各种的提议,但大多数都因日人从中作梗及其他的原因,而没有办得通。

最早的一个提议,是把汉冶萍收归国有。民国元年八月,汉冶萍公司因鉴于环境的恶劣,便开了一次特别股东大会,请政府将公司收归国有。当时的工商部,派员调查公司真相,缮具报告四册,并呈文大总统,拟定解决汉冶萍办法三策,以为国有为上,官商合办次之,商办又次之。但国有之议,始终没有成功,其原因有三:一因国有之议初起时,便有赣鄂二省对于汉冶萍的纷争,又兼东南发生二次革命,遂致悬而未决。二因国有须筹资4500万或2500万,当时的政府,无此筹款的能力。三因日人的反对,民国三年七月三十一日,农商部呈大总统文中曾说过:"前此工商部议归国有时,某国人即竭力破坏。阳来部中诘问,阴嗾股东反对。"由此可见日本人对于汉冶萍,不但不愿意外国人染指,便是中国政府要来干涉,他也是反对的。比较国有之说略为后起的,便是省有之说。在民国元年八月,江西省政府,便有派员总理监督萍乡煤矿之举,同年十二月,鄂人孙武电大总统,说是汉冶萍厂矿经鄂省议会议决,由鄂收办。副总统民政长及鄂省党会工商实业各团体,公举他当督办。这种举动,中央政府当时正在筹办收归国有,所以毫不赞同。同时日本的外交官,对此事积极干涉。江西方面,接到汉口日本总领事的电报,说是萍矿在汉冶萍公司与正金银行立约借款时,同在抵押之列,所以日本政府,未便付诸不问。鄂省派孙武为督办的事,居然引起日本公使伊集彦吉的抗议。他于十二月十五日有函致国务院,说是日本政府闻知任命督办之耗,十分诧异,且以此事甚不以为然等语。中央既不赞成,日本又积极反对,所以省有之议,也中途作罢。到了民国三年二月,社会上的舆论,对于汉冶萍向日本的大借款,都一致的表示不满,于是英国制造师会的驻京办事处主任费士休,写了一封信给农商部的总长,提议借用英款,以清偿公司的债务,并谓此议如果成功,并不发生干预该公司的营业问题,不过制造会希望得到供给汉冶萍各种机器的专权。信的后面,还附带的声明了一句,说是该会已得英外部允为赞助。农商部长的复函,甚为简单,只是"汉冶萍公司,目下并未议及借用外国款项"寥寥十余字。当时的农商部,为什么不考虑利用英国的资本呢?理由是很简单的。我在上面已经说过,公司与日商历次所订借款合同,规定以后如要续借,都要向日本的银行接洽。日本人深谋远虑,早就料到将来也许中国的政府,会向另一国借款,来替公司还债,因而脱离了日本的控驭,所以在民国二年与公司所订借款合同的附件上,便有一条说:"汉冶萍公司,由中国政府将确实在本国内所得中国自有之资金,即中国政府并非自他国不论直接或间接借用所得之资金,借与公司,其利息较本借款所定利息为轻,并无须担保,公司即将此项轻利之资金,偿还本合同借款之全部或未经偿还之全部时,银行可以承诺。"这种条文,农商部长是看到的,所以他知道如借英国的资金,来还汉冶萍所欠日本的债,一定会引起外交问题,因而英人的好意,他未便接受。

国有、省有以及借用英款等办法,既然都行不通,于是接着提出来的,便是官商合办之说。这个办法,也是汉冶萍公司提出来的,时在民国三年三月。自民国三年七月起,至民国四年二月止,农商部曾有四次呈文给大总统,论解决汉冶萍公司的对策,其要点系"以国有政策,定他日进行之方针,以官商合办,为此时过渡之办法"。

但官商合办,政府便要出钱。钱的数目,当时农商总长,先提1400余万元,最后减到500万元。大总统发给各部会商办法,终以筹款艰难,不能得一定议。拖延复拖延,而日本人的《二十一条》,

已于民国四年一月十八日由日本公使面谒大总统时提出。

《二十一条》的内容,是大家都知道的。其中第三号的两条,都与汉冶萍公司有关。两条的文字,经过几次修改,终于在五月二十五日换文,文云:"中国政府因日本国资本家与汉冶萍公司有密切之关系,如将来该公司与日本国资本家商定合办时,可即允准,又不将该公司充公,又无日本国资本家之同意,不将该公司归为国有,又不使该公司借用日本国以外之外国资本。"

自1903年汉冶萍公司与日本订借款合同之日起,到1915年中日关于汉冶萍公司换文之日止,前后不过12年。就在这短短的12年中,日本人完成了垄断汉冶萍公司的工作。

## (三) 汉冶萍公司的没落

汉冶萍公司自从走入日人的樊笼之后,惟一脱离束缚的机会,是在欧战期间,但主持公司事务的人,根本没有把握着这个机会,却轻轻的把他放过了。据中华矿学研究会的估计,欧战期中,公司售与日本生铁,约30万吨,矿石约百万吨,可炼生铁60万吨,彼时生铁市价,最高约国币200余元,最低亦需160元。即以每吨160元计算,此90万吨生铁,可售国币14,000余万元,其中除去成本4000余万元,尚有10,000万元之利,约合当时的日金20,000万元。欧战以前,公司所负日债,约日金3000余万元。假如公司的主得人,那么利用这个机会,一方面还去日债,一方面扩充范围,也许中国钢铁事业的基础就在这个时期树立起来了。可惜这个希望并没有能够达到。其中的原因,据一般人的解释,就是生铁与矿石的售价,受欧战前合同的束缚,不能照市价出售,以致公司得不到铁价高涨的益处。这种解释,并不尽然。公司方面虽然受合同的牵制,不能纯然按照市价计值,但当时公司曾与日人交涉,争回一部分的加价,欧战期间,公司售与日方的生铁,每吨有至日金 120 元及 92 元的。就照这个数目计算,公司也可获得很大的盈余。但查公司的账目,在欧战期中,全部营业只盈余国币近 2000 万元。公司又不把这些盈余还债,却用以购买废矿及分红利。欧战之后,铁价下落,公司也就逐渐的衰落,永远没有翻身的机会。

民国八年以后,公司的事业,没有扩充,只有收缩。汉阳铁厂日出百吨的两化铁炉,及日出 300 吨钢料的七座炼钢炉,均于民国八年停炼;日出 250 吨的化铁炉,也于民国十一年停炼。大冶新铁厂,于民国二年借日款开办的,到民国十二年才建筑完竣。那年四月关化铁炉一座,日出生铁 400 万吨,十三年底就停炼。另外同式的一炉,十四年五月开炼,十月停炼。民国十四年,萍乡煤矿因汉冶两厂熄炉,不需用焦炭,便停大工。

国民政府成立的时候,汉冶萍公司已是奄奄一息了。民国十六年,国民政府设立该公司整理委员会及萍矿整理委员会,并颁布整理会章程,准备接管公司的事业。十七年由日本驻沪总领事递交节略,不承认上项管理制度,并有日舰赴大冶示威,以是接管之议终未实行。江西省政府,旋以萍乡煤矿无形停顿,影响员工生计为理由,派员接管该矿。二十六年冬,资源委员会以武汉燃料缺乏,粤汉路也需煤甚殷,便派员前往该矿整理。汉阳铁厂,自抗战起后,便归兵工署正式借用接管。二十七年,政府因鄂省渐逼战区,为未雨绸缪计,便将汉阳铁厂及大冶铁矿的重要机件,酌量运入四川。汉冶萍公司的生命,至此乃告一段落。

## （四）汉冶萍公司失败的原因

汉阳铁厂的开办，距今将近50年；汉冶萍公司的正式成立，距今也有30年。在这个时期里，假如主持这种事业的人，有眼光、有能力、勤谨的去工作，那么中国的钢铁事业，应该很早便有基础。果能如此，中国的工业化，一定早已突飞猛进；中国的国防力量，一定比现在要坚强巩固。可惜事与愿违，中国现在的钢铁工业，比张之洞的时代相差无几，比盛宣怀的时代还要退化。我们真是虚度了50年！现在全国正在力图复兴中国的重工业，那么对于汉冶萍失败的原因，我们就应当研究一下，以为后来者的警戒。

汉冶萍失败的第一个原因，是由于计划不周。张之洞开办汉阳铁厂，"度地则取便耳目，不问其适用与否，汉阳沙松土湿，填土埋桩之费，至200余万两之多。造炉则任取一式，不问矿质之适宜与否。购机则谓大须可以造舟车，小须可以制针钉。喜功好大，以意为师，致所置机器，半归无用"。汉阳铁厂地点的选择，是中国新事业的一个大污点。后来盛宣怀知道在大冶设炉，见解已有进步，但大冶设炉之议，起于民国二年，一直隔了十年才算成功，可见当时计划的疏忽。这是从工程一方面而言，充分的表示当初创办的人是如何的盲冲瞎干。

在预算方面，其无计划的程度，正不下于工程。张之洞对于办一铁厂应需的经费，是毫无预算的，只看他经手的500多万余两全是东拉西扯而来，可窥一斑。盛宣怀接办的时候，对于经费，一样的无预算，据他自己在光绪三十四年二月的奏稿上说："臣不自量力，一身肩任，初谓筹款数百万，即足办理，实不知需本之巨，有如今日之身入重地者。盖东亚创局,素未经见,而由煤炼焦,由焦炼铁,由铁炼钢,机炉名目繁多,工夫层累曲折,如盲觅针,茫无头绪。及至事已入手,欲罢不能",接着他就说在这种欲罢不能的情形之下,用了多少钱,欠了多少债。后来日本人能够插足于汉冶萍,垄断公司的事业,都是无预算所产生的恶果。

汉冶萍失败的第二个原因,是由于用人不当。主持事业的人,前如张,后如盛,虽然他们在别的方面有他们的长处,但决非办重工业的人才,上面我已说过。"汉冶萍事业,矿分煤铁,工兼冶铸,非独工程之事,赖有专家,即经理辅佐之人,亦须略具工商知识,公司中人,率皆闲散官绅,夤缘张之洞、盛宣怀而来,希图一己之分肥,与公司无利害之关系。"这些"职员技师,类无学识经验,暗中摸索。即实力经营,已不免多所贻误,况再加以有心蒙混,任意开销,其流弊故不可胜纪"。这两段话,都是民国初年调查过汉冶萍公司的人所下的断语,可见汉冶萍自开办以来,用人行政已染上官场的恶习,自然难免于腐化了。

汉冶萍失败的第三个原因,是由于管理不善,此点可分两层来说。一为人事的管理不善。股东对于公司并无监督的能力,所以在民国元年,"公司亏耗之数,已逾千万,问诸股东,殆无知者"。民国二十年,公司有几个股东,上呈文于政府,说是"汉冶萍十余年来,股东会从未召集"。这虽然是一句过分的话,但自从民国十三年以后,到二十年,数年之内没有开过股东会,却是实情。在这种情形之下,股东对于董事与经理无法实行监督,乃是自然的。总公司与董事会,都"设在上海,距各厂矿2000余里,消息不灵,鞭长莫及,况复事权各执,手续纷糅,凭三数坐办,一纸呈报,真伪是非,无从辨晰"。所以民国初年,萍矿总办林志熙吞没萍矿各款30余万两，总公司并不知道，直至政府派员调查公司情形，才代为发现，可见股东既没有监督董事与经理，而董事与经理也没有严密的监督公司的属员。二为账目的管理不善。公司在开股东大会时，有时也作账目的报告，其不可靠的程度，张轶欧于民国七年二月，于代表政府参加该公司的股东大会后，曾有报告，其中有一段说："上年公司收入总计不过 11,262,000 余两，其支出则有 11,179,000 余两，出入相较，所赢无几。其所以称有盈余 1,333,000 余两，得发股息六厘者，谓盘存项下，各厂矿较上届均有加存之故，及观其所谓盘存，则除所存钢铁石煤焦，可以待时而沽然所值亦属有限外，余皆厂屋基地炉机舟车之类。此类财产，照外国厂矿通例，除地价外，均应逐年折旧，递减其值。而该公司则十余年前设备之旧物，尚照原值开列，其历年所添之物，尤必纤毫具载。故虽通国皆知其亏累不堪，股票市价，不及额面之半，而就其账略通收支存三项计之，往往有盈无绌，或所绌无几，此该公司上年营业之大略情形。"这一段话，把公司做账的腐败情形，真是和盘托出。但账略上表现有盈余然后分派股息，不管他盈余是如何算出来的，也还有辞可饰。最不可解的是公司明明亏本，也要分派股息。有好些年份，公司不能拿现金出来给息，便填些股票或息票交给股东。但民国五年，据王治昌向政府的报告，说是该年公司亏损 27 万余两，但开股东大会时，一致通过该届股息，无论如何，须发半数现款、半数息票。公司的债务，其所以逐渐加增的原因，没有盈余也要付息的办法，要负一部分的责任。

汉冶萍失败的第四个原因，是由于环境不良。无论什么事业，都要在安定的社会里，才可以生长。民国自成立以来，二十余年，内乱时时发生。辛亥革命之时，汉厂以逼近战线，炉毁厂停，损失至巨。赣宁之役,武汉转兵,将厂方运料轮驳,悉索一空,厂炉几至停锻。以后也叠受军事的影响。萍乡煤矿虽僻处赣省边境,但民国成立以来,常因战事而停工。矿中食米,常被征收作军粮;开矿工人,常被军队拨去当运输的工作。这种有形无形的损失,实在是不知凡几。而且在别的国里,像汉冶萍公司这种事业,政府认为与国防有关,是特别爱护的,但在中国,汉冶萍公司,除在前清宣统三年,曾向邮传部预支轨价银 300 万两,及民国元年,曾向工商部请得公债 500 万元外,没有得到政府的一点补助。就是在前清时代,预支的轨价,到民国三年,交通部向公司替陇海、吉长、张绥等铁路购轨时,便以此借口,拒不付现,而以旧欠作抵,以致公司向政府发出"矢绝道穷,不亡何待"的哀鸣。民国元年工商部部长呈大总统文,历叙政府与公司之关系,其结论为"官家之于公司,实无成绩之可言",可谓与事实相符。至于地方政府,如民初鄂省所派的督办,除月领公司薪水 700 元外,并无丝毫的贡献。鄂省清理处,是专与汉冶萍公司算旧账的机关,据公司上政府的呈文,说是这个机关所扣去公司的财产,即轮驳一项,已逾 200 余万。二十二年,湖北省政府又以该公司积欠鄂省债捐为理由,将汉阳铁厂所存的钢轨,提出售与平汉、陇海两路局,据云共值百余万元。大冶铁矿所在地的县政府,在民国初年,屡向冶矿要求纳捐以充经费。起初以自治经费为理由,每年向冶矿要求捐款 4000 两。自治停办之后,大冶县知事又以办警队为由,逼令冶矿照旧纳捐,认为是地方税的一种。像这一类的例子,证明过去各级的政府对于新兴的事业,保护少而剥削多,补助是少有的,但诛求却无餍。

　　以上所举的四种理由,前三种是属于公司本身的,后一种是属于公司身外的。在这种内外夹攻的情形之下,一个可以有为的事业,便逐渐衰落,终于消灭了。我们现在追溯汉冶萍的往事,不可不牢牢记着它所给我们的教训。

## 三、记湖北象鼻山铁矿

### (一) 希奇的创办原因

湖北的象鼻山铁矿,是民国五年成立的湖北官矿公署所主办的。湖北官矿公署成立的原因,颇为特别。民国四年九月,农商财政两部合呈大总统文云:

> 窃两湖地方矿产宏富,久为世界所推,及时举办,确为要图。惟查湖北自前清设立官钱局,发行纸币,垂二十年,为数已逾千两。前据该局督办高松如面称,湖北纸币,行使长江上游一带,信用尚著,推行既广,尤宜宽筹准备,以固根基。再四思维,惟有实力兴办该省矿政,目前所需资本,可由官钱局设法腾挪,将来所获矿利盈余,先尽储为该局纸币准备金之用。如此,则该省金融,可期巩固,实一举两得之道。

湖北官钱局的纸币,为什么在民国四年,要"宽筹准备,以固根基"呢?其主要原因,系因"辛亥改革,公家亏挪钱局票本二千数百万,自民国三年后,又挪借数百万,日积月累,无所底止",官钱局的督办高松如,起初并无开办官钱的意思,他"当日屡向中央请款,政府无资以应",最后农财两部才商量出一个特准湖北开办官矿的办法,以"办矿余利,维持票本"。

以办矿来巩固金融,实为中外开矿史中所罕见的例。湖北官矿公署,既为巩固该省金融而设立,所以公署的督办,前两任都是由官钱局的督办兼领。官钱局在民国十一年以前,曾前后为官矿公署筹垫洋160余万元,钱298万串有零。但是官矿公署并无余利可以贡献给官钱局,以维持其票本。结果是官钱局的票价,日渐跌落,造成民国十一年湖北市面上的恐慌。所以官钱局不但没有得到官矿公署的一点好处,反而因他加增了许多负担!

## (二) 官僚式的办矿

湖北官矿公署的第一任督办,就是官钱局的督办高松如。他于民国五年一月公署成立就任督办之日起,至民国七年一月病故之日止,在任内两年有余的工作,因为他对于主管机关很少报告,所以无从知其详细。不过有一件事他做得很热心,便是收买矿山。关于铁矿,他不但自己收买,而且还请中央设法禁止商办公司收买。他于六年八月呈农商部文说:

> 查铁矿系供给军需要品,实为国家命脉所关,政府有鉴于此,是以收归国有,悬为明令。官矿署为奉令设立之矿务机关,所有湖北确有价值之各铁矿,当然归官矿署尽数收买,藉杜一切流弊。近来有其他商办公司,在鄂城所属,用重价争购,致各业户将山价日抬日高,矿署转难着手。拟请咨行省长公署,训令大冶鄂城县知事,取缔各铁山业户,不得违背铁矿国有明令,擅自他售。

这种收买矿山的工作，是否官矿公署的急务呢？农商部在高松如病故之后，检讨他这种工作，曾下了下面的判断：

> 无论官办商办，总须注册领照，方能有确定之矿权。该公署乃不解矿权地权之分别，陆续购买矿山，地价已多至40余万元，而迄未呈部请照。未有矿权，徒糜巨款，殊非正当办法。自民国四年十二月至七年一月，共支款140余万元，而三分之一，皆费于购地，殊非办矿必要之支出。

查民国三年公布的矿业条例第九条，曾规定金属矿质，无论地面业主与非地面业主，应以呈请矿业权在先者，有优先取得矿业权之权。高松如只知收买矿山，而不注册领照，证明他虽然是官矿公署的督办，但没有看过矿业条例。

高松如的继任者，是王占元所谓"在鄂服官三十余年，于财政富有经验"的造币厂厂长金鼎。自他继任之后，才以开采象鼻山铁矿为官矿公署的专务。可是"象鼻山一矿，建厂设炉，着手开办，大概非数百万金，不能完全告成"。这数百万金，又从何处筹集呢？金鼎因同时是官钱局的督办，所以还是在官钱局身上打主意。他于民国八年二月呈农商部文说：

> 官钱局所有汉口附近后城马路官地，约值三四百万金，可以变价，作为开办资本。但地价缓售则涨，急售则跌，乃一定之理。此时地价不可骤得，而矿本又须急筹，莫如添印官票600万串，先为矿署接济，俟汉口地价售出若干，即将官票收缩若干，在官钱局票额不使加多，在官矿办理不致停滞。好在矿

务之利，可操左券，汉口地价，又确有把握，此添印之官票，不过暂且腾挪，在此市面活泼之时，加印600万串，并无窒碍，将来矿利丰盈，官钱局资力充足，所有全数票额，自应缩收减少，则此600万串加印之官票，实一举而数善具备。

这种筹款的办法，我们暂且不问它的利弊如何，只知政府把它通过，令准照办了。象鼻山的采矿工程及运矿铁路，自八年二月开始，九年九月，大致完竣。九月三日为该矿开幕之期，采运的工程完成不久，官矿公署督办第三次易人，新督办是卸任的湖北省长何佩瑢。湖北省政府派了委员，会同何督办接收前任经办的象鼻山铁矿工程。接收的报告，虽然很长，却值得细读，因为它暴露了前人办矿发财的伎俩。我们抄录一段如下：

>　　委员等遵于上月九日禀辞后，于十一日下午行抵象矿铁路局……乘坐摇车，沿路查看枕木、石子、土方、厂基、木质、芦席、桥工、车站、机器、车辆、码头各项工程材料，周回往复，经二十余日之久，查得该项工程，材料既不坚实，又多糜费，谨就其最关重要者，逐一为钧座呈之：
>　　一工程。　该路建筑，尚合工程学原理，惜石子枕木等项，皆不十分合用，非急图补救，难免不发生意外，其沿途车站机器及材料厂，皆系芦席编盖，仅保一年，现均破坏，以致各厂材料，日露于风雨之中，任其腐烂，殊为可惜。至车站则际此严冬，办事人员万不能寄宿，若当初定盖土砖房屋，可保十年，所费亦略相等，乃计不出此，未始非谋之不臧也。
>　　一枕木。　原购42,500块，用在钉道者共38,159块，材料

处存1164块,机车处存535块,共39,858块,不符2642块。其中栗木占二成九分二,计11,634块,枫木杂木共占七成零八,计28,224块,其合尺码者仅三成余,此外连皮切腰及湾扁不正者约六成余。此等枕木不能受大压力,故已破裂断坏。

委员等逐一点验,计有8000余块,应行抽换。

一石子。　原购16,359方,沿途所铺石子,石质多不坚硬,并有大块者。按每里界牌,掘一横直沟,量其宽深,然后求其平均数,再与长相乘,其间亦多有悬空不满之处。沈家营码头有一里余长未垫。石子在地日久,自有结实亏耗等情形,故统作全有石子及均已装满计算,尚差3993方之多。

一土方。　因历时既久,悬殊自大,无法查验,且册报方数,价亦太巨。

一桥工。　查该路经过地方,既无大湖,又无大港,因此亦无大桥。正路仅长38里,而小桥小水孔等费,竟用去15万余元,每里合洋4000余元,未免糜费太巨。

一废件。　查有矿车弹簧共160件,值洋5440元,原定系30吨压力,交到者仅10吨压力,因不能受重搁置,现因受风雨浸蚀,渐就锈烂。又旧铁货车10部,值洋7000元,现已完全破坏弃置。又查有机器材料大小木箱23件,建设工程时期所买之物,值洋23,000余元,至今公署尚未将清单交出,不能启验。又查清册内载有机器零件,值洋10,000余元,注明尚未收到,无从验收。此验收运矿一部分之大略情形也。

采矿工程,共费40余万元,其装矿码头费用,运矿股既报销14,200余元,采矿股复报销14,300余元,一项两报,数目复不相符,殊不可解。至工程计划亦不甚合,算其轻便铁道之建筑法,颇阻碍矿务之发达,另图陈述。其所用枕木,系一法尺长之小枕木,在本地购买,每块值洋二三角,而该处竟费一元至二元。计原购及锯成之一法尺枕木,共15,262块,验存仅10,661块,不符4601块。此验收采矿一部分之大略情形也。

我们看了这个报告,一定都会发生一个问题,就是金督办对于象矿的工程,报销了298万串有零,其中到底有多少是真正用在工程上面的?

何督办在任前后四年。在他初到任的时候,象鼻山铁矿的收支情形,在他给矿长的训令中曾有叙述:

> 本督办查阅档案,象鼻山铁矿,每月出砂数,至多者不过10,000吨,上下运砂总数,至多者不过14,000余吨。售砂总数,至多者不过12,600余元。而采矿股每月需经常临时费银2720元,营业费洋13,200余元。运矿股每月需经常临时费洋8173元,银1080两,营业费银洋2100元,此外尚有矿长办事处经费988元。两相比较,是售砂所入,不及支出三分之一。长此亏累,殊非持久办法。

其实象鼻山铁矿所担负的,不只采矿股、运矿股及矿长办事处的费用而已,湖北官矿公署的费用,也要算在象鼻山铁矿的开支里面,因为这个官矿公署在初成立时,虽然开办许多矿厂,后来一一都停业了,留下来的事业,只有象鼻山铁矿一处。这个专门管辖象鼻山铁矿的官署,其组织的庞大,真是骇人听闻。除了督办之外,有一位处长,两位会办。公署之下,共分八股,每股设一主任,股员二人至四人,助理员每股二三人。此外还有监印官2人,承启官3人,调查员30人,差遣员8人,卫队20人,杂役30人。象鼻山的矿长,除上面所说已领有矿长办事处经费988元外,尚在公署领夫马费300元。总括起来,公署每月薪水开支,约8800余元,连活动支款,约近万元。所以在何督办任内,反对他的人曾提出下列的质问:

> 以一铁矿而设一督办,因督办而有监印官、承启官、差遣员等名目,其开支较省公署为尤巨,不识农商部核准有案否?营业机关,应有此名目否?

十一年七月,武汉总商会,以节省糜费等理由,请将官矿署归湖北官钱局接收,国务院议决通过。何督办并不因此而下台,因为国务院的议决案发表未久,吴佩孚出来反对,以为"矿署钱局,截然两事,性质不同,职权各异,如果归并,则已有之矿权,及一切进行,有无滞碍,未得之矿权,是否能照常行使矿署职权,均为不可必之事,是于湖北利未睹而害先形。与其纷更之无益,不如仍照前案之为愈"。那时吴佩孚是北方好几省的巡阅使,说话是有力量的,所以在十月里,国务院又变更前议,维持官矿公署原状,不必合并。

公署到了十五年,改为公矿局,十七年才正式取消,归并于建设厅。

## (三) 象鼻山铁砂的出路

象鼻山铁砂每年的产量,多时到20余万吨,少时只四五万吨。所出的铁砂,在汉冶萍公司营业时期,以汉冶萍公司为最大顾主,但也直接售砂给日人,如在何督办任内,出售给东亚公司的铁砂便达 8 万吨有奇。其后汉冶萍衰微,象鼻山的铁砂,便多数直接售与日人了。收买象鼻山铁砂的主要公司,在国民政府成立前后,为石原与东海两公司。售砂的合同,是逐年订定的,到了民国十九年,湖北省政府,发现过去与该两公司交易,对于我方不利之点有三:

一交款。 该合同订明每次海船开时,交砂价八成五,余数一个月找清,但矿砂运去之后,任催不应,或支吾其词。故该公司尚欠十七年度砂价日金 21,400 余元,十八年度银元 128,000 余元。

二成分标准。 象鼻山铁砂,性质优良,中外皆知,而该公司则故加限制。铁因成分稍低扣价,硅硫磷铜,亦因成分稍高扣价。而彼方化验结果,恒又与我相差甚远,争持不下,终须就其范围。每年因扣价所受损失,不下全价 10%。

三加耗。 该合同所订每百吨加两吨,虽较往年为少,然于实交吨数之外,又加折耗,殊属毫无意义。

因此三种原因,省政府决议取消与石原、东海两公司所订的售砂合同。此后四五年内,象矿的铁砂,除供给六河沟公司外,并未销售外洋,且因经费颇感拮据,亦未极力开采。二十四年,售砂与日人的办法又死灰复燃。是年八月,省政府与慎记号订立了售砂 25 万公吨的合同,九月又与大东公司订立售砂五万公吨的合同。二十六年,中央想保存象鼻山铁矿的资源,便日后自行采炼,便由实业部咨湖北省政府说:

> 查贵省建设厅主办之象鼻山铁矿,原系省营事业,与商办之公司情形不同。在过去五年间,本少铁砂输出,前年与大东公司及慎记号所订售砂合同,均已满期,而原订砂价,均已交足,自可告一结束。

同年七月七日,就在卢沟桥事变发生的那一天,湖北省政府发出复文说:

> 所有本年矿砂销售事宜,除商由资源委员会认购 80,000 吨,及六河沟公司增购 84,000 吨外,对于国外输出,完全停止,以期符合院部维护国家资源之至意。

我们热望这种维护国家资源的精神,永远存在每一个国民的心坎里!

## 四、安徽售砂公司的始末

### (一) 当涂与繁昌——售砂公司的大本营

抗战以前的中国经济,有人称之为殖民地的经济。

这种说法,是有相当道理的。最足以表示这种殖民地式的经济活动,便是出售铁砂。别的国家也有出售铁砂的,如瑞典,每年便有大批铁砂卖给德国。但瑞典与我们有不同的一点:瑞典自己有钢铁厂,重工业相当的发达,本国所出的铁砂,除供给自己重工业的需要外还有盈余,才用以出售。我们的钢铁事业可以说是近于没有。开铁矿的,除把铁砂运往外国出售外,别无销路。我们自己需要的钢铁及由钢铁制成的货品,年年都从国外输入。这是殖民地的干法。

抗战已使售砂的办法中止,现在让我们追溯这段历史的始末。

中国本部的铁矿,地质学家把它分作三区,一为华北区,二为长江区,三为东南沿海区。长江区的铁矿,只有湖北安徽二省,已经从事开采。开采湖北铁矿的公司,主要的便是汉冶萍。这个公司,原来也有炼铁炼钢的计划,而且已经局部的实行,可惜因为种种不幸的原因,后来竟沦为一个出售铁砂的公司。关于这个公司的历史,我已另有文章讨论,兹不赘叙。在安徽省内,出售铁砂的公司,前后共有六个:

一为当涂的福利民公司,于民国五年二月领照,矿区在当涂县的小姑山、南山、扇面山、妹子山、小凹山、栲栲山、戴山,储量约 4,264,000 吨。

二为当涂的宝兴公司,于民国五年四月领照,矿区在当涂县的东山、凹山、黄铅山、平砚冈,储量约 3,384,000 吨。

三为当涂的益华公司,于民国十年三月领照,矿区在当涂县的碾屋山、龙虎山、小安山,储量约 2,298,000 吨。现改为官商合办。

四为当涂的振冶公司,于民国五年十二月领照,矿区在当涂县的钓鱼山、钟山、和睦山、姑山、观音庵,储量约 1,625,000 吨。

五为繁昌的裕繁公司,于民国五年四月领照,矿区在繁昌县的桃冲长龙山,储量约 3,877,000 吨。

六为繁昌的昌华公司,于民国七年四月领照,矿区在繁昌县的朱山、涝山，储量约 400,000 吨。

## （二）特准探采铁矿办法

这六个公司出售铁砂的法律根据是什么呢？

要回答这个问题，得先研究在民国四年十一月二十七日呈准，五年八月十一日修正公布的《特准探采铁矿暂行办法》。在这个办法公布之前，北京政府，曾于民国三年三月十一日，公布《矿业条例》一百十一条。其中的第四条，谓凡与中华民国有约之外国人民，得与中华民国人民，合股取得矿业权。但在民初的时候，政府中有远见的人士，以铁矿为军国要需，已有定为国有之议。后来因对内对外均有窒碍，所以国有之议终未实行，但铁矿公司，如参有外人的股份，一般人总以为不妥。为补救矿业条例的缺点起见，乃有《特准探采铁矿暂行办法》之规定，主要的条例有四：第一，探采铁矿公司，须用完全中国资本，不适用矿业条例及其他关系诸法律内关于中外合办矿业之规定。第二，探采铁矿公司，除技师外，不得雇用洋员。第三，探采铁矿公司所出矿砂，政府欲收买时，须先尽政府收买。倘公司与洋商签订售砂合同，非先禀由农商部核准，不能有效。第四，探采铁矿公司采出铁砂，除矿产税、关税、厘金照例完纳外，每吨加增铁捐银元四角。

这四项条文，从表面上看去，似乎可以保护中国的资源，不致外溢，实际则因第三条前半段所定之政府尽先收买铁砂一事，始终没有举办，以致各公司只有照第三条后半段所定的办法，与洋商签订售砂合同。所谓洋商，没有例外的都是日本人。

安徽铁矿公司与日人所订的合同，可以裕繁公司与中日实业

公司所定的合同为例。这个合同,要点有四:

（1）甲(指裕繁公司)将安徽省繁昌县北乡桃冲铁矿山所采出之铁质矿石,出售与乙(指中日实业公司),惟交矿石,每日不得过1000吨之谱。签定合同之日起,以40年为限。（2）不到40年期限,而矿量已尽,即以该山铁尽之日,为合同消灭之日。（3）合同成立之日,乙先交甲定款英洋20万元,甲照周年四厘行息,按年交还与乙。（4）按照预算,甲所筑造采运矿石铁路码头,及开采矿石各机件等所需经费,得由甲请乙预付矿价,以资应用。裕繁公司依照合同中预付矿价的规定,在民国十七年时,便已欠日金675万余元,除偿还日金925,000余元之外,尚欠日金5,825,000余元。这种欠款,只有拿矿砂去抵还。照合同的规定,每日交铁矿1000吨,以40年为限。如真照约办理,裕繁公司前后应交铁砂1440万吨。公司所领的矿区,其储量不过此数的四分之一。合同的狠毒,于此可见。中国的法律,虽然规定探采铁矿公司须用完全中国资本,但日本人有法子,使这些完全中国资本的公司,把所有的铁砂,一起都贡献给他。

别的公司,都与日本直接或间接的发生售砂的关系,如福利民公司与日本小柴商会订有售砂90万吨的合同;宝兴公司与上海中公司订有售砂100万吨的合同;益华公司与建华公司订有售砂50万吨的合同;振冶公司与日商森恪订有售砂10万吨的合同。昌华公司的铁砂,系直接售与裕繁公司,再由裕繁交中日实业公司运往日本。除却上面所说的合同之外,零星的小合同还多,不必细载。日方出面买砂的,多为经纪人,代表若干钢铁厂。如与福利民公司订合同的小柴商会,便代表釜石制铁厂、轮西制铁厂、浅野制铁厂、兼二浦制铁厂、八幡制铁厂及三菱造船厂等六个机关。合同的内容,大致相似,不外由日商垫款,中国公司则供给铁砂,将垫款分期偿还。合同的年限,长短不等,但除裕繁所订的之外,没有到40年的。福利民公司与小柴商会所订的合同,初稿中也规定售砂期限为40年,时在民国五年九月,农商部以此合同损失利权太巨,几与卖矿无异,批驳不准。七年二月备案的合同,才把40年的期限,改为5年。

## (三) 朝三暮四的法令

民国十七年十月六日,农矿部曾行文各省建设厅及各矿业公司,废止探采铁矿暂行办法。原文说:

> 查铁矿遵照 总理实业计划,开采之权,当属国有。
> 所有前北京政府颁布之《修正特准探采铁矿暂行办法》,显与党义牴牾,嗣后不得再行援用。除通令外,合行令仰遵照,此令。

在这个命令以前,农矿部于同年七月三十一日,因整理益华公司事(因益华的大股东系倪嗣冲),上呈文于中央政治会议时,也说:"益华系属铁矿,遵照实业计划第六部规定,铁矿之开采应属之国有。"铁矿国有之说,在民初曾炫耀一时的,至此又被提出。那年振冶公司,曾与日商石原矿业公司议定售矿石合同10万吨。合同呈到农矿部时,农矿部便根据十月六日的训令,批驳不准。

可是批驳振冶公司的命令发出还不到一年,就在民国十八年

的七月,农矿部却批准了宝兴公司与上海中公司订立出售矿石100万吨的合同。农矿部将此事向行政院备案的呈文中说:

> 查中央执行委员会二次全会议决案内,对于已办之矿产,准由依法取得采矿权者,依照矿法,继续开采。现国内炼厂建设之完备,既属有待,各矿铁砂之销售,势难中辍,兼以各矿工人,为数不少,骤令停采,失业堪虞。职部检阅宝兴公司与中公司续订售砂合同,亦尚无损害主权之处,似可暂予批准。

售砂的门,民国十七年关上,十八年又重行开启了。

民国十九年五月,矿业法由府令公布。第九条中,规定铁矿应归国营,由国家自行探采,必要时,得出租探采,但承租人以中华民国人民为限。可是在附则中,谓在本法施行前,已取得矿业权者,视为已依本法取得矿业权,所以安徽的售砂公司,其矿业依然存在。而且第九条中,还有一项说:"前项矿产(指铁矿等)输出国外之数量及期限,其契约经中央主管机关之核准,方为有效。"所以售砂一事,在矿业法之下,也是依旧可行的。

## (四) 从限制铁砂出口到出口的禁止

民国二十一年,实业部因国营钢铁厂正在积极进行,对于铁砂将来需用必多,亟宜储节保存以备自用,因此提出一种办法,就是制定铁砂出口运照,将运砂数量及有效期间酌加限制,令饬铁矿商呈请领用,经各海关查验相符,始予放行。实业部把这个办法,去与财政部商量,财政部对于限制的意思甚表赞同,但以发给运照的办法,其效能限于稽考铁砂出口的数量,此事可由财政部饬关呈报,不必再用领照手续,以省纠纷。所以第一次实业部提出的办法,没有实行。民国二十二年,实业部旧事重提,又把发给运照的意见,提出行政院,决议征财政部意见再议。财政部坚执从前的主张,以为实业部所提限制办法,仅为领有主管机关之护照,方得运输出口,而对于准运禁运,并未明定标准,所以不必多此一举。行政院决议,照财政部意见办理,于是实业部提出的办法,又第二次被打销。到了民国二十五年,实业部第三次提出限制铁砂出口的办法,比较前二次的要周到得多。办法一共有六条,主要的有三条:

第一,所有公家经营或私人经营各铁矿,一律不得与外人直接或间接订立售砂合同及类似售砂的合同。如遇有特殊情形,应由主办或主管官署报由实业部审核,转呈行政院核定。

第二,凡与外人订立售砂合同,未经部核准的,一概无效。其已经部核准有案的,如在原合同所载数量及限期内运砂出口时,须领有实业部铁砂出口许可证,始得报关起运。

第三,铁砂出口许可证,分为许可证原单、许可证报单及存根三联,由实业部制就后预行颁发所指定之给证官署,该项官署于填发许可证时,应同时将报单一联送部备查。

这几项办法,一方面确定以后公私各铁矿不得再定售砂的合同,一方面对于已订售砂合同的公司,加以更严密的监督。办法经行政院通过之后,便于二十五年七月一日起实行。

民国二十六年一月,实业部发现每年铁砂出口额,自十七年至二十三年,最高的不过90余万吨,但在二十四年,骤增至130余万

## 第二章 几个失败的教训

吨,以为循是以往,难免不逐年增加,所以每年各铁矿公司售砂数量,有预加限制的必要。限制的方法,是规定此后各铁矿原订售砂合同,未经确定每年售砂数量的,一律以二十三至二十五三年中售砂之平均数量,为每年售砂数量之标准,不得再有增加,并不得收买它矿铁砂报运,以昭核实。根据这个原则,实业部便规定在民国二十六年,汉冶萍的最高额出口数量为 514,710 英吨,裕繁为 150,230 英吨,福利民为 190,642 英吨,宝兴为 139,823 英吨,益华为 50,000 英吨,总计 1,045,405 英吨。实业部这种限制数额的办法,一方面固然可以限制汉冶萍、裕繁等公司,使它们不能无限制的售砂,但另一方面,却替另外一些公司,开了额外售砂之门,未免是美中不足的一点。额外售砂之门,是如何开的,见于二十六年五月福利民公司的呈文:

> 为呈报备案事,窃公司等前与日商小柴商会,订立售买矿砂契约,数额计 90 万吨,运至二十五年底为止,尚有 139,505 吨,未曾运足。本年奉钧部核定公司出口数额,为 190,642 吨。兹经与买方协议,除依前订数量,照约运清外,本年数额中,所余 61,137 吨,仍归上开买户承受。

实际是福利民公司并没有讨得便宜。抗战发生,售砂的门便关闭了。实业部于八月间,即电饬原派驻在各矿管理机关,即日停发铁砂出口许可证,禁止再行报运。最后报关运出的铁砂,在民国二十六年八月五日,由益华公司售与大陆公司,计重 3500 英吨,是一只日本船(名为华顶山丸)运走的。

我们希望华顶山丸从中国运走的铁砂,真是最后的一批!

## 五、龙烟铁矿的故事

### （一）龙烟公司的来源

龙烟铁矿公司,是由龙关铁矿公司演变而来的。在民国五年六月,有陆宗翰、徐绪直等,上呈文于农商部,说是在龙关县勘得庞家堡、麻峪口、辛窑等三处铁矿,综计面积31余方里,拟集资100万元,组织官督商办公司,先行从事开采,再行筹设炼厂。并以前驻日本公使陆宗舆,"讲学渊深,富有经验,素为实业界所钦仰",请政府就派他为公司的督办。这个呈文上去之后,好久没有听到公司的消息,一直到民国七年二月,徐绪直等又旧事重提,说是龙关铁矿,虽早勘得,但年来因政局变迁,迄未着手进行。现在他们以欧战以来,铁价日昂,国内重要铁矿,正宜乘时开发,以辟富源。原来他们组织的龙关铁矿公司,拟改为官商合办公司,资本推广为200万元,并请农商部与交通部,都加入股份,以为提倡。七年三月,国务院议决照办,并以陆宗舆为督办,于三月十六日,由大总统令派。

陆宗舆奉命为龙关铁矿公司督办之后三个月,就是在六月十六日,他有文咨农商部,说是据工程师程文勋报告,宣化县烟筒山发见铁矿一,处离宣化车站十余里之遥,矿苗尚旺,足资开采,应当划入龙关铁矿公司,并案办理,以收速效。六月十八日,农商部又接到梁士诒等的呈文,说是前于宣化县烟筒山发见铁矿一区,现拟纠合同志,集资50万元开采,请农商部按照龙关铁矿公司成例,酌量附入官股。所以在两日之内,先后有两位当时政界的要人呈请开采烟筒山铁矿。其实烟筒山铁矿,乃是农商部的顾问安特生所发现的。他于是年五月间,于覆勘龙关铁矿之后,在烟筒山详加勘求,才知道该处的矿量甚属优厚,回部报告。这个消息,不久就给外间有关的人知道了,因而有陆、梁二人同时呈请开采的文件到部。当时部方以两方的资望,可说是旗鼓相当,不便令一方向隅,所以赞同将龙关、烟筒山两处铁矿合并,另组公司,定为官商合办,官股占十分之五,商股亦占十分之五。这个提议,于七月五日,由国务院议决照准,定名为龙烟铁矿公司,并以陆宗舆为督办,丁士源为会办。股本也从 200 万元改为 500 万元。官股 250 万元,先由农商部商请财政部拨付日金 100 万元,合国币 64 万元。民国八年十一月,拨足 128 万元,算是农商部参加的官股。其余的 122 万元,于民国九年二月,由交通部承购。商股先后缴到的,只 2,195,000 余元,不足原定的数额。

## (二) 一年开采的成绩

烟筒山的矿区,比较龙关的矿区,交通要便利得多,所以龙烟铁矿公司的工作便从烟筒山下手。七年九月,便开始出砂,每日的产额在 500 吨以上,最多时达 700 吨。矿上的工人,最多时达 2000 人。民国八年春季,与汉阳铁厂订定炼铁的合同。龙烟公司的理由是:"烟筒山矿砂,最佳者含铁不过 50 分之谱,而含矽竟在 20 分以上。更杂有他种不易制炼之物质,在设炉以前,自宜先行研究,方无流弊,所以商请汉阳铁厂,代为试验,以一年为期。"汉阳铁厂,当时因缺少矿石燃料,已有一炉停工,所以对于试炼的要求也很欢迎。不料欧战告终之后铁价陡落,所以汉阳试炼的办法只行了四个月,便终止了。四个月之内,运往汉阳的铁砂,共 4 万吨,出生铁计 2 万吨。烟筒山开采的工作,到八年八月,因为铁砂没有销路也就停止了,计自开采以来,所出铁砂凡 10 万吨。

## (三) 炼厂之功亏一篑

在龙关铁矿公司成立的时候,发起人并不以采砂自满。他们当时就说:"办理铁矿之难,不在采矿,而在于制炼;铁矿之利,不在售砂,而在于钢铁。"所以在采砂之外兼办制炼,乃是公司既定的方针。龙烟组织成立之后,当事的人便向制炼一方面迈进。关于设厂地点,经过郑重考虑,并比较宣化、卢沟桥、新河、石景山等处之后,选定了石景山。其理由,据公司的呈文说:

> 宣化因大同煤不能炼焦,卢沟桥因地势过于低陷,新河因恐受制于开滦公司,均非适宜。最近则择定京西宛平县属之石景山以东地方,为设厂地点。地临永定河,用水不虞匮乏。石灰得采诸以西之军庄将军岭,去此不过 20 余里,石量丰富,足敷龙、宣两县铁砂制炼之用。将来铁砂北自京绥,煤焦南自京汉而来。炼成之铁,则由京奉至津而出口,实为设厂适中之地点。且地势宽畅阔达,他日扩充厂基,绰有余裕,其他附属之工业之应行逐渐设置者,亦尽有余地可容。

厂址既经解决,其次便是设备问题。公司方面,聘定纽约贝林马萧公司为顾问工程司,另由茂生洋行经理采购并装运事宜,所受之委托,以布置炉厂、购运机件为范围。到了九年十一月,公司给股东会的报告书,关于炼厂的有一段说:"炼炉初定100吨者两座,嗣在制铁上研究,以大炉较为得策,遂改设250吨炉一座,机件早已定妥,现已由美陆续运到,一俟明春,炼炉机件到齐,从速鸠工建炉,预计于明年秋后出铁。"民国十年出铁的计划并未兑现。十一年二月,公司咨农商部的文中,报告炼厂工程的进行,说是"化铁炉、热风炉、汽炉、矿桥、隧道、烟囱等工程,现已次第竣工,本年五月,计可全厂落成,开炉出铁"。这个预告,到了十一年五月,又未兑现。那年六月,北京发生政变,督办陆宗舆的住宅被警厅围守,陆宗舆本人逃往天津,七月请辞督办,自此以后,炼厂的开工便遥遥无期了。

## (四) 五种筹款计划之失败

陆宗舆是于十一年七月辞职的,假如政变不起,他的督办位置,还能维持一年半载,石景山的炼厂是否能够开工,现在事过情迁,我们也不必加以臆测。不过有一点我们可以肯定的,就是炼厂之所以失败,还是由于资本不足。假如在陆宗舆辞职的时候,公司的财政没有问题,那么这个事业决不会以一人之去留而发生动摇。公司财政的困难,在民国十年便已显露。那年秋季,公司所收的股本已经用完。其后工程的进行、材料的购置,都是靠当事人的挪借以及各董事的垫拨。到了十一年二月,公司已积欠30余万。那时预计炼厂开炉,尚需工程材料等费70万元,开炉后的活动资本,也要40万元,共短140余万元。这140余万元的款项,是否筹集得到,便可决定龙烟整个事业的失败与成功。

第一个筹款的方法,便是向日本商订售铁合同,预支铁价。此事在十年一月,便已发动,当年九月,由陆督办提出借款合同的草案于董事会,内容规定由龙烟铁矿公司与东亚兴业株式会社订立销铁垫款合同,由公司在日本设立销铁所,由兴业垫付款项日币60万元。这个契约,不知因何缘由,没有正式成立。民国十一年,公司又与日方有所接洽。据龙烟铁矿监督吕咸,于民国十三年呈农商部的文中说:"民国十一年,张理事赴日考察实业,顺便与日本东亚兴业公司,研究包销铁料事,冀得垫款150万,以为兴工开炉之用。购货先付定银,在交易场中本系应有之事,乃对方条件甫经提出,而公司内部即横生意见,局外者不察真象,函电交驰,群相诽议,卒致张理事远嫌辞退。"张理事新吾既辞职,第一种筹款计划,也就宣告失败。

第二种筹款的方法,是请政府拨垫盐余债券200万元。此议初见于公,于十一年二月咨农商部的呈文。公司于叙述财政困难之后,便请农商部于关税加成定为实业经费项下,拨垫盐余债券200万元,以济眉急,而资进行。此项拨垫之款,以借款论,等到公司有进款时,再行设法筹还。这个建议,国务院议决照准,由财部筹拨,维持实业。可是政府口惠而实不至,财政部允拨的债票200万元始终没有着落。

第三个筹款的方法,便是发行公司债。十一年四月,公司给政府的呈文说:"目下筹款之途,财政部所允拨之债票200万元,一时既尚无着落,督办个人之挪借,又已罗掘俱穷。此外若欲添招股本,亦非嗟咄可能集事。而际此炼厂将次落成,更不能中途停工。辗转思维,计惟有发行公司债,以为周转之余地。当于本月十四日,经由第八次董事会议决发行龙烟铁矿公司公债400万元。"公债的利息,虽然是每年一分二厘,但是并不能推销出去。十二年七月,第十九次董事会议决,现在市面呆滞,此项公债暂不发行。

第四个筹款的办法,是商请银行团投资。这种洽商,也是在民国十一年开始,原来的计划是请银行团垫款120万元,以40万元为完工开炉之用,40万元购买材料,其余40万元为流通资本。银行团方面,据说起初以龙烟事业确有希望,甚愿共同投资。但延至十三年,银行团以董事会意见尚未一致为辞,取消了投资的成议。

第五个筹款的方法,便是添招股本,而以添设钢炼厂为名。民国十四年七月,公司的呈文里说:

> 仅炼铁而不炼钢,则国内销路有限,营业难期大盛。现查我国海关,每年进口钢货近一万万。此犹为现时之数,以后我国工业,需用日多,有加靡已。若不设法自炼,大利尽流往外洋。今以本厂之铁,炼本厂之钢,则所制钢料,可以供各铁路与各项工业之需。既为国家挽回无穷之利益,而公司出品,亦不必向国外开辟销路,此公司复兴计划,所以决定添设钢厂也。预计钢厂成立经费,公司偿还旧欠,铁厂开炉经费,暨营业流通资本,共需1100万元。拟于原股500万元之外,增加股本1100万元。以350万元发行记名股票,归政府担任,加作官股,其余750万元,发行全记名股票,由公司呈请政府设法招募。

在100余万元尚无法筹集的时候,忽来一个筹集1000余万元的计划,其不合时宜自是显然,难怪政府与社会对于这个计划,一点反响也没有。

## （五）保管时代的龙烟

国民政府成立之后，即于十七年七月，由农矿部派黎世蘅为龙烟矿务局局长。那年八月，据黎局长的报告，说是该矿所有一切财产，大都破坏不堪，即化铁炉零件及铁路轨道材料，多被拆卖。十月里的报告又说："烟筒山矿区，置有采矿处一所，水磨置有材料厂一所，其自筑岔道约三里许，但桥梁既经破坏，枕木亦复腐烂，其办公房屋，土房居大多数，年久剥蚀，间亦有坍塌之处。"数百万元的事业，在数年之内，便破坏到这种"不堪"的地步，实可痛心。

黎世蘅在局长任内的第一件事，便是把龙烟原来的办事主任刘翰，函送公安局看管，其理由是刘翰借词搪塞，抗不交代。时在十七年八月。时间还没有过了一年，到了十八年七月，刘翰忽然呈文于农矿部，控告黎世蘅拆卸全厂机件，并将铁炉专用水管，重要机件等贬价矿售，价值达50万元以上。黎世蘅便因此去职，由部另派人员保管。

十八年十一月，行政院议决关于龙烟铁厂以后之经营，由铁道部负责进行，同月铁道部派定专员，接收龙烟铁矿。二十年四月，铁道部以奉令接管以来，北方军事，迁延岁月，且经济枯窘，进行为难，呈文于行政院，请将龙烟移交实业部办理。行政院指令照准，并令实业部接管。过了一年有余，实业部还未派人接收，于是铁道部于二十一年五月，函致实业部，磋商办法，以为龙烟或由实业铁接收，或由实、铁二部合作，均无不可。两部派员商量的结果，决定由实业部接收。当年十一月，实业部派人接收，但铁部道龙烟铁矿厂保管处的委员，以未奉到铁道部移交命令为辞，不肯交代，于是实业部的接收没有成功。二十二年二月,铁道部咨实业部说:"查龙烟铁矿,前由本部派专员负责保管整理,现方着手,如贵部对于该矿将来复工尚无具体办法,拟请贵部暂勿派人接收,容本部拟定计划,再行函商。"于是讨论了许久的保管问题,又回到民国十八年的状态。

二十五年十月,冀察政务委员会委员长宋哲元,以龙烟铁矿停办已久,便委陆宗舆负责接收清理。陆宗舆与龙烟一别十四年,至此又与龙烟再度发生关系。但不过半年有余,卢沟桥的事变发生,龙烟公司的性质,于是乃根本改变。

## (六) 日人对于龙烟之觊觎

日本人想与龙烟发生关系,远在民国十年,上面我已经说过。当年的借款如果成功,龙烟的炼厂即使开工,也难免不做第二个汉冶萍。可是那次的借款,是失败了。民国二十年,驻张家口日本领事山崎诚一郎,有函致察哈尔省政府,要他把宣化县龙烟铁矿矿务局之一切财产,及其管理机关官署名称,或办事处名称,以及所在地代表者姓名住址等告知。察哈尔省政府便以此事通知实业部,并谓这种询问,迹近越俎,心颇难测,二十四年十二月,察哈尔省政府,又有电给实业部,说是该月十六日,有日人石川政一,随带翻译一人,到宣化县寓广仁客栈,自称系日满矿产株式会社龙烟铁矿用达部来宣筹备食用事项,以备翌年二月龙烟铁矿开采应用。石川政一在宣化县赁定住房一处之后,便回北平,此后并不见动静。二十五年八月,驻日商务参事向实业部报告,谓兴中公司社长十河信二氏,约谈华北可办诸事业,于龙烟公司尤为注意。十河信二拟于八月十九启程赴北平视察实况,往返约一个月,回时还要商谈一切进行事宜。那年十月,冀察政务委员会便派陆宗舆接收龙烟,此事与十河信二北平之行,是否有关,我们因无案卷可稽,不敢臆测。二十六年二月,外交部电实业部,谓据报,天津日本驻屯军部池田参谋鱼晨谒宋哲元,商龙烟铁矿事,谈二小时始辞出。闻日方意见,拟由中日双方组织龙烟铁矿公司。事务及技术诸事项,董事会负总理之责。董事人选,双方各半,资金1000万元,亦平均筹收。基本工程人才,则由日本某制铁所调用。由此可见卢沟桥事变的前夕,日人对于龙烟铁矿,已存必得之心。

事变之后,龙烟系为日人所霸占,于二十七年十一月二十日正式开业。据《大阪每日新闻》的消息,龙烟现已起始开产生铁,日人希望龙烟铁厂在一年之内,出生铁5万吨,到1940年,能年出30万吨。但据十二月十一日的上海《字林西报》,则龙烟虽已开工,但产量不丰,效率甚低,因机器陈旧,非大加修理不可。无论如何,这个官商合办的钢铁事业,现已入于日人的掌握,只有抗战得到最后胜利的时候,我们才可以把它收回了。

## 六、国营钢铁厂的前奏

### (一) 北京政府时代

民国二年九月,张謇加入熊希龄所组织的内阁,担任工商与农林二部的总长。张謇在宣统二年开南洋劝业会时,就发表中国当时实业须用棉铁政策之说;就职的时候,宣布他的实业政见,又说他对于实业上抱持一种主义,谓为棉铁主义。张謇是清末民初的一个大实业家,他对于发展中国棉业的贡献,是大家都知道的。对于铁的方面,他虽曾一度担任汉冶萍公司的总经理,但当时汉冶萍,已曾病入膏肓,无法挽救。张謇在他的任内,也曾替汉冶萍想了许多解决的办法,可惜环境太坏,没有能够实现。可是张謇是一个忠于他的政策的人。他于民国三年,曾两次呈文于大总统,主张国营钢铁厂。我们现在细读他的呈文,不得不佩服他的眼光的伟大。

他在第一次提议国营钢铁厂的呈文中,主张设立炼钢厂二处。"第一炼钢厂专供军用,须择地势稍偏,战时可期安全之处,交通或稍不便,在所不计。第二炼钢厂专炼商品,务求运输便捷,期有赢利。"由此可见他的钢铁政策是以国防为中心的。第二次的呈文,对于设厂的地点,也提出来了。他说:"今为军国前途计,拟就龙门县筹设国家第一铁厂,专供枪炮之材;就秣陵关设国家第二铁厂,专供舟车之材。该两处铁矿大略情形,业经呈报有案,现正测绘详图,并就近采勘适于添铁之煤,以便计划设厂,期以半年,必有成算,呈候采择。俟此两厂规划完妥后,再就河南等省采觅佳矿,备设国家第三第四铁厂,以为可大可久之计。"这个伟大的计划,据估计,非三四万万元办不成功。政府当时的财政甚感困难,所以不但四个铁厂不能同时办成,就是专供枪炮之材的第一铁厂,也不过纸上谈兵而已。民国四年二月,张謇辞去政府职务。此后北京政府主持实业行政的人,便看不到第二个张謇。

## (二) 国民政府时代

国民政府成立以后,即设立工商部,十七年二月二十八日,特任孔祥熙为工商部长。那年八月,孔祥熙向二届五中全会提出兴办基本工商业,实现民生主义,并拟定筹款方法案。在这个方案里面,他提出九种基本工商业,以为应当立即举办的,其中的第一种,便是发展全国钢铁事业。国民政府派员审查这个提案之后,以为孔祥熙所提出来的九种工商业,其中尤以国营钢铁工厂、酸碱工厂、细纱工厂、机器工厂等四案,关系民生国防,至为急要,实无可缓,应提前筹办,以应急需。这四种重要工业的筹备,便成为工商部的主要工作之一。酸碱等工业,我们暂且撇开不谈。单说国营钢铁工厂,孔祥熙把它列在第一,可见他对于此事的重视。他以为"我国所需之钢铁,如铁路桥梁、车船、工器、机械,以及兵舰、飞机、鱼雷、枪炮、子弹等等,均仰给于外人,殊非自立之方。若一旦国际变动,来源断绝,势必立陷绝境",所以钢铁事业,非发达不可。至于发展钢铁事业的方法,他分为治本与治标两项。治本的方法,是组织一个钢铁专门委员会,集矿学、地质、冶金、机械、化学、建筑各项人材,详细调查研究各种情形,以便擘划大规模的钢铁厂。治标的方法,是先于河北、山东、湖北、湖南、安徽等省,任择一处,设立一厂,内分炼焦厂(日出600吨)、副产品厂(即煤膏)、生铁厂(日出500吨)、平钢厂(日出钢200吨)、电钢厂(日出特种钢五六吨)、翻砂厂、锻钢厂(钢条钢片钢轨等)及其他各厂。各厂设备及附设机关、房屋、建筑、材料等项,合计约需2490万元。

  工商部于民国十九年末与农矿部合并为实业部,仍由孔祥熙任部长,他在任一年。在孔祥熙离任之前,关于国营钢铁厂的进行,曾组织一个国营煤铁事业筹备委员会,曾研究过国府已故德顾问鲍尔的扬子江煤矿钢铁计划,曾与德国喜望公司的代表商量过垫款办理工业炼钢厂的方法,也曾向中央会议提出在浦口设立钢铁厂的方案,但一切都是在讨论研究、规谋筹划之中,并没有具体化。孔祥熙于新旧交替的时候,曾把他未曾完成的工作郑重的交给后任。陈公博*在《四年实业计划》的序文里说:

> 当我接任实业部时,孔庸之先生曾交给我几件未完的工作,一是钢铁厂,二是硫酸厂,三是中央机器厂,四是细纱锭布机。庸之先生在任时苦心筹维,卸任时殷勤嘱托,真值得钦佩而感激,所以我决心无论如何,对于新的计划未筹办以前,对于旧的计划,必使之进行不息。

陈公博在他的《四年实业计划》里,**关于钢铁计划,是拟在我国北部、中部、南部,各设一大新式钢铁厂,以树军备交通工业之独立基础,期达到每年钢铁生产额有60万吨之数。可是他也知道,因为财力关系,不能同时并举,所以先从筹建中部钢铁厂下手。关于中部钢铁厂的筹划,他的前任,已曾做了不少工作,所以他于二十一年一月五日上任,一月二十六日,便呈准行政院,与喜望公司签订草合同,请喜望公司垫款来替我们建立钢铁厂。这个草合同的要点有六:(1)借款额美金1600万至2000万元。(2)在安徽或江苏适宜地点,创办钢铁厂及该厂附属之工场,并开采邻近该厂之煤矿,其借款利息,为年利七厘,所有工程,由德方负责完成,以三年为期。(3)三年后开始还本,尽十年内还完,以长期债券作为担保。(4)管理权全属中国,出产量以每日500吨生铁或相当数量之

---

\* 据《新经济》第1卷第10期(1939年4月1日出版)所刊本文校补。——编者注
\** 据《新经济》第1卷第10期(1939年4月1日出版)所刊本文校补。——编者注

钢为标准。(5)各种机器设备及材料,由德方供给,但须经中国审核其品质及价格。(6)签订正式合同,须在厂址择定以后。选择厂址,由双方合组技术委员会,实地查勘,其费用各自负担。草合同签订之后,实业部便设立了一个国营钢铁厂筹备委员会,来推动这种工作。自从二十一年一月,实业部正式筹备国营钢铁厂之日起,至二十三年十一月,行政院设立钢铁公司筹备委员会,接办实业部的工作之日止,前后差不多有三年,可是钢铁厂始终没有实现。失败的原因,现在我们再根据史料,加以简单的叙述。

陈公博叙述\*筹备钢铁厂的经过,经提出三个问题来讨论:一为价格问题,二为地址问题,三为原料问题。其实地址与原料问题,对于实业部的钢铁厂计划,并未发生重大的影响。最受时人的批评,以致影响到后来实业部计划的进行的,还是价格问题。喜望公司所要求的价格,是大家都认为太高的。二十年九月,委员长便有电致行政院,以为实业部所拟与德商签订合同,办理钢铁厂之计划,靡费太巨,最好该项合同,似以暂不签订为宜。同时并说国防设计委员会(即资源委员会的前身),已在草拟一钢铁厂之计划,所费要省得许多。二十三年二月,国防设计委员会便把拟成的试办小规模钢铁厂初步计划,函送行政院。这个计划所开的价格,远在喜望公司所开的价格之下。在各方面批评之下,便向行政院提议,把喜望公司所报的价格,送请美国专家审核。他的呈文说:

> 查本部筹办之国营中央钢铁厂,前于二十一年一月,与德国喜望公司拟定垫款购机设厂初步草合同,复于二十二年二

---

\* 据《新经济》第1卷第10期(1939年4月1日出版)所刊本文校补。——编者注

月,与该公司商定垫款包工试探安徽宿县雷家沟煤矿,及测勘萍乡高坑煤矿合同草案,经先后呈奉钧院核准签订各在案。本部筹设该钢铁厂,进行不遗余力。对于原料之供给,厂址之选择,机炉之设计,成本之预算,均已有具体研究,并拟定详细计划,而对于全部机器炉座房屋之材料价值,以及运输保险,与厂址建筑装置等费用,亦经喜望公司开列估价清单到部。惟以兹事体大,该项估价,应以一定标准,详加比较审核,始免受亏。但审核价目,因有机件种类之不同,市场涨落之不定,颇非易事。世界钢铁工业,以美国为最发达,其经验亦最宏富。兹拟将该项估价清单,送请美国著名钢铁专家,详加审核。

行政院通过这个提案,于是实业部便派黄金涛司长携带整个方案,于五月赴美,九月事竣返国。其实实业部不必等黄司长的报告回来,便已知道喜望公司的开价太高了。二十三年六月,实业部的专家,胡博渊、刘荫茀及顾毓瑔三人,曾把实业部的钢铁厂计划与广东的钢铁厂计划,作一比较,上签呈于部长。他们发现两厂不同之点如下:

| 厂别 | 实业部计划之每日产量 | 广东计划之每日产量 |
| --- | --- | --- |
| 炼焦厂 | 350 吨 | 400 吨 |
| 化铁厂 | 250 吨 | 400 吨 |
| 炼钢厂 | 150—300 吨 | 225—450 吨 |
| 价目 | 5300 万元 | 3000 万元以下 |

签呈上的结论是:

> 统观本部钢铁厂计划之产量,较广东计划为小,而喜望公

司所开之价,则较广东计划反高 2300 万元。

胡、刘、顾三人比较实业部与广东的计划时,黄司长还在美国,没有把美国专家审定的价目带回。后来"黄司长终于携同勃拉受特所审定的价目回国了",据说"勃氏对于喜望公司所报价格,大有删减"。删减以后的价格,是否合算呢?关于此点,我们可看丁文江的研究。我在上面已经说过,行政院于二十三年十一月,成立了钢铁公司筹备委员会,丁文江就是主任委员。这个委员会的职务有二:一为选定钢铁厂设计,二为筹备公司组织事宜。关于选定钢铁厂设计一点,丁文江于二十四年曾有文呈行政院说明如次:

> 关于选定设计之工作,业经调集实业部之德国喜望公司设计案卷,及资源委员会之美国马基公司设计案卷,抄送属会各委员查考比较,并经聘请专家五人详加审查,嗣经属会根据专员审查报告书,开会时论,查两设计主要不同之点如左:

| 项目 | 马基设计 | 喜望设计 |
|---|---|---|
| 化铁钢 | 容量 450 立方公尺<br>日产生铁 350 吨 | 容量 342 立方公尺<br>日产生铁 250 吨 |
| 调和钢 | 容量 250 吨无提净作用 | 容量 125 吨有提净作用 |
| 炼钢炉 | 三座每座 75 吨 | 两座每座 25 吨 |
| 钢丝厂 | 有 | 无 |
| 钢皮厂 | 有 | 无 |
| 马口铁厂 | 有 | 无 |
| 年产钢铁量 | 100,000 吨 | 75,000 吨 |
| 估价 | 国币 32,294,000 元 | 41,900,000 马克约合<br>国币 45,500,000 元 |

喜望公司以承受垫款之故,开价甚高。因而决议,以马基公司设计为基础,对于各项设备,应就需要情形而损益之,并于采购炉厂机器时,用投标方法,俾得最经济之价格。

由此可见喜望公司的价格,虽然在"大有删减"之后,还是太高。丁文江说是喜望公司开价甚高之故,因为承受垫款。但是在四年从政录中,还有补充的解释。他说:

> 我对于勃氏所审定的价格,认为还可以核减,因为购买机器常有5%的佣金,我们既不要佣金,可以减去5%。

我们认为深堪惋惜的,就是实业部与喜望公司签订草合同,在民国二十一年,为什么在那个时候,不明白的向喜望公司提出"不要佣金"的主张?为什么黄司长于二十三年赴美请专家审定价格的时候,还没有告诉审查的人,把5%的佣金除去?这一类的疏忽,便使实业部的钢铁计划,始终不能完成。

钢铁厂的筹备,于二十五年四月,又由行政院改归资源委员会接管。同年实业部也有函与喜望公司,以无意在苏皖境内建设钢铁厂为由,取消二十一年签订的草合同。至于喜望公司所垫试探宿县煤矿,及测勘萍乡高坑煤矿的款项,到了二十八年才完全解决。二十八年一月十日,喜望公司有函给经济部说:

> 1938年12月3日函,关于中央钢铁厂事已悉,所寄国币89,323.02元,业照收到,该事即告结束矣。

喜望公司的信,结束了实业部的钢铁计划,也可以说是完成了国营钢铁厂的前奏。

## 七、整理生产事业的途径

### (一)

一个国家的繁荣,要靠生产事业的发达,这是大家都承认的事实。中国在没有与欧美交通之前,所有的生产事业,都是小规模的,或由一个家庭单独来主办,或由几个亲戚朋友合资来经营。它们的发展与衰落,只能影响少数的人,所以社会上对于它们的盛衰之由,并不注意,至少还没有人把它们当做专门的问题去研究。近代化的生产事业,与此便大不同了。它们是大规模的,是聚集了几十万以至几千万的资本来举办的。它们的发展与衰落,不是一个家庭或是几个人的问题,而是几千万人的问题,所以很值得注意。

中国人办大规模的生产事业,素来没有经验,所以在过去几十年中,总是失败的多,成功的少。因为这个原故,所以许多国民对于本国人来办大规模的生产事业已失却信心。许多人对于本国公司的招股,多观望不前,积留的资本宁可望外国银行中送,或者投资于外国人所创办的事业。这种心理如不改变,那么我们即使天天高谈自力更生,恐怕永无达到目的之望。我们深信中国人的聪明才智不在任何国家的人民之下,过去所办的生产事业所以失败较多的原因,虽然很多,但其中最重要的一个原因,就是没有举行自我清算,没有细密的研究我们自己的经验,从经验中去得教训,因而前车之覆,后车未鉴,他山之石,未以攻错,前人的经验,不能加增后人的知识。为补救这种缺点起见,我们应当去做几种工作。第一,中国人所办的新式生产事业,虽然成功的少,然而也有成功的。成功的原因,我们应当去发现它,以作从事生产事业者的指南。第二,失败的生产事业,我们也要去研究它,看看他们失败的原因何在。这种知识,可以作后来者的殷鉴。第三,有些生产事业,虽腐败而未倒闭,虽衰落而未丧亡,在这种时候,有遇良医而庆更生的。这些良医对于病症的判断,以及所开的药方,大有研究的价值。本篇的工作,属于第三种。近数年来,有许多腐败的生产事业,因得人整理而渐繁荣的。从这许多例子中,我们愿意提出中福两公司联合办事处、平汉铁路局、招商局来加以分析。所以要这样办的原因有三:一因这三个机关的材料,国民经济设计委员会已略有搜集;二因这三个机关的整理,已略有成绩可述;三因这三个机关整理的方法,有相同之处,可以互相比较。

(二)

中国的生产事业,有一个常犯的毛病,就是组织庞大。犯这个毛病的原因,主要的有两个:第一,主持生产事业的人,对于事业的本身,就没有清楚的认识。组织本是用以应付事业的,其大小与繁简,应视事业之大小与繁简而定,主持的人应在组织之前,对于事业有精密之分析,然后何科应设,何股可省,才可作一科学的决定。实际的情形,每每与此相反。事业未见萌芽,而组织已首尾具备的,比比皆是。他们不知研究事业,只知抄袭成文。别家有秘书处,本业也设秘书处;别人有于庶务科之外,复设购置科的,本业也照例办理。这种不用心思、随便树立组织的恶习,是使组织庞大的一个原因。比这个更重要的原因,就是主持生产事业的人,常有许多本家、亲戚、同乡、同学、门生、故旧来靠他吃饭。为位置这些私人起见,不得不扩大组织。这样的办下去,本家亲戚们自然是皆大欢喜,但事业的腐化,便成为必然的结果了。

整理一个腐败的生产事业,有一件事是处处都可以做,而且做了之后,一定有效果的,便是设法使组织简单化、合理化。我们先看中福缩小组织的办法:中福旧日组织,计分总务、会计、业务三科及秘书审计等室,科下分设各股。整理以来,总务科裁,该科事务归并秘书室。审计室撤销,归并会计科,矿警缩编减去一中队医务集中管理,将民众医院及第一二两职工医院合组为中福医院,分设第一二两治疗所于两矿厂。这种变更,最可注意的,就是旧日的三科两室,缩小后只有两科一室。组织简单化了,但事务并未减少。平汉铁路局现在的组织,如与两年前的比较,在总务处内,裁销了三课,新添了一课;车务处工务处及机务处之下,各取销了一课,并未新添;会计处之下取销了查帐室。这些只是缩小组织的初步,据深悉平汉路局情形的人说,现在的组织还有缩小的可能,不但"课"的数目还可减省,就是处也有可以合并的。此就局内而言。至于局外,站长之上有分段长,分段长之上有总段长,而且分段长与总段长,不独在车务处之下有之,工务处、机务处及警察署之下都有。这种组织,一方面使事多周折,责任不专,另一方面因上下间的阶层太多,于是铁路上别添一些道尹式的职员,除承上转下外,几无重要工作可言。这种与行政效率背道而驰的组织,在许多铁路上都看得到，似乎应由铁道部熟考情形，作一通盘的整理计划，才可达到完善的目的。招商局的组织，经过数年的整理，已缩小了许多。民国十九年，国府颁布的《整理招商局暂行条例》，总经理处共设三室六科，三室即秘书室、金库室、工程师室；六科即事务科、会计科、船务科、营业科、产业科及机务科。二十一年三月，交通部公布《招商局总经理处组织章程》，仍设六科。同年十一月，招商局改归国营，翌年国府颁布《招商局组织章程》，总经理处只设四科，即总务、会计、业务及船舶。另设秘书、视察员及稽查等若干人。本年一月二十一日，行政院修正《国营招商局组织章程》，总局只设总务、业务及船务三课，及会计室、金库。经了这许多次的修正，组织才算是上了轨道。

以上所举的例，可以证明这三个机关，整理旧有的组织，首先致力的一点，便是设法使组织简单化。简单化的目标，便是要把不必需的组织裁撤。但专从缩小组织着眼，还不是最完美的办法。最完美的办法，是把不必需的组织裁撤，同时还要把事业上所必需的组织树立起来，这种新添的组织，有它的功能，对于整个的事业，是有帮助的。所以我们谈组织的整理，于简单化之外，还要讲合理化。合理化的要义，就是裁其所当裁，而添其所当添，一切以事业的需要为标准。这种合理化的组织，可以中福于改组后新添的河运处为例。中福在二十三年冬季改组，裁撤了许多机关，已如上述，但在二十四年夏，经过了几个月的调查及研究之后，添设河运处，以发展卫河及南运河一带的煤斤销路。这个机关设立之后，在短时期之内，至少已发生下列两种影响：第一，在河运处成立之前，中福运往卫河一带的煤斤，须假手于道清铁路东端三里湾的各煤行，煤行对于船户，提取各项佣金，例如二十三年八月，各煤行规定运往德州河力每吨四元七角,船户只得三元七角,至沧州河力每吨六元七角,船户只得五元。自河运处成立以后,实用之河力,即为船户应得之运脚,由河运处直接交于承载的船户,较之从前煤行剥削时期,河力包含各项佣金在内的,相差竟至一元以上,临清以下相差尤多。所以河运处成立之后,可以使中福在卫河一带销售的煤斤,每吨成本减少一二元。第二,河运处成立之后,卫河一带煤斤的推销,中福便可不必假手煤行,而能直接经营,对于销路一方面。当然可以逐渐增加。如二十三年度以前,中福煤斤,每年销售卫河一带,不过 10 万余吨,但河运处成立之后,半年之内,中福的煤运往这个区域里面的,便在 13 万吨以上。据估计,以后逐渐推广营业,可以销至 70 万吨。从这两种结果看起来,新的组织,如是合理的,只能增加生产事业的收入,不会给它加上负担的。

(三)

整理一种生产事业,除于组织方面,力求简单化与合理化之外,就要在用人方面,求量与质的调整。量的方面,有一件事是必须做的,就是裁汰冗员。中国各机关中冗员之多,是留心国事者所最痛心疾首的事。这种现象所以发生的主要原因,我在上面已经提过,就是在社会上有地位的人,四周有一大批寄生虫。这些寄生虫的安置,从旧的伦理观念看去,乃是在社会上有地位的人所应当做的事。在这种旧道德的压迫之下,无论什么机关中冗员便越来越多了。冗员进来容易,但裁撤却很难。有些机关,偶然也来了一两位要认真办事的长官,对于原来这些吃饭不能办事的职员,当然想大加裁汰。但是这些不能办事的职员都有他的后台老板,假如他的后台老板的面子太大,那么他所荐来的人便不易裁汰,否则会发生别的麻烦。而且现在中国各业衰颓,谋生不易,一个人对于已得的职业,不问他是怎样得来的,也不问自己是否能够称职,总不肯轻易把它放弃,所以一个长官如有裁员的意思,一时说情者便蜂拥而来,逼得此人非放弃原来裁员的意思不可。假如此种方法无效,裁员的计划还要实行,那么有被裁可能的人员,便会连盟起来,发宣言通电,作种种呼援,或举出他种理由,对于欲裁员的人,加以种种攻击,结果假如这个长官,没有坚决的意志,裁员一举,终必成为画饼,这也是各机关冗员之日渐加多的一个原因。

因为裁员的不易,所以我们以为中福等机关在整理时的裁汰冗员,是一件难能而可贵的事。中福在整理时,计裁汰员工两次。第一次裁职员74名,工人895名,第二次裁去职员33名,工人461名,每月共节省薪金工资24,000余元。裁员的事,是在二十三年冬季举行的。裁员的结果,生产不但没有减少,反而加增了。拿二十四年一月至六月的生产量来说,较之二十三年上半期,计增加143,566吨,较之二十三年的下半期,计增加38,190吨,由此可见二十三年度所裁的人,真是冗员,对于生产事业是毫无贡献的。平汉路自二十二年十一月起,至二十五年七月止,全路员司,陆续裁去313人,其中因染嗜好开革的,共127人,因工作不需要或其他原因离职的,共186人。但在此时期中,陆续添派专员42人,实际全路员司,只减271人。至于全路工人,在二十二年十一月共计15,481人,二十五年七月只有14,624人,共减857人,其中因染嗜好开革的共345人,因工作不需要或其他原因离职的共512人。招商局的总管理处,在赵铁桥时代,共有220余人。民国十九年招商局总管理处组织章程,规定可用人员自242至312。二十一年交通部修改的总管理处组织章程,规定各科除设主任外,可用办事员172人。实际招商局在未收归国营以前,自十七年至二十一年之五年中,历任职员人数,平均为194人强,其中以李国杰任用279人,月支薪金33,700余元为较高。二十一年改归国营,在刘鸿生总经理任内,职员有东234人,支薪26,886元,较之李任,已见减少。招商局冗员之多,民国十八年审计部在彻查招商局案报告书中,已加以痛击,当时招商局的职员,为220余人,审计部特别提出日商日清汽船公司来与招商局相比说:"查日商日清汽船公司,其船不下40余艘,同时以航业为营业范围,事务繁简,自属相同。营业成绩,每半年所获纯利,为数甚巨。其所用职员全体,合计仅37人。彼此用人,相差如此之多!"这种批评,可惜历来管理招商局的,都没有加以注意。一直到本年二月,行政院训令交通部,关于整顿招商局,指出应予立即改善的事四项,其中第一项即为裁汰冗员。训令中说:"该局职员太多,开支不无浮滥,应即遵照新颁组织章程规定之名额,严加裁汰,以符实际之需要。其裁汰方法,应以考试为原则。"招商局受命之后,即举行总局全体职员甄别考试,由交通部派员莅沪主持,所有考试科目,悉以服务经验为主,学理次之,结果及格的仅70余人。截至九月底止,计自动辞职人数67人,被裁汰的85人,先后经交通部委派总副经理以下人员计37人。后以事繁人少,且照规定,尚有缺额,遂于七月登报招考,计录取普通人员4名,统计人员2名。总计改组后留用及考补人数,共125人,月支薪额16,486元,比较改组前减少人数109人,省下薪资10,400元。现在招商局对于各附属机关及轮船上人事部分,亦拟作类似的整理,将来在开销上,一定还可以省减的。

招商局这次对于人事的整理,不但是减少冗员,同时也把质的方面,提高了许多。它以考试的方法,来淘汰旧人及添补新人,实为调整人事的正当途径,尤为可取。平汉路局最近对于新人的录用,据云已组织一"委用人员审查委员会",其第一步手续系甄别,如甄别仍不能断定,则继之以考试,而考试的要点,系重实际经验,而不专重学理。这种登录人员的方法,比以一人的爱恶为标准的,自然要靠得住许多。

## (四)

整理一种腐化的生产事业,第三件事应当做的,便是去弊。办事人员的营私作弊,可以说是一件生产事业衰落的最大原因。一般民众,对于国人自营的事业失却信仰,也是因为他们对于营私舞弊的事件,听得太多、见得太多的缘故。这种事实所以不断发生的原因,当然是很复杂的。一般在机关中服务的人,缺乏对于廉洁的信仰,自然是一个主要的原因。我们以后的教育,应该养成人民一种信仰,就是在任何机关中办事,不在薪水或工资以外,私取公家的一文钱。这种信仰的养成,是要花很长久的时间的,不是一个主持生产事业的人所能为力,所以可暂且不谈。主持生产事业的人,对于去弊一事所能为力的,至少有下列四点:第一,本人须保持绝对的廉洁,须有颠扑不破的操守。曾国藩曾谓风俗之厚薄,系于一二人心之所向,在一个机关里的风俗,在上的一二人,的确有巨大的影响。假如一个主持生产事业的人,自己就要贪污作弊,就想在薪水以外别谋生财之道,那么他所管辖的人员,没有不同流合污的。反过来说,假如在上的一二人,维持绝对的廉洁,同时以此来规勉他的僚属,那么他的僚属,即使有存心贪污的人,也必因有所顾忌而不敢了。孔子所说:"子帅以正,孰敢不正",就是这个道理。所以主持生产事业者本身的廉洁,是去弊的第一要点。第二,我们要设法,使在机关中办事的人,自长官以至工人,都能得到一种薪金或工资,可以维持他们的典型生活程度,此点对于下级职员,尤为重要。如招商局在商办的时期,庶务的薪水,从26两到62两,会计科的职员薪水自30两至250两,沪局的局长,薪水只有250两。这种薪水,是很难使人养廉的。还有轮船上的茶房,与好些县衙门中的差役一样,根本就没有工资,在这种情形之下,想他们不舞弊,岂非缘木求鱼?所以我们如希望一个机关中弊绝风清,一定要给每个职员一种可以维持他们生活程度的报酬。第三,每个机关,都应当制定许多规则章程,使各个职员,都没有舞弊的机会。很多人所以敢舞弊的,就是因为他们所作的弊,上司不去查,即查也查不出。精明的上司,应当细心考察一个机关的各部分,看看哪一处有作弊的机会,然后制定一种办法去防止它。各种法规制定之后,不但要使君子不受作弊的引诱,就是小人也无作弊的可能。第四,上司对于僚属,应严加考核。作弊的事,如果发现而且证实,那么作弊的人,应立即解职,毫无说情的余地。

以上所说的是理论,现在我们可以举出几件作弊的事实,看看假如实行上面所说数点,是否有防止的可能。这种作弊的事实,不必他求,改组前的平汉路及招商局,就可供给许多。我们在下面的案件中,把原来的人名或隐去或改换,因为我们的目标在研究一个社会问题,而不在攻击个人。

第一件事出现于几年前的平汉路材料课,是由一个材料课的司事检举的。他说:

> 本路材料课每月购办材料,其价款少则十余万元,多达二三十万元。其数之巨,实占铁路收入之一大宗。购办材料人员,若不廉洁自守,则妨害路局经济至巨。平汉铁路材料课课长,及购办股股长,平日购办本路材料,擅敢与商密约,私行折扣。凡本路购办五金电料,折扣三成,即每万元折扣三千元,每十万元折扣三万元,其他木料油料军衣药料等等,亦皆折扣一成以上至三成不等。计彼等每月购料作弊所入,为数达于巨万。似此巨额舞弊,殊足惊人。材料课长及购办股长既伙同购办股人员狼狈为奸,舞弊如斯巨款,则对本课其他员司自防被其检举,乃每月以两千元分贿全课员司,俾免破露。

这2000元的分贿,告发此事的司事,每月可得30元,但因购办股股长,想把他挤走,而把这个缺给自己的侄儿,所以司事才把这个黑幕揭破。

第二个案子,是关于平汉铁路一位工务处长的,告发的人,是工务处的段长、工程司及课员等。我们假定这位工务处长姓赵。告发的人说:

> 某年六七月间,赵氏竟敢擅越职权,代材料课定购美国道木五万根,每根多报价值美金七分,约合国币大洋三角余,赵氏共得回佣15,000余元。又某年水灾时,赵氏更替材料课订购麻包17万只,每只回扣大洋一角,亦舞弊在17,000元以上,商家底账,俱可查核。所有采购签订合同手续,由赵氏一人经手,均可覆按。

以上这两件事,假如上司本人是廉洁的,对于购料一事有详细的章程规定,对于属员有严密的考核,一定不会发生的。

我曾请教一位在铁路上服务多年的朋友,要他把铁路上的弊端,一一举出,承他写了一篇很长的文章给我,其中关于舞弊一点,据他所述,铁路局的各部,没有一处不可以作弊的。由此可见整理一种生产事业,去弊是如何的重要!

平汉铁路局自从改组之后,对于去弊一事,积极进行,现在所订的办法,共有17项,都是与去弊有关的:(1)严定债款解决之办法;(2)严定覆核单据及付款凭单之制定;(3)严定出纳人员付款办法;(4)提高银行存款应有利息;(5)严格遵守预算;(6)确定透支款项之合同;(7)每日现金收支之考核;(8)审核出纳理财人员使各明了其本身之立场;(9)确定检查站账款及客货办法;(10)管理领袖或主管人员,绝对不能无法令之根据,而挪动丝毫款项;(11)追查报销之严格办法;(12)组织购料审查委员会,而树立其独立精神;(13)缩小庶务课之权限,举凡物品印刷文具之标购,统交购料审查委员会办理;(14)缩减庶务用款,二十二年原为每月八九万元,现为二万元左右;(15)清查材料,以严定购、收、发、存四项之办法;(16)打破商人垄断投标材料之办法;(17)注重贪污办法之规定。以上的办法,平汉路局行了数年!除债务解决减低利息2600万元不计外,每年所可节省之费(如材料价格减低,庶务用品减少),及增加财政上之收入(如利息存款提高,借款减低),总共近300万元。

平汉路所用的去弊方法,有许多在整理中福的过程中,也用过的。如购料方面,最易发生流弊,中福对于此点改进工作,有数点可述:(1)规定预决算,以前采购材料,均系随用随购,非特临时仓卒,不及询价选购,即会计科方面付款,亦有时感觉困难。整理时乃实行预决算办法,即参照前三个月耗用材料情形及采购价值,预算下三个月应购材料数量及价款,经核定后,分别预为采购。三个月预算终了,复照实购数量与价值,比照预算,作一决算。(2)规定标准牌号用品,采购材料,系根据长期经验,选定质地合用价又低廉之材料,如系有牌号的,则规定其牌号,否则选定样品,按照标准样品办理。(3)招致标商,除特种木材,已与各商行有定洽者外,其余均用公开投标方法,各商皆可投标,较之从前仅通函某商,某商始能投标,改善甚多。(4)规定订购及验收单格式,订购单计复写两份,一为存根,一交商人持换发价单,一凭做发价单后,随送会计科审核。品名、数量、价值等,均于单内一一详为载明。购料的弊病除去之后,发料及用料两方面的弊病,也要注意剔除,中福在整理后,生产方面加增,已如上述,但物料的消耗,因管理得法,反而减少。如二十四年一月至六月,第一及第二两矿厂用料共值价127,954.34元,较之二十三年七月至十二月,节省118,200余元。材料之外,庶务用款之巨,亦为弊源所在,中福在整理之前,庶务零支开销甚巨,有时每月竟达万元,整理之后,减至月支500余元,这些都是去弊的结果。

招商局的积弊,于民国十六年,经国民政府清查整理招商委员会揭发后,已是举国皆知。委员会的报告书,可以当作一本舞弊大全读,招商局成立了60余年,至今还是表示着一种百孔千疮的局面,历年办事人员的舞弊,实不能辞其咎。本年改组以后,弊病除了许多,最著的有下述数点:(1)扛力部分。查招商局上海各码头,分为南北中新华五栈,所有货运扛力支出,年达30余万元,向采包办制度,每年中漏卮损失极巨,改组后毅然废除旧制,一律公开招商投标,先后当众举行,现已分别办理完竣,各栈所投标价虽不一致,平均则为包价67.1%,以十二四年实支数比较,则此后每年可省扛力114,700余元,如货运加增,节省数当不止此。(2)船舶修理部分。在改组以前凡轮船修理,仅由各该船员开具修理说明书后,即停航修理,需时多则六七十天,少亦匝月,修理完竣,惟凭各该船员自行签字验收,此不特工程上有不尽不实之弊,而停航过久,于营业上损失,殆更不资,故改组后遇有应修船舶,须经各船主管船员开具修理说明书由局中工程师亲自上船察勘后,再据实将原说明书修正,陈经船务课主任核转局中批准,始招标承修,并指派工程师一人驻船监督。修理完毕,另具监修报告表呈候派员验收,是以每船修理日期,少则八九日,多则十三四日而已。总计本年二月至八月,各轮修理费用,仅支 231,750 余元,与改组前二十四年二月至八月所费 340,130 余元比较,实减少 108,378 元。(3)物料消费部分。查各轮领用物料暨普通用品,种类既繁,为数尤巨,在昔漫无限制,故不免浪费。改组后将每月各轮需用物料,依船舶的大小,分别规定请领数量,预为储备,每三个月公开招标购办一次,在可能范围内,一以国货为标准,如临时需用之物,估价在百元以上,也要由船务课呈请总经理核准招标购办,各轮消费情形,并随时派员密查。关于物件暨普通用品账册,概用新式簿记,务使款不虚糜,物无浪费。计自本年二月份至八月份,各轮领用物料总额 87,123.87 元,较改组前二十四年二月至八月,减少 66,523.4 元。(4)燃料消耗部分。查各轮燃料一项,为招商局支出大宗。改组后特将购煤领煤程序,严切规定,凡煤斤购进皆分批由煤商运沪,交由局中煤栈负责经收经付,每日由煤栈主管人员填具收付煤斤日报,送船务课审核,发煤则由各轮船输栈长开具领煤单,经船长签字,送船务课轮机工程师,物料股股长详细审查,再送正副主任核签后,始填发装煤通知单命令煤栈发煤,船上用煤情形,则随时派员密查。至于用煤数量,自本年二月至六月,平均煤价每吨为 11.15 元,五个月间,局中江海各轮共用煤 42,069 吨,计航行 350,792 海里,平均每海里需煤量 0.1192 吨。改组前自二十四年二月至六月,共航行 309,222 里,用煤 40,574 吨,平均每海里需煤 0.1312 吨。改组后平均每海里节省煤斤 0.012 吨。若以改组前每海里用煤量 0.1312 吨,乘算改组后航行总里数,则五个月节省煤斤为 3955 吨,以每吨 11.15 元计算,共省洋 43,998 元余。以上四件事除弊的结果,半年之内,招商局便可省下 33 万余元。

(五)

以上我们只把整理一种生产事业,所应注意的三方面来说一下,第一关于组织,第二关于人事,第三关于去弊。此外还有兴利也是很重要的,不过各种生产事业的性质不同,所以兴利的方法也不一致,此处不拟详细的讨论。兴利是否能够实现,最要的关键,要看主持生产事业的,是否一个有品格、有学识、有经验的人。假如我们替一种生产事业已经找到一个可靠的人,那么兴利的工作可以计日而待,不必局外的人再来操心。

中福、平汉及招商局的整理方法,我们已经略知一二了,也许有人要看他们整理的成绩。关于此点,我们以为最简便的方法,莫如审核他们的营业账。

中福在二十三年度的下半期,纯损 147,143.32 元,全年亏损 590,907.48 元。二十四年度,经过整理之后,中福不但没有亏折,还余纯益 920,504.36 元。

平汉最坏的年度,是民国十六年,全年营业,只有盈余 140 余万。二十三年度整理之后,盈余 1240 余万,二十四年盈余为 1790

余万。

招商局的改组还不到一年,所以全年的营业账子看不到,但以客脚收入而论,二十五年二月至六月,比去年同期增 214,891 元;货脚收入,在同期内,比去年增加 88,598 元;轮驳航运费,在同期内,比去年增加 39,788 元。另一方面,关于轮驳维持费,二十五年二月至六月,比去年同期减少 96,020 元;总局管理费,在同期内,比去年减少 56,674 元。

这是整理的成绩,任何生产事业,如照上面所说的办法做去,一定可以得到类似的结果。

# 第三章　经济建设的展望

## 八、国民经济建设运动的体系

国民经济建设运动，是委员长于民国二十四年双十节发起的。在《国民经济建设运动之意义及其实施》一文中，他说明这个运动的实施要项，共有八点：即(1)振兴农业，(2)鼓励垦牧，(3)开发矿产，(4)提倡征工，(5)促进工业，(6)调节消费，(7)流畅货运，(8)调整金融。

在这篇文章里所要讨论的，就是上面八项工作，有无主从之分。换句话说，我们要研究，看看这八项工作里面，是否有一种中心的工作？假如我们找到了中心的工作，别的工作，又如何与它配合？

### (一) 工业化是中心的工作

我们认为国民经济建设运动的八项工作之内，促进工业是中心的工作。这种判断，有委员长自己所发表的言论作根据。他在发表《国民经济建设运动之意义及其实施》一文之前数月，曾在

云南省党部讲"建设新云南与复兴民族",其中有一段很重要的话如下:

> 大家要晓得,现在一个国家,要在世界上独立生存,始能与各国并驾齐驱,获得自由平等的地位。第一重要的条件,就是要工业发达。所以我们中国要能和人家讲平等、争自由,第一件重要的事情,就是要使我们中国,能由农业国家,进为工业国家。如果这一点不能做到,无论怎样和人家讲平等、争自由,都无益处,因为农业国家作一天的工作,工业国家不到一小时就可以做好。农业国家多量的原料,只能换到工业国家极少的制造品。由于此种生产力与生产品价格的悬殊,农业国在经济上总居于被剥削者的地位,同时在政治上每每陷于被压迫者的地位。外国人常说我们中国是农业国家,表面虽没有什么轻侮的意思,而实际的含意,就是说我们农业国家,应当将所有的生产品和劳力,供给他们工业国。更明白的讲,他们工业国就是我们农业国的主人,我们农业国就不能不做他们工业国的附庸。我们明白了这层道理,就可以知道今后我们要救国,要求得自由平等,必须赶紧使我们国家由农业国进为工业国。

在上面这段话里,委员长两次提到发达工业,是第一件重要的事情,两次提醒我们,要努力使中国由农业国家,进为工业国家,所以促进工业,是国民经济建设运动的中心工作,可无疑义。

工业国与农业国重要的分别,就是"农业国家作一天的工作,工业国家不到一小时就可以做好"。造成这种差异的原因,是农业国用人工生产,而工业国则用机器生产。机器的力量,是用马力计算的。在"民生主义"第三讲中,孙中山先生曾指示我们,一匹马力的工作,在一日夜之中,便可等于24个人的工作。现在最新式的透平机,可以发动30万匹马力,所以这样的一架机器,其工作的能力,便等于720万人。换句话说,这样一架机器的工作能力,便等于甘肃全省人口的工作能力。现在工业最发达的国家,当推美国。美国所有机器发生的力量,据美国专家的估计,已有10万万匹马力,等于240万万人的工作。现在全世界的人口,不过20万万,所以美国机器的生产力,等于12倍全世界人口所产生的力量。我们看了这些数字,就可知道如以人力与别人作生产上的竞争,是一定要落伍的,我们只有迅速的采用机器来生产,才可迎头赶上别的国家。

苏联建国的过程,很可作我们的参考。苏联的几次五年计划,也可说是苏联的国民经济建设运动,其目的便是想把苏联改造,由农业国进而为工业国,史太林有一次说过:

> 五年计划的基本环节,就在于重工业及其核心——机器制造业。因为只有重工业才能改造并推进整个工业,又改造并推进运输业,又改造并推进农业。在我们这个技术还幼稚的国家里,工业是负有特别任务的。它不仅应当用新技术来改造自己,不仅应当改造各个工业部门,连轻工业、食品工业、林木工业也包括在内,它还应当改造各种运输业和一切农业部门。可是,只有机器制造业——国民经济改造事业的基本杠杆——在它中间占居主要地位时,它方能完成这一个任务。

史太林不但把工业当作苏联国民经济改造事业的基本环节，而且特别注意树立机器制造业。我们在建设工业的过程中，当然在许多工业部门中，也要有先后缓急之分。机器工业，我们一定要首先设立，自无问题，除此以外，我们觉得电力工业、矿冶工业、化学工业、交通器材工业也都是非常重要的。这些工业，应当是我们以后经济建设的主要目标。

## （二）农矿等部门如何与促进工业相配合

我们既以促进工业为国民经济建设运动的中心工作，现在我们便要研究农矿等事业，如何与工业相配合。

从促进工业的立场看去，振兴农业、鼓励垦牧，与开发矿产有两种共同的任务。第一种共同的任务，是供给原料。我们无论看哪一国的工业分类表，就可知道大部分的工业，其原料是由农业、畜牧业、矿业等部门来供给。譬如机械工业，是以钢铁为其主要原料，而钢铁的制造，则有赖于矿业。食品工业的原料完全是农业及畜牧业供给的。衣服工业的原料也大部分由农业及畜牧业来供给。我们以后在国内大规模的发展工业，对于各项原料的需要，一定是日增无已，所以从事农矿畜牧等事业的人应当时时研究工业的需要，并且努力加增他们的生产，来满足这种需要。

农矿等事业第二种共同的任务，便是加增出口。加增出口与促进工业，是有密切关系的。我们现在工业的基础甚为薄弱，有许多工业中的生产工具，非从国外输入不可。我们当然希望将来我们的机械工业可以自立，一切的需要，都可用自己的力量来满足。但在最近期内，这种自足的理想，是无法实现的。我们既然不能自己制造一切的生产工具，当然要向国外采购，而向国外采购，是需要外汇的，外汇的来源，主要有二，一是向外国借债，一是拿出口货去换取。借债的成功与否，权在外人，但出口货的增加，却在我们自己的把握之中。我们如能加增出口，便可多得外汇；多得外汇，便可多购机器；多购机器，便可促进工业。所以我国将来工业化的迟速，要看农矿等部门是否能够加增出口以为定。他们能够多增一分出口，我国的工业化，就加速一步。这个连系，是很显明的。

在别的国家里，如要加增出口，不一定在农矿等业上努力。譬如英国，如要加增出口，就应设法改进国内的制造业。但中国的情形与英国不同。我们过去出口最多的货物，如不是农产品，就是畜产品与矿产品。民国二十六年的出口货品，价值在 1000 万元以上的，计有 17 种，即桐油、丝、蛋及制品、钨砂、锡块、棉花、茶、猪鬃、挑花及绣花品、绵羊毛、花生油、芝麻、肠、牛皮、山羊皮、绸缎及茧绸、纯锑。这 17 种主要的出口货，6 种是畜产品，3 种是矿产品，其余均为农产品或农村的副产品。另外还有一个有趣味的统计，乃国际联盟所发表的，与我们现在讨论的问题也有关。国际联盟曾研究过 161 种食物与原料，看看每种在各国的生产情形，其中我国的生产占第一位的计 9 种，即锑、花生油、桐油、菜子、小米、甘薯、芝麻、大豆、钨砂。我国生产占世界第二位的有 7 种，即花生米、棉子油、小麦、大麦、米、丝、烟草。我国生产占第三位的有 2 种，即玉米及盐，由此可见我国生产最多的货物，也多属于农产品及矿产品。所以我国如要加增出口，在最近的将来，应当在农矿等部门上努力。他们一方面要供给工业所必需的原料，一方面又要加增出口，换取机器来促进工业，所以任务是很重大的。

## （三）连系各生产部门的关键在交通

我们现在再进而讨论流畅货运与工业化的关系。

原料由农场、牧场、矿场到工厂，才能变为制造品，制造品运到市场，才能消费。由此可见生产的过程，就是货物流动的过程。我们如要货畅其流，就非发展交通不可。农业国家里面，生产是小规模的，人力的运输勉强也可应付。譬如乡间的磨坊，一天的生产能力只有几担面粉，所以把小麦运到磨坊，制成麦粉后，又把面粉由磨坊运到市场，无妨都用人力。但是近代的面粉厂，一天可以出几千袋或几万袋面粉。这种新式的生产事业，需要原料甚多，非附近几里或几十里的生产量所能满足，它的出品，需要广大的市场，也非附近几里或几十里的消费量所能吸收。在这种情形之下，用人工来运输原料或制成品，是不经济的。其不经济的程度，我们可以举历史上一件故事以为例。汉武帝的时候，因要通西南道，发动数万人去工作。在农业的社会里，一个地方忽然添出数万工人，吃饭便成问题，当地的生产不能供给这些人的消费，结果是他们的粮食要从千里之外运来。"千里负担馈粮，率十余钟致一石。"一钟等于六石四斗，千里运粮的不经济，可想而知。但是在抗战以前，上海面粉厂所消费的小麦，有从美国及澳洲运来的，其距离岂只千里。由此可见新事业需要新交通，没有新交通，新事业便不能立足。没有火车及轮船汽车的运输，我们只能有旧式的磨坊，不能有新式的面粉厂。

新交通的工具很多，我们现在愿意举出铁路、轮船、汽车三种工具来，比较一下中美两国的情形。中国的铁路现有 8000 余英里，美国的铁路有 25 万多英里，比中国多 30 余倍。美国的轮船约有 1600 余万吨。中国的轮船，在战前注册的计有 4000 余艘，约 70 万吨。抗战以来，我国轮船所受的损失甚巨，根据魏文翰先生所发表的数字（本年《大公报》五月二十二日），目前在后方水道经常行驶的轮船，计川江船约 20 余艘，共约 18,000 吨，及一两百吨之小客船共 60 艘，约 7000 吨。连同避难的轮船，总共 66,000 吨。现在世界上最大的轮船，如郎曼第，如玛丽皇后，均在 80,000 吨以上，所以我国现在所有的船只，其吨位还赶不上别国一只巨轮。如与美国的吨位比较，只等于他们的二百四十分之一。再以公路而论，在抗战前，我国共有公路 10 万英里，美国则有公路 300 万英里，也比中国多 30 倍。至于公路上行驶的汽车及卡车，美国在 1929 年共有 2300 万辆，我国现在后方行驶的汽车及卡车，最多不过 2 万辆，不到美国的一千分之一。以上这些数字，表示我国交通的落伍，同时也提醒我们，如想迎头赶上，非急起直追不可。

  附带的，我们可以讨论一下提倡征工的意义。征工的基本工作，据委员长所指示，是开发交通道路、修治水利、培植森林、开辟垦地等。换句话说：振兴农业、鼓励垦牧以及流畅货运的开发交通道路工作，有一部分是要以征工的方式进行的。在事实上，过去我们已经这样的实行，特别在开发交通道路上，征工的成绩尤为可观。为什么在英美的国家里，没有人提倡征工，而在我国则要提倡征工呢？最重要的原因，是我国现在还是一个农业国家，大多数的人民都是以农为业。农业与别种生产事业不同的一点，就是农业是季节性的，因而从事于农业的人，有时固然很忙，而有时则很清闲。征工的目的，就是要利用农民闲暇的时间，使其参加国民经济建设运动的工作，在农民既无损失，而对国家则是一种贡献。所以在大多数人民还是农民的时候，征工是适合于国情的一种政策。

## （四）资本问题的解决

上面所说的各种建设，需要的资本是很多的。调节消费与调整金融，便是解决资本问题的方法。

调节消费的主要目标在于节约，而节约为自力产生资本的唯一方法，是大家都知道的。假如社会上每一个人，把他每年的收入都一齐用光，这个社会不能产生资本。反是，每一个人节衣缩食，把收入的一部分积蓄起来，积少成多，社会上便可产生巨大的资本。这种资本经过企业家的运用，便可成为若干新的事业。

我国的储蓄，比起别的国家来，是很少的。在抗战以前，中国各银行的存款，不过 40 万万元左右。在同时期内，美国商业银行及储蓄银行的存款，共有 540 万万美元，德国有 290 万万马克，英国有 47 万万镑，日本也有 180 万万日元。可见我国可以利用的资本远赶不上别的国家。我们以后如想靠自己的力量把国家建设起来，那么我国固有的勤俭美风应当广为提倡，勤就是努力生产，俭就是节衣缩食，创造新的资本。

也许有人会说，中国人民的积蓄不能以银行的存款为根据。有好些地方根本没有银行，许多土财主把钱锁在箱里，埋在地里。假如把这些资本，也加到银行的存款上去，其总数一定要超过 40 万万元。我们对于这种观察，是同意的。外国的金融网甚为完密，所以穷乡僻壤都有银行的机关。社会上凡是有积蓄的人，都可以与银行往来，所以银行的存款很可代表人民的积蓄。中国的银行，在战前只有 164 家，分支行数合计，不过 1332 家。以中国之大，这 1000 余家银行决负不起动员全国金融的使命。抗战以来，失地中的银行遭受摧残,西南西北各省,银行虽已增设甚多,但据去年的报告,西南西北九省一市之内也只有银行764家,分布于307县市内,尚有366县市无银行前往设行。由此可见金融网的推广,实为调整金融的主要工作。我们一定要在各县各乡都设立银行的机构,使一切节衣缩食的人都能把他的盈余存入银行之内。只有在这种金融网完成状态之下,全国人民的剩余资本才能全体动员,用于生产事业之上。否则有一部分资本一定会冻结在老百姓的箱里或地下,对于国家的建设是一严重的损失。

调整金融的工作,是很多的,我们愿意再提一点,那就是投资银行的树立。中国现有的银行,大部分都是商业银行,只能做短期的放款。但是经济建设需要长期的投资,一个企业家在创立生产事业的时候,需要金融机关替他承销股票及债券。这种代表长期投资的证券,现在还没有银行来承受,以致有事业心的人,在他创业的时候,资本的筹集便为一大难题。假如他的亲戚、朋友、本家之中,没有很多的富翁,他就无法筹集巨额的资本,以供给事业上的需要。为解决这个困难起见,我国除发展商业银行之外,还要树立投资银行。现在闻政府已有意改组交通银行为中央实业银行,使其负投资银行的责任。我们希望这种计划早日实现,而且更盼望有别的投资银行接踵而起,有了投资银行之后,民营事业一定会比现在更为活跃,这是我们可以预料得到的。

## (五) 结论

由于我们上面的分析,可见国民经济运动的八项工作,并非独立的,而是联系的;并非散漫的,而是有系统的。八项工作之中,促进工业是中心工作。振兴农业、鼓励垦牧、开发矿产等三种工作，对于促进工业之任务，一在供给原料，二在加增出口，换取工业所必需的生产工具。流畅货运，即系发展交通，在发展工业的过程中，交通事业亦须现代化，以便大批原料可由农场、牧场、矿场运至工厂，工厂中之大批制造品可以运至市场。发展交通。振兴农业、鼓励垦牧等工作，有一部分可以征工办理。中国现在还是一个农业国家，我们应当利用农民的闲暇，使农民参加若干经济建设的工作，至于经济建设所需的资本，当以调节消费的方法，使人民节衣缩食，产生盈余，同时应进行调整金融的工作，普遍设立金融机构，吸收人民的积蓄，以便用于生产事业之上。现在的银行大多数为商业银行，只能供给企业家以短期的营运资金，至于长期的创业资金，应当由投资银行来供给，而此种银行国内尚未树立，现在亟应添设，以解决新兴事业的创业资金问题。

这一个分析，还有一点意义，就是国民经济建设，虽然有其中心工作，但此种中心工作的完成，需要各方面的合作。各界的人民应当在其岗位上努力工作，以求中国工业化的大业早日成功，因而早日获得自由平等的地位。

## 九、经济建设与人才训练

（一）

美国有一位费先生（W. B. Huie），在本年 7 月号的《水星杂志》中，发表了一篇论文，讲美国的秘密武器，结论中有一句警语，他说：

有机器才可在近代战争中获胜,可是有人才可以使用机器。

不但国防的建设,须看重人的原素,其他一切的建设,都是如此。经济建设,从某一方面看去,便是要在一切事业中,用机器的生产来代替筋肉的生产,可是我们不要忘记,机器是要人来运用的,有人才可以使用机器。

在我们将来经济建设的过程中,需要多少人才呢?这个问题,凡是留心经济建设的人都希望得到一个答案,可是不但答案不容易得到,就是如何获得这个答案的方法,也须先作一番细密的考虑。本文就是想对于上述的问题作一答案,同时并把得到这个答案的方法也写出来,以供读者的参考。

## (二)

在回答"我们的经济建设,需用多少人才"这个问题之先,我们得先想像将来所建设的经济组织,是个什么样子。回答这个问题,有种种不同的方法。譬如现在有一个团体,正在对于总理的实业计划,作一详细的研究。他们先假定若干年后,我们需要若干里铁路、若干里公路、若干钢铁厂、若干水泥厂……然后设计去如何实现这种理想。在这种设计中,当然人才的设计,也包括在内。他们的报告,现在还未公布,所以此处也不拟详细讨论。另外一个方法,是我在这儿所拟采用的,就是假定30年后,我国人口的职业分派,表示一种什么形态。职业分配,是一国经济组织的最好指数,工业国家的人口,其职业分配,与农业国家是完全不同的。一个农业国家,如向工业化的途径上走去,其职业分派,一定随着有很大的变动。假如我们在抗战胜利之后,真的在经济建设的工作上努力30年,那么人口的职业分派,一定与现在大不相同。我们先问那时的职业分派,希望是个什么样子;然后再问,如想达到那种境地,需要多少人才。

根据各国的统计,有职业者,在全人口中大约占40%左右。其余60%,多为老人、幼童、青年就学者,及在家主持家政之妇女。如中国人口之总数,在30年后,无大变动,仍为45,000万人,则以40%计,有职业之人口,应为18,000万人。此18,000万人,在30年后,其职业分派,假定如下表:

| 职业名称 | 就业人数 | 百分比 |
| --- | --- | --- |
| 农业 | 90,000,000 | 50 |
| 工矿业 | 43,200,000 | 24 |
| 交通与运输 | 10,800,000 | 6 |
| 商业 | 18,000,000 | 10 |
| 政府公务与自由职业 | 10,800,000 | 6 |
| 其他 | 7,200,000 | 4 |
| 总数 | 180,000,000 | 100 |

此表所列30年后的人口职业分派,因为现在中国人口职业分派的统计资料过于缺乏,所以无法与现代的情形相比,但是有一点我们敢说的,就是表中所列的情形,一定与现在的情形差得很多。

以农业而言,我国现在的农民,据一般估计,占有职业者75%至80%。即75%为准,现在应有农民13,500万人,比表中所列的农民,多4500万人。如何把这4500万人,在30年内,疏散到别的职业中去,是一个大问题。这个问题包括两个方面,一系合并农场。改良生产,使农业人口虽然减少了4500万,但其生产效率不但不比现在减低,而且还要比现在增高。另一方面,就是要发展别的实业，使由农业中退出的4500万人，有其谋生之路。本来一个国家中，有50%就业人口，从事于农业生产，还是不经济的。英国的农业人口太少，不到10%，不足为训，但如美国、法国、德国，农业就业人口，都在25%以下。我们将来应以此为目标，但此目标，恐非30年之内所能达到。美国在1820年的农业人口占72.3%，到了1880年才减到49.4%，中间经过了60年的努力。日本的农业人口在1872年为84.8%，到了1930年才减到50.3%，中间也经过了差不多60年的努力。我们现在想以30年的工夫，把农业人口，从75%左右减到50%，不得不承认是一种繁重的工作。

工矿业在30年后的人口，表中列了4300万人，占全体就业人口24%。此百分数，与美国1880年的情形一样，较之日本现在的百分数（19.5）较高，较之现在美国（31.7）、英国（38.3）、德国（38.5）的百分数较低。但如以实际的人数而论，则工矿业中容纳4300万人，在世界上可以首屈一指。现在工矿业最发达的国家，如美国，工矿业中只有1500万人，德国只有1300万人，英国只有970万人。就以苏联而论，在实行几个五年计划之后，到了1940年，也只有工人3000万人。我国因为人口庞大，所以在设计时，不得不放4000余万人在工矿业中，当然我们不能奢望这4000余万人的工作效率，可以与英美各国相比，但比现在国内工人的工作效率，还希望有相当的提高。

在我的表中，交通与运输业，政府公务与自由职业两大部门，从业人数各定为6%。这是参考了各国实际情形之后而决定的。两部门中就业者所占的百分数，与现在英美各国的实况相差无几。交通与运输业的就业人数，在英国占有职业者全体的8.2%，加拿大为7.9%，美国为7.7%，比利时为6.9%，德国为5.8%，法国为

5.5%。我们列了6%,比德法二国较高,比英美等国则较低。中国幅员辽广,在经济发展之后,交通与运输业中,当然可以容纳6%的人口。假如我们的交通与运输工具不能在短时期内大规模的现代化,也许这一方面需要的人口还在6%以上。关于政府公务与自由职业者的就业人数,在英国占有职业者全体9.5%,荷兰为8.8%,法国为7.2%,日本为7.0%,挪威为5.9%,意大利为5.6%。我们列了6%,比挪意二国略高,比其余各国则较低。我国将来在经济行政方面,如采取管制的政策,公务员的数目一定比现在还要加增。至于自由职业者,如教师、医生、律师、等等,在工业化的过程中,其需要也是与日俱增的,所以列了6%,并不为多。商业的就业人数,在日本占有职业者全体17.0%,英国为16.7%,美国为16.2%,法国为14.7%,德国为13.1%。我在表中只列了10%,比英美及日本都低,只比印度的7.3%略高。我们所以采取比较略低的百分数,因为中国乡村中的自给自足程度较高,不必要很多的商人,便能满足其简单生活上之要求。将来农民的百分数减低之后,商人的百分数还可加高。除了以上各项职业之外,如常备兵,如家庭仆役等,都包括在其他的4%以内。

(三)

上面我已经把30年后中国理想的职业分派,画了一个轮廓。现在我们便可提出所要讨论的问题,那便是:在这种经济组织之下,我们需要多少干部。

干部的工作,在计划、组织、领导、指挥。譬如我们希望在30年后,工矿业中有4320万人。假如这些人没有干部去组织他,领导他,还是不能发挥生产的力量。一个工厂、一个矿场，如要大量生产，工人固然重要，干部尤不可少。经理、工程师、会计师等，就是干部。

我们如想知道工矿业中需要多少干部，交通运输业中需要多少干部，最好的研究办法，是在国内与国外选样加以分析。以棉纺业而论，我们最好在中国选出若干纱厂，研究每一万锭子需要多少工人、多少职员，职员占工人的总数百分之几。此若干职员，即纱厂之干部，其中受过小学教育的占几分之几，中等教育的占几分之几，高等教育的又占几分之几，都应加以分析。在外国的纱厂中，我们也可以选出几个，作同样的研究。此种研究的结果，即可供给我们若干数目字，有此数目字为根据，则中国将来如欲完成1000万锭的纺纱业或2000万锭的纺纱业，需要多少工人、多少职员，此项职员应有何种教育程度，都可以在极短的时间内算出。棉纱业中的人才需要，既可用此方法推算而得，其余几百几千种工矿业及其他实业人才之需要，亦可用同样方法加以研究及计算。不过这种细密的研究需要长时期的搜集材料。我们希望将来有人从事这类的工作。

最近我们看到一本国际劳工局出版的1941年劳工年鉴，其中有一项统计，把每一个国家中各业中的工人数目与职员数目分开排列。我根据这些材料，算出若干国家中的若干职业，职员占工人的百分数如下：

| 国名及职业 | 职员占工人之百分数 |
| --- | --- |
| 美国 | |
| 矿业 | 3 |
| 工业 | 12 |
| 交通及运输业 | 37 |

续表

| 比利时 | |
|---|---|
| 矿业 | 4 |
| 工业 | 7 |
| 交通及运输业 | 37 |
| 法国 | |
| 矿业 | 4 |
| 工业 | 12 |
| 交通及运输业 | 32 |
| 意大利 | |
| 矿业 | 3 |
| 工业 | 7 |
| 交通及运输业 | 30 |

以上各国的统计,表示同样的模型,即在矿业中,职员占工人的百分数最少,工业中较多,交通与运输业更多。我们当然可以利用上列数字,算出中国将来在以上三项职业中,需要若干职员。但此种计算,对于整个问题的解答只有局部的帮助,而且即使算出之后,我们也无法知道这些职员应当受过什么教育,始能胜任其职务。

为讨论的方便起见,我们拟作两种假定:即

（1）将来在各种职业中的干部,需要初中以上的教育程度。

（2）受过此种教育之干部,在农业中,每百人内应有1人;在工矿业、交通运输业及商业中,每百人内应有10人;在政府公务与自由职业中,每百人内应有50人。

以上两项假定,当然是武断的,但却不是任意的,因为在作这种武断的假定之前,也曾搜集过若干实际的资料作参考,上面所举的国际劳工局统计,也是参考资料之一种。今试以此两种假定为根据,算出我国30年内经济建设所需要之干部如下:

| 职业名称 | 干部占就业人数的百分数 | 干部人数 |
| --- | --- | --- |
| 农业 | 1 | 900,000 |
| 工矿业 | 10 | 4,320,000 |
| 交通与运输 | 10 | 1,080,000 |
| 商业 | 10 | 1,800,000 |
| 政府公务与自由职业 | 50 | 5,400,000 |
| 总数 | | 13,500,000 |

此1350万个干部,拟分期训练如下:

| 期限 | 每年平均训练人数 | 本期内总共训练人数 |
| --- | --- | --- |
| 第一个五年 | 200,000 | 1,000,000 |
| 第二个五年 | 300,000 | 1,500,000 |
| 第三个五年 | 400,000 | 2,000,000 |
| 第四个五年 | 500,000 | 2,500,000 |
| 第五个五年 | 600,000 | 3,000,000 |
| 第六个五年 | 700,000 | 3,500,000 |
| 总计 | | 13,500,000 |

这1350万个干部,分为30年训练完成,每年训练的人数是由少而多,譬如第一个五年内,我们预备训练100万个干部,平均每年训练20万个,但是第一年也许达不到这个数目,第五年也许要超过这个数目,其余各期可以类推。

我们愿意在此指出的,就是这个计划实现的可能性。上面我们已经说过,我们对于干部的解释,就是受过初中以上教育的人。这种人的来源,可分五类,一为客卿,二为留学生,三为国内专科以上毕业生,四为初中以上毕业生,五为全国职业学校毕业生。除客卿不计外,抗战前四种人的供给如下表:

| 干部来源 | 数目 | 年份 |
|---|---|---|
| 留学生 | 1,033 | 民二四 |
| 国内专科以上毕业生 | 9,154 | 民二五 |
| 初中以上毕业生 | 101,026 | 民二五 |
| 全国职业学校毕业生 | 11,764 | 民二四 |
| 总计 | 122,977 | |

由此可见在抗战前，国内的教育机关以及留学生，每年可以供给干部12万人以上，这个数目，比起我们上表所列第一年的需要数，相差无几，只要教育界的人，肯努力来担当这个责任，那么干部的来源，是有相当把握的。不过我们在建设初期，对于干部的需要量，虽然与供给量相去不远，但在第六个五年，需要量比现在的供给量要大6倍，所以负教育之责的应当设法在30年之内，将初中以上的学校扩充到比现在要多6倍。至于每一级的学校，应当扩充若干倍，始能满足实际的需要，那就得作进一步的研究，始能解答了。

(四)

上面的讨论，还没有包括技术工人在内。在将来的经济建设中，技术工人的训练，当然也是急务之一。

克拉克(Colin Clark)在他的名著《经济进步的条件》一书中，对于英美技术工人在全体工人中所占的百分数，曾有一个估计。据他说，在美国，技术工人约占全体工人26.5%，在英国，约占28.1%。这当然是一个笼统的说法。假如我国将来的工矿业、交通及运输业中，技术工人的数目，应当等于全体工人四分之一，那么30年后，这两部门中的技术工人，应当有1350万人，其余各业对于技术工人的需要还未计及。

1350万人这个数目，与我们上面所说干部的数目不谋而合。这些技术工人，当然可以分期训练，在第一个五年，训练的数目可以少些，以后逐年递增。但是应当由什么机关，来负责训练呢？

我们以为技术工人，应当都受过小学教育。但在小学毕业之后，还不能成为一个技术工人。他还需要一个短时期的技术训练。这种训练，视各业的情形而定，大约简单的六个月便行，复杂的也许要两年至三年。

苏联在几次的五年计划中，感到技术工人的缺乏。他们解决这个问题的方法，并不是假手于普通的教育机构，而是由各种实业，自己来担负这种责任，譬如一个大的工厂，可以开班来训练技工。一条铁路，也可开个学堂，来训练运输的技术工人。同业的工厂，也可集合起来，共办一个学校，解决他们的共同需要。1941年，苏联的实业及铁路学校招收了35万学生，工厂训练学校招收了537,000学生。同年在各种训练学校毕业的技术工人，参加到生产队伍中去的，共有794,000人。

日本在发动中日战争之后，国内工矿勃兴，因之对于技术工人，感到迫切的需要。据我们所得到的情报，日人对于这个问题的解决，其所取的途径与苏联大同小异，第一种办法，便是由各种工厂，自己开办学校训练。举例而言，如三井矿业公司、安川电工器材厂、渡边炼铁厂、朝日钢铁厂及其他工厂，均设有此类学校。训练的时期，通常为六个月，有时也只五个月。此种训练，不但范围很小，而且所学的技能，只能在某一工厂应用，所以在这种训练班出来的艺徒，并不能移到别的工厂中去工作。第二种办法，是由政府指定全国重要工厂，大量招收艺徒，如在五金工业中，艺徒应占全体工人4%,工具工业中应为6%。训练时期,定为三年,如环境许可,亦得缩短为二年。每年须有50点钟以上为精神训练,700点钟以上之课室训练,并5000点钟之练习。

苏日两个国家训练技术工人的办法,都可作我们的参考。现在后方的工厂,已在负责训练技术工人。过去如广西纺织机械工厂、新中工程公司、中国兴业公司、民生机器厂、大公铁工厂等,对此均有贡献。以后这种办法还可推广,要全国略具规模的工厂都一齐来负责训练技术员工。此外我们以为各地的同业公会,应当设立训练班或训练学校,为本业培植大批技术工人,如重庆市的机械业同业公会,就可以办一个机械训练班,招收小学毕业生,授以各种利用机械的知识,毕业后便介绍到各工厂中去工作。其他各业,均可照此办理。这种训练班的规模,可以看各业的需要而定。一个正在发展的工业需要技术工人甚多,应当随时扩充他们的训练机构,使毕业出来的技术工人可以与需要相适应。

## 十、中国资源与经济建设

（一）

自从上次欧战以后,各国讨论资源问题的人很多。特别著名的,如斯丹莱(E. Staley),爱姆南(B. Emeny),克莱诺(H. Kranold)等,对于经济建设所最需要的资源,都列有一表,少的至二三十种,多的至八九十种。前好几年,国际联盟也出了一本讲食料与原料的书,其中所举的食料与原料,共计160余种。

在他们所举的资源中,有哪一些是我们的经济建设所必需的,应当先提出来讨论。我们可以《抗战建国纲领》第17条所提出的原则,来作我们选择的根据。这条原则是:"经济建设,以军事为中心,同时注意改善人民生活。"所以凡是与国防经济建设有关的资源,我们应当选择出来,列入我们的表中。其次,凡与人民日常生活有密切关系的资源,我们也酌量列入。选择的结果,得到44种资源,其名称如下:

(1)农产品:米、麦、棉花、麻、丝、大豆、菜籽、糖,共8种。

(2)畜产品:牛、羊、猪、马、骡、羊毛、皮革,共7种。

(3)林产品:木材、橡皮,共2种。

(4)矿产品:煤、石油、铁、锰、钨、镍、铬、钼、钒、镁、铜、铅、锌、铝、锡、锑、汞、盐、硫黄、硝、钾、磷、云母、耐火材料、萤石、石灰石、石膏,共27种。

(二)

这些资源的主要用途,乃是我们第二个要讨论的问题。

在农产品中,米麦是我们的主要食料,不但大多数的人民以此为生,就是军粮也是以这两种为主要。棉花、麻及丝为我们的主要衣料,除为军民衣被所必需外,棉花还是制造火药的原料,麻可以制造麻袋,丝则可以制造降落伞。大豆与菜籽,供给我们的食用油、豆饼与菜饼,还可作农田中的肥料。糖虽然是好吃的东西,美国每一个人平均每年要吃100磅,但在中国,还不是必需品,我们把它列入表中,乃因糖浆可以制造酒精。

在畜产品中，牛羊猪供给我们肉食，马骡则为役用。这五种家畜都供给皮革，其中牛皮所制的轮带，凡是用机器生产的工厂，都需要它。牛与羊不但供给肉食，也供给乳酪，羊还能供给羊毛，制造军民的冬衣。

在林产品中，木材的用途极多。我们所住的房子，没有一所是不用木材的。在交通与运输业中，我们只要举出电杆、枕木两种物品来，就可代表木材的重要性。木材又是六十几种工业的主要原料，造纸、人造丝、家具等工业，都非它不可。橡皮的最大用途，是作汽车的轮胎。

在矿产品中，煤与石油，是近代工业中的主要燃料。煤可炼焦，而焦又为炼铁所必需。炼焦的副产品，可作炸药及染料。缺乏石油的国家还可从煤中提炼汽油，缺乏橡皮的国家也可以煤为原料制造橡皮。石油除供给内燃机以必需的燃料外，其副产品中的润滑油，为一切机器所必需，没有它机器便无法继续开动。1918年，德军败退的时候，同盟国的军队发现德军所遗弃的坦克车，并不缺乏汽油，但因没有润滑油，所以无法开动。铁在近代的经济建设中，其重要性没有一样东西，可以与它比拟。没有铁，机器工业、交通工业以及军器工业，都无法生存。锰钨镍铬钼钒，乃是炼合金钢的重要原料。锰钢的特质在其耐磨性，开矿的机器最用得着它。钨钢在白热时也能保持其锋利，所以最适宜于制造高速度的工具，近代机器生产，其效率的加增，与钨钢的发明极有关系。镍钢富于强韧性，其所制钢版，最适宜于制造战舰及装甲车。铬钢抵抗空气的氧化作用最强，所以凡要制造不锈钢的，都要用铬。钼钢与钨钢的性能相似，过去制造工具钢的，常用18%的钨，4%的铬与1%的钒；近来制造工具钢的，常用8%的钼，2%的钨，铬与钒的百分数则不变。钒钢的特性在坚韧,最适宜于制造轮轴及轮箍。镁的用处,在制造火砖以为炉壁,碱性炼铁炉及炼钢炉均非此不可。含磷较高的铁矿,只有碱性的炼炉可以利用。铜铅锌为电器工业及子弹制造所必需的原料。铝的最大用途,在制造飞机。锡可以做罐头及制造青铜。锑与他种金属混合,可以加增其坚硬性,但其最大用途,是在铸造铅字。汞可以制造炸药管,在电器工业中也有需要。盐为人生所必需,但它与硫黄、硝、钾、磷都是化学工业的重要原料。硫硝钾磷,在军事方面的主要贡献是制造弹药,在民生方面的主要贡献是制造肥料。云母是最好的绝缘体,为电器工业必需之物。耐火材料的种类很多,其主要用途,为制造火砖。萤石与石灰石,为炼铁所必要的镕剂。石灰石与石膏,是制造水泥的原料。

## (三)

我们已经把经济建设所必需的资源,开了一个单子,同时又把它们的主要用途加以叙述,现在要进而讨论一个最重要的问题,就是这些资源,我国是否能够自给自足。

这不是一个容易回答的问题。不易回答的原因,一方面是因为原材料不够,另一方面,是因中国的经济建设正在开始,现在的需要量与将来的需要量是大不相同的。将来的需要量,现在无法加以正确的估计,但是我们如想判断某项资源,中国是否能够自给自足,则对于将来的需要,必须作一武断的假定。因此我们下面所提出的答案,只可把它当作讨论的起点,而不能视为最后的结论,将来材料增加的时候,我们的答案,是可以随时修改的。

上表所列的 44 种资源,从我国是否能够自足的观点去看,可以分为三类:一为可有盈余的,二为可望自足的,三为不能自足的。

可有盈余的资源,我们列了 8 种,即丝、大豆、菜籽、煤、钨、锡、锑及盐。这 8 种物资中,根据国际联盟的统计,在 1937 年,大豆、菜籽、钨、锑四种的生产量,我国在世界上居第一位,丝的生产在世界上居第二位,锡与盐的生产在世界上居第三位。丝只有日本超过我们,锡只有马来与荷印超过我们,盐只有美国与苏联超过我们。煤的生产,在 1937 年虽然微不足道,但是我们的储藏量,即以已经知道的来说,在世界上可居第四位,只有美国、加拿大及苏联超过我们。假如我们能够大规模的开发,煤不但是够用,而且还可出口。

可望自足的资源,我们列了 28 种,即米、麦、棉花、麻、糖、牛、羊、猪、马、骡、羊毛、皮革、木材、石油、锰、钼、镁、铝、汞、硫黄、硝、钾、磷、云母、耐火材料、萤石、石灰石及石膏。这 28 种的资源,我们把它们列入可望自足的一类内,并非因其可以取之不尽,用之不竭。固然其中也有可以取之不尽、用之不竭的,如某种耐火材料及石灰石。但是大部分的资源并非如此丰富。我们所以说这些资源可望自足的理由有二。第一,这些资源中有一部分,在我们的经济建设过程中,如果感到不足,是可以设法在国内增产,以满足需要的。譬如米、麦,在过去常有进口,但其进口的数量,在最多的年份也还不到国内出产量 5%。我们如能在选种、施肥、灌溉及驱逐病虫害四方面努力,那么即使把现在种米麦的田地减去四分之一,同时还使产量增加四分之一,也非难事。又如棉花,在抗战前已可自给,但那时的纱锭只有 500 万枚,将来加到 1000 万枚或 2000 万枚时,棉花是否依然能够自给呢?我们以为把改良种植米麦技术后空出来的土地改种棉花,一定可以使棉花自给。又如硝,我国并未发现像智利那样丰富的天然资源,但是我们将来的化学工业发达之后,利用空气制硝,必能供给我们的需要。诸如此类的例,不必细举。其次,这些资源中有一部分,如果我们以欧美各国的标准来消耗它,也许要感到不足,但是我们如能节省的利用,便不发生问题。譬如石油,我国的蕴藏固然不能与美国相比,但我们也不希望将来我国平均每五人有一辆汽车。我们少生产,同时也少消耗,就够用了。又如我国的人民,如养成美国人那种非肉不饱的习惯,那么国内的家畜自然是不够吃的,但是我国大多数的农民,一年吃几次肉是可以数得出来的,所以肉食也就可以算能自给了。

最令我们关心的,是不能自足的资源,共计也有 8 种:即橡皮、铁、镍、铬、钒、铜、铅及锌。橡皮及铬、钒,国内至今并无生产。橡皮将来也许可以在海南岛种植,铬、钒将来也许还有发现的可能,但在未曾种植及未曾发现之前,我们只能向国外输入。镍、铜、铅、锌在国内的蕴藏不富,在抗战期内已感不足,将来大规模的建设一定更感缺乏。铁的贫乏,是我国建设的最大障碍。我国的铁矿,其中四分之三在东北。我国的人口,占全世界四分之一,但是我们铁矿的储藏量,还占不到世界的总储量的 1%,这是令人最感失望的。

(四)

最后,我们可以附带的讨论一下,我们不能自足的资源,可以向哪些国家补充。

我们先根据1937年的统计,看看我们不能自足的资源,有哪些国家生产。

以橡皮论,生产的国家,有马来(41.0,此为马来产量占世界总产量的百分数,下仿此),荷印(32.9),锡兰(6.5),安南(6.4),泰国(4.6)。

生产铁砂的国家,有美国(38.0),苏联(14.3),法国(11.7),瑞典(9.3),英国(4.4),德国(2.8),罗森堡(2.3)。其中英德两国的生产,自用尚嫌不足。

生产镍的国家,有加拿大(88.0),新喀里多尼亚岛(6.7),苏联(2.6)。

生产铬的国家,有南罗得西亚(22.9),土耳其(16.3),南非(12.8),菲律宾(5.8),印度(5.3),古巴(5.2),犹哥斯拉夫(4.8),新喀里多尼亚岛(4.1),希腊(3.4)。

生产钒的国家,有秘鲁(30.3),西南非(30.2),美国(25.4),北罗得西亚(12.2)。

生产铜的国家,有美国(32.3),智利(17.6),北罗得西亚(10.6),加拿大(10.2),比属刚果(6.4),苏联(4.0),日本(3.7)。

生产铅的国家,有美国(25.1),澳大利亚(13.7),墨西哥(13.3),加拿大(1.7),德与奥(10.2),比利时(5.0),缅甸(4.7)。

生产锌的国家,有美国(31.1),比利时(31.4),德国(10.0),加拿大(8.9),波兰(6.6),奥大利亚(4.4),苏联(4.3),英国(3.9),法国(3.5)。

上列的国家,我们无妨把它分为三类:一为与我国领土接壤及在南洋各地的国家,我们可以称之为邻邦。二为面对太平洋的南北美各国,过去没有与我们发生过战事,将来大约也不会与我们发生战事,我们可以称之为友邦。三为其余各地国家,我们可以称之为远邦。最有趣味的就是我们不能自足的资源,都可设法向我们的邻邦或友邦补充。如橡皮及铬,可向邻邦补充;钒可向友邦补充;铁镍铜铅锌,可向邻邦及友邦补充。铁的产量,在印度虽然不高,但印度铁矿的储藏量,至少比我国要多三倍,另外荷印及菲律宾的铁矿储藏量,各与我们东北的储藏量相仿佛。将来我国如需要多量的铁砂,这些邻邦当然可以帮助我们的。

(五)

总括起来,我们可以说,中国的资源,比较是丰富的。在我们所列的 44 种资源之中,8 种可有盈余,28 种可望自足,只有 8 种不能自足。这不能自足的 8 种资源,我们可以向邻邦及友邦补充。所以我国将来大规模的经济建设,资源方面并无十分困难的问题。

## 十一、经济建设与国内资金

(一)

在研究经济建设各种方案的时候,我们的心中时常涌出一个问题,就是:我们将来每年能够拿出多少钱来,办理经济建设的事业? 这是一个富有兴趣的谜,我们无妨花点工夫来猜一猜。

首先，我们应设法估计一下，战前每年我国能够产生多少剩余的资金。我们所以要以战前的情形为我们讨论的对象者，因战前的币值相当平稳，每一块法币的购买力不似现在的捉摸不定。在讨论这个问题之先，我们应当把剩余资金的含义解释一下。所谓剩余资金，就是社会上人民的收入，除了维持他们生活上的需要之后所余下来的钱。这儿所谓生活上的需要，并非理想上生活上的需要，而是习惯上生活的需要。我们只想要知道，中国人民每年的生产，除了消费于他们认为必需消费者外，每年还有多少剩余。

这种剩余的估计，在英美等国家，因为关于人民所得的调查已相当完备，所以易于着手；但在中国，这一类的调查现在还无完备可靠的结果，所以我们无法从这一条途径上去寻求我们所想得到的数目字。我们只能用间接的方法来解决这个问题。所谓间接的方法，就是利用人民所得以外的统计，凑合起来，看它能否告诉我们，剩余资金的大约数字。

这些与剩余资金问题有关的统计，第一种我们要考虑的，就是中央及地方的税收。这些税收，起初原是分散于私人口袋中的，政府以各种赋税为手段，把它集中到国库里面去，使它成为社会上的剩余。我们可以二十三年为例，看那一年税收的总数有多少。第一，中央政府的收入，在那一年为 1,257,981,700 元，其中有债款收入 318,291,300 元，应当除去，所以实际取得自赋税的收入为 939,690,400 元。我们所以要把债款收入除去的原故，因为债款收入的来源为人民的储蓄，假如此处不将其除开，则下面计算储蓄项目时，亦当将此数减去，否则将陷重复计算之误。其次，各省市区在那一年的收入为 340,563,500 元，其中应除去补助款收入（中央的协助）39,921,600 元及债款收入 16,454,600 元，余款为 284,187,300 元。此外，各省县地方预算，二十三年的数字不甚完全，现以二十五年的数字来代替他，那年各县政府的收入，为 140,213,700 元。以上三级政府的税收总计，为 1,364,091,400 元。

第二种统计，与剩余资金有关的，为进口货物之价值。进口货物，代表人民在国外市场上的购买力，其中有一部分，可以视为剩余资金。我们所以要说只有一部分可以代表剩余资金的原故，因为有好几项数字，要从其中剔除，仍以二十三年来说，那年进口货物的价值，为 1,029,600,000 元。在这个总数中，第一我们应当剔除的，就是那些用以维持人民生活所必需的货品，如粮食、纺织品、烟酒及糖果等。据我大略的估计，二十三年这些货物的进口总值，约在 4 万万元左右。我们所以要从国外购进这 4 万万元的消耗品，表示那年国内的生产，还不够国人的消耗，所以这 4 万万元，不能代表剩余的资金。其次，我们在过去的几十年内，国际贸易素来是入超的，补偿入超的一个方法，便是输出金银，在二十年至二十九年的 10 年内，平均每年金银出超为 145,205,000 元，二十三年的出超为 308,296,000 元。但是那一年大量金银的输出，据海关的报告，或系转运伦敦以保安全，或为依照美国购银协定而运往纽约，其中到底有若干系用补偿入超的，惜无法估计。现在姑作假定，认为二十年至二十九年之平均每年金银出超数，即 14,500 余万元，为二十三年内补偿入超之一种手段，此数从研究剩余资金问题的立场上看去，应从该年进口货物总值中除去，因金银为历年财富之积累，而非该年生产除去消费后之剩余。第三，外人在华办理生产事业，已有多年的历史，他们在华的投资，年有加增，1934 年进口的货物中，必有一部分货物系外人以其资金所购得，如将此款也挂在国人的剩余资金帐上，实患张冠李戴之嫌。但在二十三年进口之

10万万元货物中,有百分之几其主权属于外人,实无法加以估计。雷玛教授对于外人在华投资的数目曾加以调查。根据他的研究,自民国十七年至十九年内,平均外人在华的新投资,每年为15,600万元。今再姑作假定,认为二十三年的进口货品中,有15,600万元代表在华外人的购买力,应于总数中加以剔除。如将以上三种数目剔开,则二十三年的进口贸易10万万元中,真能代表国人的剩余资金的,不过328,395,000元而已。

第三种统计,与剩余资金有关的,为人民的储蓄。根据二十五年全国银行年鉴,二十二年全国银行存款总数比上年增加478,452,000元,二十三年比上年增加387,247,000元,二十四年比上年增加798,040,000元,三年合计,平均每年存款加增为554,580,000元。此种数目字,不能代表国人每年储蓄的总数,因有若干富豪,多将其剩余资金存入外国银行,其总数若干。虽有多人的猜测,但无切实统计。其次,我国银行事业还未发达。若干县份毫无金融机构,所以有许多乡下地主豪绅,其剩余资金并未存入银行。不过第二点对于我们的研究,并不十分重要。一因乡村中地主等的余资,有一部分变为出口农产品,如桐油、猪鬃之类。此类农产品之输出,易成外汇后,即以购进入口物资,故此部分盈余,在上面计算进口货值时,已经顾到。二因乡间一方面有地主豪绅,每年可以不劳而食,且有盈余;另一方面则有半自耕农及佃农,每年胼手胝足,还难免于欠债。根据中央农业实验所的估计,全国农家借钱的占56%,借粮的占48%。这些借钱借粮的农家,如借不到钱,借不到粮,便不能维持生活,便有冻馁的危险。实际放债给他们的,就是乡下的地主豪绅,这些人一手收进来田租,一手又放出去,虽然产生了乡村中阶级间的债权与债务关系,但从整个社会的立场上去看,并无剩余资金的产生。

把上面所说的三种剩余资金加起来，计税收 1,364,091,400 元，进口货物余值 328,395,000 元，储蓄 554,580,000 元，总数为 2,247,066,400 元。

## （二）

战前每年所产生的余资 22 万万余元中，有若干用于经济建设之上，乃是我们第二个要讨论的问题。

以中央的支出而论，1934 年度，实业费的支出为 4,248,100 元，交通费的支出为 5,199,700 元，建设费的支出为 46,896,000 元，三种建设费用合计，不过 56,344,500 元。① 以各省市的支出而论，二十三年度，实业费的支出为 6,900,000 元，交通费的支出为 6,347,900 元，建设费的支出为 38,668,400 元，三种建设费用合计，也不过 51,916,300 元。县政府的支出，用于建设上的，无法估计。只以中央及省市政府对于建设的支出来说，二十三年度，只花了 108,260,800 元。

以进口的货物而论，哪一些是与经济建设有关的，哪一些是与经济建设无关的，很难加以分别。现在我们假定下列各类的货品，是与经济建设有直接关系的，即（一）金属及铁砂，（二）机器及工具，（三）车辆船艇，（四）杂类金属制品，（五）煤、燃料、沥青、煤膏。这几类进口货品的总值，在二十三年度为 261,129,000 元。上面所说的政府支出，是否有一部分用以购买这些进口的货品，无法确

---

① 原文如此。与实际合计数不符。——编者注

知。我们猜测这两类数字有重复计算之处,但因二十三年国营事业尚未发达,政府购入的物资必不甚多,且我们因缺乏参考资料,亦无法加以剔除,只好让它分立存在。

最难估计的,是储蓄的款项用在建设事业上面的数目。有一类统计,可以作我们参考,是每年新公司设立的数目及其资本数额。自十八年至二十四年,新设立的公司,共2128,资本总额为585,067,000元,每年平均新的投资为83,580,000元。以后数年新公司的数目及资本总额,颇有减少,如二十五年设立的公司,资本总额为51,864,000元,二十六年为74,349,000元,二十七年为42,106,000元。我们当然不能担保,所有每年设立的公司都已向政府登记,所以上面所举的数目字,只能代表每年新投资的最少数额,不能代表每年新投资的实际储额。此外各种建设事业,不以公司方式进行的,还不知有若干。现在我们假定战前国内的储蓄,有1万万元投资于经济事业,其余大部分的资金,大约都是用在证券买卖、不动产买卖及投机的交易上面。

以上大略的估计,我国在战前用在经济建设上面的款项,计政府支出方面,有108,260,800元,进口货物方面,有261,129,000元,银行存款方面,有100,000,000元,合计为469,389,800元。简单的说,战前我国社会上的剩余资金,每年用在经济建设上面的,约在5万万元左右。如以三十一年十二月重庆的法币价值来计算,约等于300万万元。

(三)

假如在抗战胜利之后,我们每年也只能花5万万元(战前币值)在经济建设上面,那么我们是无论如何,也不能赶上列强的。

## 第三章 经济建设的展望

苏联在1940年,投资于经济上面的款项,其为380万万卢布。这个数目,与我们过去已花的钱,相差实在太远。

我们将来是否可以花更多的钱在经济建设上面呢?解决这个问题,第一得先研究我们是否可以有更多的储蓄。储蓄加增之后,中央及地方的赋税都可加增,那时方可讨论加速经济建设支出的百分比。储蓄加增之后,进出货物的总值,也可提高,那时方可设法输入更多的生产工具及建设器材。但是在生产方法没有改进之前,中国人民的储蓄能力,是否可以提高,很成问题。

根据别国的统计,收入愈多的人,其储蓄额百分数也愈高。收入最少的一部分家庭,不但没有积蓄,而且还要欠债。以美国而论,乡村家庭每年收入在1000元以下的,都市家庭每年收入在1500元以下的,普遍都要借债度日。中国大多数人民的收入,都是很低的,所以他们每日所焦急的问题,是如何可以避免借债,而不是如何可以加增储蓄。对一个在饥寒线上过日子的家庭提倡储蓄,是毫无用处的。

今再从另一方面,略举统计,证明中国人民加增储蓄之困难。英国在1917—1918年间,国民的收入为4125百万镑,用在战费上的,为1763百万镑,占国民收入43%。人民以其收入43%献给政府,在平时是不可能的。战时因环境的需要,人民不得不节衣缩食,尽量降低生活程度,俾有大量盈余资金,可作执行战争之用。但英国人当年的收入,除去1763百万镑后,仍余2362百万镑,以英国4000万人分之,每人仍可得59镑,合战前国币940余元。这是英国人认为维持最低限度的生活所必需的。又如德国,在1937年,因为推行四年计划,各种赋税均有增加,当年人民收入之68,500百万马克中,有19,600百万马克为政府以赋税的方法收去,等于全民收入的28.6%。今假定在必要时，德国人民亦如英人一样，亦可贡献其43%的收入于政府，则人民手中余款，尚有39,045百万马克，以德国人口6700万分之，每人可得583马克，约合战前国币466元，此数在德人眼光中，一定会认为太少，不能维持最低的生活了。

以上所举英德两国的统计，表示在那些国家中，维持一种最低生活所必需的款项。一个国家的生产，第一个最迫切的用途，就是维持人民最低限度的生活。假如在这一项开销已经付出之后，如有剩余，始能谈到储蓄。假如英国人民的收入，每年只有2362百万镑，而非4125百万镑，英国人是无法积蓄的。同样的，假如德国人民的收入，每年只有39,045百万马克，而非68,500百万马克，德国人是无法积蓄的。我们可以这样的说，每一个国家都有一个储蓄水准，凡人民每年的收入超过这个水准的，便可以储蓄，不达这个水准的便不能储蓄。

假如我国采用英国在上次大战时的生活程度，每人每年消耗940余元，则以45,000万人计，如要维持此种生活，国民收入，须有424,800百万元。如采取较低之德国生产水准，每人每年消耗466元，则国民的收入，亦须有209,700百万元。任何乐观者对于中国人民收入的估计，都达不到这个数目字。

我在上面已经提到，中国因统计缺乏，所以估计人民的收入，是很困难的。现在我们姑从各种估计之中，选出两种来审查一下。一种是克拉克的，他根据卜凯及汤纳等的研究，以为在战前中国国民每年的收入，约为3,400百万镑，非农民每年的收入，约为915百万镑，合计4315百万镑，约合战前国币69,040百万元。另外一种是程孝刚先生的，他从消费方面推测，认为战前中国农民的收入，约为53,750百万元。今姑取此两数的平均，假定战前中国人民的收入为 61,395 百万元,以 45,000 万人分之,每人所得,不过 136 元而已。从这样低的平均收入中,当然不能希望产生大量的储蓄。

由于上面的考虑,我们认为中国人民的收入实在太低,在生产方法没有改进之前,储蓄的数量无法有显著的增加,因而我们不能希望从人民的节衣缩食上面产生大量的建设资金。

(四)

但是我们不可因此流于悲观,以为我们无论如何,都不能以 5 万万元以上的资金,用于经济建设。

在下面的条件之下,中国建设的资金,还是可以加增的。这些条件,都是人为的,能否做到,全看我们努力的程度。

第一,假如我们能够改良税制,特别是田赋及所得税等,那么每年中央及地方的收入,应可加到 20 万万元,假定政府分配预算时,能更注意于经济建设,以收入 20% 用在这个上面,则每年便可有经济建设经费 4 万万元。

第二,假如我们能改进国内的生产,使国民每年在衣食住各方面的消耗,都可自给而无须外求,又假定我国对于入口货品之种类,能略加管制,使入口货物中,70% 皆与经济建设有关,则每年我国在国外市场上 10 万万元的购买力,可以有 7 万万元,用于经济建设。

第三,假如政府能设法使国人的储蓄,能尽存入国内的银行,使储蓄数量由战前平均之每年 5 万万元增至 10 万万元,又假定政府对于人民投资的途径略加管制,使每年的剩余资金有 70% 投于经济建设事业,则从国民总储蓄中,每年可有 7 万万元用于经济建设。

以上三项合计,每年用于经济建设的款项,可达 18 万万元,较过去每年之 5 万万元,超过三倍以上。此数如以重庆 1942 年 12 月之币值计算,为 108,000 百万元。

最后,让我说一句,即使我们每年能筹 18 万万元的经济建设专款,还是不能做大规模的建设,我们只要看一下别的国家每年在经济建设上所花的钱,就可了解这一点。所以,我们如想使中国于短期内工业化,于短期内迎头赶上列强,则切实的奉行总理遗教,大量利用外资以开发中国,是十分必要的。

## 十二、中国应当建设的工业区与工业

### (一)

抗战以前,中国的工业区都集中在沿江沿海一带。上海、天津、广州、青岛、汉口等沿江沿海的大都市,尤其是抗战前工业的中心,这些地方之所以成为工业中心,自有其经济上的理由。以上海而论,其地点之优越,实在是够得上做一个头等工业都市的资格。第一,上海的腹地,原料丰富,特别是在上海发展的棉纺织工业及丝纺织工业,其原料可以就近取给。其次,上海是一个运输的中心,不但华中华北华南,有水运与上海联系,就是全球各重要商业国家,都有定期或不定期的轮船来往上海。因此,凡是利用国外原料从事制造的工业,多集中于上海。第三,上海有很多的技术工人,粗工亦从江北及其他区域汇集上海,因此在那儿开工厂,工人的招募不成问题。第四,上海是中国最大的市场,一切制造成功的货品,不愁没有出路。最后,上海是中国金融的中心,工厂开在那儿,资金的通融,甚为方便。有了这几个优点,所以上海能成为一个工业的中心。别的沿江沿海都市,所以能够吸引工业,也是因为它们多少具有上述的几个优点。

抗战发生以后,沿江沿海的都市为敌人所占据或摧毁,中国过去数十年辛辛苦苦所培植的工业,遭受了最重的打击。于是有一部分人士,以为过去将工业集中于沿江沿海,实为失策。他们以为从国防方面着眼,应当把工业建设在敌人的威力所难达到的内地。西南与西北,是他们理想的工业区域。可是太平洋战争爆发之后,证明了西南也不是最安全的区域。同时我们还要记得,现在的敌人是从东北来的,是从海上来的,所以西南西北,似乎比东南东北安全一些。这次抗战胜利之后,我们能够保险,将来的敌人就不会来自西北或西南吗?所以假定某一个区域是安全的,而把工业集中于这个区域之内,从国防的观点看去,与过去把工业集中于沿江沿海,同样的是失策。

(二)

我们将来所要建设的工业区,第一要顾到经济的条件,第二要考虑国防的安全。只有一个办法,可以达到这两个目的,那就是,在中国境内分建若干工业区,而非如过去的集中于沿江沿海,也不是如少数人所提倡的集中于内地。

中国有一句俗语，告诉人谋安全的方法，就是狡兔三窟。外国也有一句意思相同的话，就是不要把你所有的鸡蛋，放在一个篮子里面。外人的工业区，似乎是与这个原则吻合的。以英国而论，它的主要工业区，至少有5个。第一是伦敦区；第二是中部区，包括曼彻斯特（Manchester）、里子（Leeds）及北明翰（Birmingham）等都市；第三是苏格兰平地区，包括格拉斯哥（Glasgow）及爱丁堡（Edinburgh）；第四是南威尔士区，包括布利斯托（Bristol）及加的夫（Cardiff）；第五是东北区，以纽卡斯尔（Newcastle）为中心。在这一次欧战中，第一第二两区，遭受轰炸的次数最多，其余各区，则比较安全。再看德国，也有五个重要工业区。第一是柏林区；第二是萨克森（Saxony）区，有开姆尼斯（Chemnitz）及德累斯顿（Dresden）等都市；第三是西里西亚（Silesia）区，以布累斯劳（Breslau）为中心；第四是巴伐利亚（Bavaria）区，包括努连堡（Nuraberg）、慕尼黑（Munich）及斯图加特（Stuttgart）等都市；第五是最重要的鲁尔区，从埃森（Essen）到曼海姆（Mannheim），沿着莱因河畔，排列着大大小小无数的工业都市，连接起来，成为世界上一条最有名的工业带，可与美国从纽约到芝加哥的工业带相比美。最近这一两年，柏林区与鲁尔区，常遭英国飞机的轰炸，但别的区域中，生产仍能照常进行。苏联的情形，与英德相仿佛。最重要的乌克兰区是沦陷了，列宁格勒成为战场了，但它还有莫斯科区，还有以马格尼多高尔斯克（Magnitogorsk）为中心的乌拉区，以及斯太林斯克（Stalinsk）为中心的阿尔泰区。就是我们的敌人，在它小小的岛国内，也有四个重要的工业区，即东京横滨区、名古屋区、大阪神户区及长崎区。一个国家如把工业散在各区，从国防的观点看去，是最安全的，因为除非敌人把整个的国家占据了，它决不能把各区的工业完全加以摧毁，英德苏三个国家的例子,最可以说明这一点。从经济的观点看去,也只有把工业分散在各区,才可以做到地尽其利,一个国家的资源是分散在各地的,只有把工业分散在各区,才能充分开发各地的资源。

(三)

从上面所述的观点出发,我们以为中国至少可以建立七个重要工业区域,即(1)东北区、(2)华北区、(3)西北区、(4)华东区、(5)华中区、(6)华南区、(7)西南区。每区的面积、人口及主要物产,兹列表如下。

(1)东北区  包括辽宁、吉林、黑龙江及热河四省。

　　(a)面积  1,247,256 方公里。

　　(b)人口  28,543,985 人。

　　(c)主要物产  小麦、高粱、大豆、皮革、木材、煤、铁、锰、铝、金、石油、盐。

(2)华北区  包括察哈尔、绥远、河北、山东、山西、河南六省。

　　(a)面积  1,231,628 方公里。

　　(b)人口  116,754,702 人。

　　(c)主要物产  小麦、高粱、小米、玉米、大豆、甘薯、花生、棉花、芝麻、火柴,烟草、皮革、煤、铁、铝、金、盐。

(3)西北区  包括宁夏、陕西、甘肃、青海、新疆五省。

　　(a)面积  3,379,437 方公里。

　　(b)人口  23,030,794 人。

(c) 主要物产　小麦、燕麦、高粱、小米、玉米、羊毛、皮革、奶酪、煤、石油、盐。

(4) 华东区　包括江苏、浙江、安徽三省。

(a) 面积　353,650 方公里。

(b) 人口　81,054,258 人。

(c) 主要物产　稻米、小麦、大豆、花生、油菜、棉花、蚕丝、茶、烟草、桐油、煤、铁。

(5) 华中区　包括湖北、湖南、江西三省。

(a) 面积　565,044 方公里。

(b) 人口　69,614,213 人。

(c) 主要物产　稻米、小麦、大麦、高粱、油菜、甘蔗、棉花、苎麻、茶、桐油、烟草、煤、铁、锰、钨、钼、锑、锡、铅、锌、汞、金。

(6) 华南区　包括广东、广西、福建三省。

(a) 面积　558,969 方公里。

(b) 人口　57,593,651 人。

(c) 主要物产　稻米、甘薯、甘蔗、蚕丝、茶、皮革、煤、铁、锰、钨、钼、盐。

(7) 西南区　包括四川、西康、贵州、云南四省。

(a) 面积　1,386,067 方公里。

(b) 人口　75,635,548 人。

(c) 主要物产　稻米、小麦、大麦、燕麦、高粱、玉米、油菜、甘蔗、蚕丝、烟草、桐油、羊毛、皮革、猪鬃、木材、煤、铁、镍、铜、铅、锌、铝、锡、汞、金、石油、盐、磷。

以上这七个区域,面积广大,人口众多,物产丰富,工业发展的可能性是很大的。西北区的人口,在这七个区域中是最少的,但就以西北区而论,南北美27个国家,只有美国与巴西的人口超过它,非洲32个国家或殖民地,没有一处的人口赶得上它的。人口最庶的华北区,世界上只有印度、苏联、美国三个国家超过了它。人口次庶的华东区,与德国相差无几。华中、华南及西南三区,每区的人口,都超过了英、法及意大利。我们如利用这些区域中的人力,加上新式的生产工具,来开发这些区域中的资源,我们是不难成为世界上头等的富强康乐之国的。

## (四)

工业区域的范围,已经划定,我们便可进而讨论:在这些工业区域之内,我们应当建设一些什么工业。

我们只要检查一下欧美各国的工业分类表,就可以知道,工业已经发达的国家,其工业是有一整套的,这一整套工业彼此互相扶助、互相满足,以达到巩固国防、增进人民福利的目的。我国过去的工业,如与欧美各国的工业相比,我们的一个缺点,就很显然。这个缺点就是:我们的工业,不是整套的,而是枝节的;不是整体的,而是局部的。我们常说过去中国只有轻工业,而无重工业,就是说明了我国过去的工业,并不是整套的。不是整套的工业,其最大危险,就是失掉了外界的联络就很难生长发育。

整套的工业,应当包括哪些部门呢?我们的意见,以为至少应当包括十个部门,即(1)冶金工业,(2)机械工业,(3)动力工业,(4)化学工业,(5)兵工工业,(6)食品工业,(7)衣着工业,(8)建筑工业,(9)交通器材工业,(10)印刷工业。每类工业,还可再分为若干种。譬如冶金工业,便包括炼铁、炼钢、炼铜、炼铅锌铝锡等工业,其中以炼铁炼钢为最基本、最重要。有了钢铁,许多别的工业,都可以立足。匹兹堡是美国的钢铁业中心,在匹兹堡及其附近,便有2500多个工厂,利用当地钢铁厂的产品,制造钢管、铁链、锅炉、引擎及其他各种机器。现代的生产方法,与以前不同的,就是以前用人力生产,而现在则用机械生产。机械都是用钢铁做成的,所以假如机械工业是近代工业的中心,钢铁工业可以说是机械工业的基础。有了钢铁工业,机械工业才可以自立,以前在上海附近设立的机器厂,所需的原料大部分要靠海外供给,就是因为我们自己没有钢铁厂的缘故。将来我们要在各区,于可能的范围内,设立许多钢铁厂。这钢铁厂设立之后,我们便可发展机械工业,制造别的工业中所需要的生产工具。这些生产工具,应当利用电力来发动它,所以在各区内,应当利用水力及煤力,设立许多电力厂,构成几个电力网的系统。在动力工业中,电力自然是最重要的,但炼油及制造酒精,也要加以注重。化学工业,其种类虽然繁多,但其所用的重要原料也不过几种,凡是出产这种原料的地方,都可以设立化学工业。这些原料之一,便是煤焦。我们可以利用炼焦的副产品,制造炸药、染料、药品、香料及摄影化学材料。其次是盐,我们可以用它制造纯碱、烧碱漂白粉及盐酸。第三是木材,我们可以用它制造人造丝及纸张。第四是油,我们可以用它制造油漆及烛皂。第五是硫黄及磷,我们可以用它制酸、炸药及肥料。这些产品,对于国防或民生均有贡献。兵工工业,制造枪炮弹药,可以说是狭义的国防工业。食品工业、衣着工业、建筑工业及交通器材工业,解决人生食衣住行四大问题,其中,交通器材工业中之造车、造船、造飞机等部门,在平时的出品,可为运输之用,一旦战事爆发,便可改造坦克车、轰炸机、战斗舰等等武器。印刷工业,包括印书、印报纸、印杂志等部门,是供给我们各种读物的。

## (五)

以上这十种工业,有的在中国还未下种,有的在中国只现萌芽。我们主张在抗战胜利之后,在每一区域中,都要设立这些工业。我们研究一下各地的资源,知道这是很可能的。

冶金工业中的钢铁工业,既是各种工业的基础,我们愿意先研究一下,在各区设立钢铁厂的可能性。钢铁工业最主要的原料是铁砂与可以炼焦的煤。东北区的铁砂,在中国全部最为丰富,庙儿沟、弓长岭、鞍山等处的铁砂,敌人已在大规模的开采。煤焦可取自抚顺、本溪湖等煤山,或利用华北区中开滦的煤,运输亦便。华北区的主要铁山,有察哈尔的宣化、河北的滦县及山东的金岭镇,其中宣化的龙烟铁矿,抗战后敌人已在利用。煤焦可取自河北的磁县、井陉及开滦、山东的博山中兴。华东区的主要铁山,在安徽的当涂与繁昌及江苏的凤凰山与利国驿,煤焦可取安徽的淮南、江苏的铜山及浙江的长兴。华中区大冶的铁矿,早已开发,他如鄂城、宁乡、茶陵等处,尚有铁砂,可以利用。煤焦可以取自萍乡及湘潭资兴。华南区的广东钢铁厂,数年前即有设立的计划,铁砂取自云浮,焦煤取自乐昌及乳源,不足时可由他区以水运供给,或向国外补充。西南区是抗战的中心,四川的綦江与涪陵铁矿及云南之易门铁矿,已经开采,煤焦则仰给于四川的江北、贵州的桐梓及云南的宜良嵩明。在我们的七个工业区域中,只有西北区设立钢铁厂还成问题,因为西北还没有发现大规模的铁山,新疆虽然很有希望,但铁矿的所在地偏于西部,离市场太远,是其缺点。此外,就各区的共同缺点来说,就是铁砂与煤焦并不是产生于共一地域(东北区的情形较佳),所以将来钢铁厂设立的地点,颇费考虑。

环绕着各区的钢铁厂,一定可以设立许多机器厂。各区的机器厂,可以看当地的需要,制造各种生产工具。譬如东北的及华北的机器厂,可以制造磨粉的机器,而华东及华南的机器厂,则可以制造碾米的机器。华北及华东的机器厂,可以制造棉纺织的机器,华中的机器厂,可以制造麻纺织的机器,而华南的机器厂,则可以制造丝纺织的机器。诸如此类的例,只是要说明各区虽然都要设立机器厂,但不一定要制造同样的机器。它们的业务计划,是要研究市场上的需要而后定的,最好各区能够分工合作,以收大量生产的效果。

动力工业中的电力厂,是各区都要设立的,因为各种新式生产事业,都需要电力来发动。

兵工工业的各式工厂,也应在各区中设立,以谋国防上的最大安全。

其余各类工业,在各区域中都可以设立多少种,即是每种工业,在各区中都可以有若干代表,但其性质却不一定相同。举例而言,西北区的食品工业,当然要有面粉厂,但不必设碾米厂。西北区的衣着工业,可以有棉纺织厂,也可以有毛纺织厂,但不必有丝纺织厂。交通器材工业中,西北也许可以设立飞机制造厂,但决不能设立造船厂。在各区中,某一类的工业,应当设立哪几种及每种的规模如何,都要详细研究各区天然的资源及市场的需要,始能决定。

假如分区设立整套工业的计划可以实现,那么每一个区域中的资源,都可以开发,结果一定可以加增各区人民的收入,提高其生活程度。各区的工业机构,在平时固然可以满足人民日常需要为其最大目的,但一旦战争发生,这套机构便可略加改造,使其尽量供给军事上的需要。所以各区的工业,可以说是巩固国防的,也可以说是改善民生的。

从我们上面的讨论中,可以知道我们虽然主张各区都要设立整套的工业,但却不主张各区在经济上的自给自足。自给自足的理想,以整个国家为单位,世界上还没有一个国家可以完全做到。以国内区域为单位,来企图自给自足,在理论上真是不可能,在实际上也不合算。将来各区虽然都可设机器厂,但所制造的机器是不一致的;各区虽然都有化学工厂,但各工厂的出品是不尽相同的。所以各区间的贸易,在工业发达之后,不但不会减少,而且还会加增。现在世界上贸易最发达的区域,就是东美的工业区,与西北欧的工业区。这两个区域中工业,在世界上是最发达的,但它们彼此间的贸易,也超过世界上任何区域间的贸易。根据这个例子,我们可以相信,将来中国各区域中的工业建设完成之后,中国的国内贸易将有空前的发展,经济割据的思想将从此绝迹,正如这种思想在英美各国已经绝迹一样。

## 十三、中国经济建设之路

在经济建设的过程中,常有好些问题被人提出来讨论,这是中外相同的。在这些问题之中,有一部分是技术的,不在本文讨论之内。另外有一部分的问题,则是关于政策的,我们愿意提出几个重要的来一谈。

## （一）国防与民生

经济建设有两个目标，一是致富，一是图强。民国二十七年，我曾写了一本小册，名为《中国工业化的途径》，其中有一章，便是专门讨论这个问题。当时我环顾各国的情形，以为英美的经济建设，其目标偏重在致富，即在提高人民的生活程度。苏德的经济建设，其目标偏重在图强，即在加增国防的力量。我国过去的经济建设，倾向于致富的目标，而忽略了图强的目标，结果是我们辛辛苦苦创造出来的事业，在敌人的炮火之下，大部分化为灰尘，因此我得到一个结论，即是我们以后的经济建设，应当先图强而后言致富，我们应当把国防工业，看得比民生工业更为重要。我们的财力人力，应当大部分放在国防工业上面。

这种主张，在抗战的时期内，自然会得到舆论的同情。经过长期的抗战，以及盟邦的加入以后，胜利已在目前。战后我们的经济建设，是否还要把图强放在致富之前呢？我们的主张，以为在最近的数十年内，在我们的国防基础还远没有巩固之前，我们的经济建设，便应牢牢记着，"国防第一！"可是社会上已有不同的主张出现了。根据这种主张的见解，以为在未来的建设中，应否偏重国防的观点，应视战后的国际环境而定。假如各国在战后都厌恶战争，认真裁军，加强国际合作机构，和平共处，那么，我们自不必整军修武。否则，如侵略的气焰仍盛，威胁时时存在，那么国防工业的建设，自属急不容缓。我们对于这种见解，不能同意。中国的先哲有句名言，就是"安不忘危"。在和平的时代里，我们决不可忘记这次抗战的惨痛。一个独立的国家，应当有保卫自己、抵抗侵略的能力。这种能力,我们应当把它培养起来,正如我们要培养自己的身体,使它有抵抗细菌的能力一样。我们决不可因为有了舒适的环境,就忽略了卫生。同样的,我们也不可因为有了和平的环境,就忽略了武备。

这次战争结束之后,我们也知道,裁军一定会成为和平会议上一个主要的问题。各强国的认真裁军,也非不可能之事。可是强国的裁军,一定有其限度。这个限度,决不会降低到我国现有的军备标准。以我国现在的军备标准而论,海军与空军,几等于无有,陆军缺少大炮、坦克等机械化设备。英美及苏联等国,将来即使认真裁军,绝不会把所有的军舰、飞机、大炮、坦克等完全消毁。它们在这些方面,如保存若干设备,那么他们的国防,比较我国,更居于优势。所以战后别的国家,确应裁军,而我国则应扩军。只有朝这条路上走去,我们才可与别的国家平等。否则军备不同,侈言平等,终是空言。

我们现在再退一步,承认将来各国真会把军备紧缩,与我国现有的军备相等。在这种情形之下,我们是否可以放弃国防第一的政策呢?我们的答案,还是不可。现在的强国,国防工业的基础已很巩固。这些工业,将来不一定制造军需品,但是如果它们一旦决定改造军需品之后,这种更改,可以迅速的完成。德国在希特拉下台以前,受了《凡尔塞条约》的束缚,裁军相当的彻底。可是德国的军备虽然裁了,而德国国防工业的基础,则依然存在。希特拉便利用这个基础,在短短的几年之内,使德国成为一个军备最强的国家。美国在未参加战争以前,军备相当的落后,但参加战争不到数月,全国的生产机构已有一半以上从事于军需品的制造,这是因为它的国防工业基础,早已存在。国防工业的基础,不是一天可以建筑起来的,但是国际关系变化的难于预料,正如天有不测风云。我们以一个没有国防工业基础的国家,也跟着国防工业已有基础的国家做天下太平之梦,一旦国际关系发生变化,我们一定又要做一次别人刀俎上的鱼肉。所以我们的建设,在无论何种状况之下,都不可忽略国防。假如别的国家都把军舰毁了,我们自然不必造军舰,但是我们决不可不有造船的设备。假如别的国家都把坦克毁了,我们自然不必造坦克,但是我们决不可没有造坦克的设备。总之,将来别的国家,在裁军之后,其军备还较我们为优,那么我们便应扩军,使我们的军备与世界上的任何列强相等。假如别的国家真的彻底裁军,把现有的军备消毁到与我们现有的军备相等,那么我们便应建设国防工业的基础,使我们潜在的军备能力,可以与世界上的任何列强相等。

我们假如朝图强的途径上迈进,人民的享受自然不能希望过奢。苏德两国的人民,在战前的节衣缩食便是我们的好榜样。国防与民生两个目标,在经济建设之初期,自然是有点冲突。我们的人力与物力,多用一分在国防上面,人民的享受便要减少一分。大炮与牛油,不可得兼,我们应当承认。不过大炮的制造,也有限度。等到我们的国防基础稳固之后,我们自然可以用全力于致富。而且也惟有制造了大炮之后,手中的牛油才不致为他人所掠夺。换句话说,有了国防之后,再来提高人民的生活程度,那种提高的生活程度才能够维持下去。否则人民的富有,正如抗战以前租界上的繁华,经不起敌人几个月的炮火,便要归于毁灭。所以先图强而后致富,实为经济建设最合理的途径,我们不可任意将其变更。

## （二）国营与民营

现在中国的经济建设，是国营与民营双管齐下的。无论哪一项事业，无论其为金融，或贸易，或交通，或工矿业，有国营的，也有民营的。

过去舆论对于这个问题的讨论，显然有三种不同的主张。一派主张经济建设，应由政府主办；一派主张政府不与民争利，经济事业应归人民经营。还有一派，以为经济事业，政府与人民都可参加，但何者应由国营，何者应由民营，范围应当划清。

我们的意见，以为在经济建设的各种事业之中，何者应当先办，何者应当缓办，或何者应办，何者不应办，乃是最重要的问题。假如实业兴办的决定权在政府、指导权在政府、监督权在政府，那么国营与民营是无关重要的。

我们所以作这种主张的理由，应当申述一下。第一，我们理想中的国营事业或民营事业，其组织是相似的，都应采取公司的组织。现在的民营事业，多采取了公司的组织，但国营事业，尚多采取衙门的组织，其缺点为管理政治化，权责不分明，行动欠灵敏。结果是减低了国营事业的效率。不过这些缺点，如采取公司的组织之后，便可消灭。国营与民营事业，既采取同样的组织，便可有同等的效率，英美等国的国营公司，其效率不减于民营，即其明证，所以从效率的观点看去，国营民营是无关重要的。

第二，我们是一个节制资本的国家，在实施所得税、遗产税、财产税的情形之下，民营事业的收入已不能为资本家所独享。德国与意大利过去均曾制定法律，限制公司的分红，不得超过六厘，我们将来也可制定类似的法律。战时各国的所得税,有超过50%以上的,我们将来在平时,对于收入超过若干元之上的,可以抽50%或较多的税。最近美国传来的消息,说是罗斯福总统,为预防通货膨胀起见,拟限制人民每年的最高收入,不得超过25,000元。我们为预防贫富不均的造成,在平时也可实施这样的法律。在这许多节制资本的法律之下,民营事业的收入有一大部分将由私囊而流入国库。政府即可利用此种收入作建设国防或促进社会福利之用,正如政府以国营事业之收入作此种设施一样。所以从利用生产的盈余,以谋大众福利的观点看去,只要节制资本的政策实行之后,国营民营是无关重要的。

偏重国营的人,以为民营事业,如任其发展,则社会主义的理想永远无法达到。只有把一切生产事业都交由国营,乃是实现社会主义最迅速的方法。作这种主张的人,忘记了节制资本是实现社会主义最和平的途径。数年以前,我因听到财政部要举办所得税与遗产税,便写了一篇文章,名为《新税制与新社会》,其中有一点,是说明私人的资本,在新税制之下,如何转变为国家的资本。我说:"一个国家,如肯实行累进的遗产税,那么无论什么生产工具,都会逐渐的社会化。一个私人所创办的工厂,在累进的遗产税之下,到了第二时代,便有一小部分股票移到国家的手中。到第三代,国家所保持的股票,百分数还要高点,再隔一二代,也许整个的工厂,便归国家所有了。这样的做下去,不流血,不革命,而生产的工具便自然的都由私人的手中移到国家的手中。"这个理想,在严厉实行节制资本的国家里,并非不能实现。政府如节制资本,则一切的民营事业,均依岁月的更换,而改变其性质。在创始的时期内,股票均为人民所有,其后受节制资本的影响,股票逐渐流入国库,理事监事也逐渐由政府指派,最后这个民营公司,其本质将与国营公司无大差异。所以政府允许民营事业的存在,并不妨害社会主义的发育。

第三,我们为充分利用社会上的财力人力起见,对于国营与民营的界限不可划分太清晰。先说财力。将来经济建设的财力,在国内不外两个来源,一是国库的收入,二是民间的积蓄。将来国家规定整个建设计划之后,凡是国家的力量所能担负的事业,一定由国家担负起来。但是国库的收入是有限的,以有限的收入,决不能办理一切社会上所需要的生产事业。为使国家的计划能顺利推行起见,应当利导民间的积蓄,使它投资于建设计划中所规定的事业。假如我们先把国营民营的范围划得太清楚,同时国家每年的收入,又不足以尽办国营范围内的事业,结果一定会有一部分的事业,将因预算无着落而停顿。反是,假如我们对于国营事业并不划清范围,一切事业,国营固可,民营亦无妨,那么国家每年所规定的计划,政府的财力无法进行办理时,民间的资本也可利用。在这种办法之下,事业的进行一定比较顺利而迅速。其次,我们再谈人力。经济建设,需要有事业心的人出来领导与创办。但是有事业心的人,大致也可分为两派,一派喜名而不好利,他们对经济建设,颇有一番抱负,他们的兴趣在事业的成功,而不在红利的收入。这一派的人,宜于加入国营事业。还有一派的人,乐利过于好名,爱好自由胜于服从命令,喜自辟途径,而不甘仰人鼻息。这一派的人,宜于创办民营事业。我们如偏重国营或民营,必有一部分人望望然而去,惟有国营与民营事业并肩进行,然后各色各类的人才始能兼收并蓄。

总括起来,我们以为中国的经济建设,应由政府通盘筹划。在计划中的事业,国营固可,民营亦无妨。计划中所不列的事业,国营固不可,民营亦不许。这个原则的实行,也有若干条件,一为改良国营事业的组织,使与民营事业相似。二为实行节制资本,使民营所得,不为少数人所独享,而为大众谋福利。三为实行管制经济,使国营与民营事业同受政府的指挥监督。关于第三点,我们在下面还要详细讨论。

## (三) 自由与管制

我们在抗战期内,已经实行了管制经济,不过因为事属创始,所以管制的机构还不十分健全,管制的范围也只限于很少的方面。抗战胜利之后,我们尽全力于建国,而且是在国防第一的政策下建国。为应付这种需要计,管制经济不但不能取消,还要设法加强。

我们第一样要管制的,自然是生产。现在国营的生产事业,每年均遵照政府的指示,定有一年、三年甚至十年的生产计划。这些计划,经过政府核定后,始付诸实行。所以国营事业的生产,是有目标的,是在政府的指导与监督之下进行的。至于民营事业的生产,政府现在虽然没有替每一个工厂、每一个矿场规定下生产的计划,可是政府控制民营事业的力量,可以用好些方式行使。譬如民营事业要向四行借款,在借款的条件中,政府便可规定其生产的种类。民营事业要向工矿调整处购买材料,政府又可以在分配材料的时候,设法引导民营事业走上政府预定的轨道。此外政府还可与民营厂矿订立合同,使其在某时期内,生产某种货品,而由政府将此种货品收购。总之,过去四五年的经验已经证明,民营事业,其所有权虽不属于政府,而其指导权,则政府实有方法加以把握。

## 第三章 经济建设的展望

抗战以后,生产的管制一定将更为严密。全国的生产事业均将由政府指挥,在一个计划下工作,朝一个方向努力。目标一致,步伐整齐,建国的工作,其完成的日期,一定比较在自由经济的状况下,加速若干倍。

其次,我们应当管制的,便是投资,上面我已提到,一国每年可以用在生产上的资本,有两个来源,一是国库,二是民间储蓄。国库的收入,原来也是民间储蓄的一部分,不过政府以赋税的方法,将此部分化私为公就是了。国库的投资,一向是有管制的,管制的工具便是工作计划及预算分配。政府每年要办的事业,均由各主管机关制定计划,附以预算分配表。核定计划及预算的机关,便是管制政府投资的机关。但是民间的储蓄,其用途则素无管制。在过去的时代里,一个资本家,可以随便利用他的储蓄,办理他所爱好的事业。他喜欢跑狗,则投资于跑狗场;他喜欢跳舞,则投资于跳舞厅;他喜欢看电影,则投资于电影院;他喜欢喝啤酒,则投资于啤酒厂。这些投资,对于国防与民生有何贡献,并无人加以过问。以后我们当然不能容许这种投资的自由。抗战期内公布的《非常时期工矿业奖助条例》,已经含有指导人民投资的意义,因为在条例中已经说明,凡是投资于电气、机械、化学、纺织、农产制造、采矿、冶炼等重要工矿业的,可得政府的奖助。以后政府还可再进一步,每年规定在哪些事业中可以投资,没有规定的事业,不许投资。这种法律规定之后,每年新创办的公司都要将创业计划呈请主管官署核准,才能发行股票。已有的事业,如要扩充,也要先经主管官署核准,才能发行新股票或债券。我们一定要这样的把握着资本的去路,然后国人有限之储蓄才不致枉费,才能用于与建国有关事业之上。

第三，我们要管制的，便是分配。社会上的生产，都是经地租、利息、红利、工资、薪水等途径，分配于个人。在自由竞争的制度下，资本家的所得常超过其他阶级。节制资本，便是用管制分配的手段，达到公平社会的目标。我们固然主张累进的所得税，我们尤其主张累进的遗产税。这两种税则，现在已经开始实行，可惜对于高级收入者，税率还不够高。我们以后应当设法修改税率，对于高级收入者，以及拥有巨大遗产者，征以类似没收的税率，这是变私产为公产，实现社会主义的和平途径。关于此点，我们上面已有讨论，兹不再赘。

第四，我们要管制的，就是物价，物价的管制，我们在抗战期内已有经验，成绩虽然离美满很远，但管制的方法，却时刻在改进之中。抗战以后，即使预算可以平衡，通货不再膨涨，管理物价的工作依然必要。最重要的理由，就是我们在建国的时期内，人民的购买力加增，但消费品加增的程度，赶不上购买力。我们将来第一要发展的，是军需工业，是重工业，而轻工业则居于次要的地位。那些从事于军需工业或重工业生产的人民，其所得之薪水及工资，并不以购他们所出产的东西，如枪炮子弹、钢铁焦煤之类。他们的购买力，其来源虽然与那些从事于轻工业的生产者不同，但其去路，却有一致之趋势。在某种价格水准之下，从事于轻工业之购买力，即能吸收其所生产货品之全部或一大部分。现在轻工业之产品并未加增，但从旁却添了一股由从事于军需工业及重工业者那儿流来的大量购买力，轻工业产品受此购买力之压迫，其价格之上升，殆无疑义。此种现象如不加以管制，势必造成通货膨涨的恶果。所以将来如积极建设国防，则管理各项物价及工资，实行日用必需品的定量分配，均为无法避免之事。

由于以上的讨论,我们可以看出,在建国的时期内,自由经济已不适用。我们为迅速的达到我们的目标起见,以后对于建设事业的生产、投资、分配及产品的价格,均应加以管制,使伟大的建设工作,均在一个统筹的计划下进行。

## (四)内资与外资

经济建设,如完全靠自己的力量,那么每年进展的程度,就完全受国内已有资本的限制,假如我们能够利用外资,以别人的工具来开发我们的资源,那么每年进展的程度就可加速许多。所以利用外资对于我们是有利的。此事不但有利于我们,也有利于外国。战后英美等国,对于若干生产工具,一定感觉过剩。譬如它们在战时造了好些飞机厂,战争完结之后,裁军工作进行,这些飞机厂都要拆毁。假如我们同英美等国商量,移殖若干飞机厂到中国来,同时给它们以相当的代价,也是替它们解决了一个困难的问题。飞机厂不过是一个例子而已,类似的例子,不胜枚举。

利用外资的办法,是很多的。譬如我们输出国内的农产品与矿产品,换取外汇,而以外汇购买我们自己不能生产的交通器材及生产工具,便是利用外资的一法。又如我们设法开采各地的金矿,把现金输出国外,换取我们所需要的机器,也是利用外资的一法。再如奖励移民,使国外华侨的数目加增,同时政府设法鼓励这些华侨,把每年的收入大量汇回祖国,我们即以这些华侨汇款,在国外购入我们建国所需的器材,又是利用外资的一法。

以上所举的这些办法,都是需要我们自己利用出产或劳力,去换取我们所需要的外资。外资进来的时候,我们已付了同等的代价。普通一般人所讲的利用外资,并不指这种方式而言。他们心目中的利用外资,乃是不必就付代价,便可利用的外资。当然,我们不能希望外人白白的把钱送给中国人用,或不收代价,便把机器交付给我们。不过把利用外资的时间,与偿还代价的时间分离,使我们能够现在利用而将来偿还,乃是国际往来之所许,这种利用外资的方法,是受惠于现在而报答于将来,对于我们这种资源丰富而未十分开发的国家,最为有利。

从这个观点看去,利用外资的方法也很多。第一是政府出面,向外国政府借款,即以借款之所得,来办理经济建设的事业。此次抗战,英美等国,因与我们休戚相关之故,已经对于我们作了好几次的借款,本年二月间美国的5万万美金借款,及英国的5000万镑借款,其数目之巨,尤为以前所未有。美国此次借款的用意,据官方的公布,共有七点,其中第二点,即说是要帮助我们加增生产。抗战结束之后,我们生产的工作,更要加紧进行。英美等友邦,在战时已开始帮助我们向生产上努力,那么在战后如要求他们继续援手,当然不是困难的事。第二,我国公私的生产事业,以后一定要设法透过英美等国的投资组织而与这些国家要的资本市场发生联系。英美等国的投资组织,并不完全从事于国内的生产事业的投资,同时也投资于国外。美国自1924年至1928年,每年在国外的投资,均达10万万美金以上。1927年,曾达15万万元的巨数。英国在同时期内,每年在国外投资,常在1万万镑以上。英美在国外投资的一个主要方式,便是由他们的投资组织将外国公司的股票与债券推销给英美的民众及金融组织。我们过去与这些投资组织素少联络,所以公私的股票与债务,除少数例外,在英美均无市场。以后如能打通此关,即可以我们的股票债券在英美的市场上吸收资金。第三,是开放若干生产部门,让友邦来华直接投资。这种办法,过去已经实行,只以在不平等条约束缚之下,外人在华兴办的事业不受中国法律的节制,以致产生许多流弊。战后不平等条约取消,所有外人创办的事业均受中国法律的约束,以前所有的弊端当可消灭,在将来的情形之下,外人如来华开办工厂,一可为中国劳工多添若干职业,二可为中国生产原料者扩充市场,三可为中国实业界培养技术人才,四可为中国新事业树立规模,这是对于我们有利的。在另外一方面,外人在华办厂,当然可以获得相当的利润,此种利润,如非再投资于中国,即将流出国外。此点似于我们不利,不过在节制资本的法律之下,外人所得的利润,必不能异常优厚,且彼等帮助我国开发事业,获得相当的报酬,亦系合理的事。

除了上面所述的三种方法之外,当然还有别种利用外资的方法,此处不必细举。将来我们对于利用外资,虽然希望很大,可是利用之后,责任也很繁重。正如一个借款兴办事业的个人,虽然借款到手之后,他的事业前途顿放光明,可是同时他也负起了还本付息重责。我们如愿收利用外资之益,而不为外资所累,那么全国的人民,都应节衣缩食,时筹偿还外资的方法,不要失去自己的信用,给债权国一个干涉我们事业的借口。假如我们利用外资得法,我们便可以事业中孳生的资本,一方面还清债务,一方面扩充民族资本。美国的开发,也是利用外资的。在第一次大战爆发时,美国还是一个债务国,欠别国的款项,还达 4 万万至 6 万万镑。欧战使它不但还清债务,而且还借了很多钱给别的国家,到了 1922 年,美国在投资的项目下,是别国净欠它 12 万万镑。加拿大立国的过程,也有点与美国相似。近在 1910 年,加拿大所需的资本,大部分还仰给于外国,尤其是英国。那年加拿大所发行债券,达 2 万万元以上,其中只有17%来自加拿大自己的资本市场,有1.5%仰给于美国,81.5%仰给于英国。可是到了1935年,情势便大为改观了。那年加拿大发行的债券,达10万万元以上,其中便有84%得自本国,15.9%得自美国,只有0.1%得自英国。这种数目字的改变,表示加拿大能够利用外国的资本,孳生自己的资本,很可作我们的榜样。

## 十四、中国工业化问题的检讨

中国的工业化,近来还在萌芽时期,以后的数十年,一定还会发扬光大。但在工业化的过程中,有许多困难的问题,是需要解决的。作者最近得到一个机会,在常州、无锡、上海等处参观了三十几个工厂,并与从事工业有年的人,对于中国工业化几个重要的问题,作了若干次的讨论。这篇文章,就是要报告这次考察与讨论的结果。

### (一) 资本

一个国家的工业化需要许多的条件,其中最重要的一个,便是资本。中国是一个缺少资本的国家,但发展工业没有资本是不行的。我们可以从哪些地方,取得我们所必需的资本呢?这个问题,大约凡是注意中国工业化的人,都会考虑到的。回答这个问题的一个方法,便是去研究欧美以及日本等国的经济发展史,看看这些国家的资本是如何形成的,然后考虑这些国家的经验有无可以供我们参考的地方。这是一个很好的地方,但在这篇文章中,不拟运用。这儿,我只愿意提出一般工业界的先进对于这问题的意见。他们以为发展中国工业的资本,可以有四个重要的来源。第一便是由现有的工业来供给发展工业的资本。这不是一个理想,在我所参观的工厂中,有好些在设立的时候,资本不过数万或数十万,而现在的资本,居然到了数百万的。这个数目的增加,一部分是由于招添新股,但一大部分的新资本还是由工业本身孳生出来的。它们在每年结算营业账的时候,有的多提公积金,有的保留红利不发,到了相当的时期,便把工厂的资本额扩充,如常州大成纱厂,在民国十九年时资本只有50万元,民国二十四年便增至200万;又如无锡丽新纺织印染公司,在民国九年只有资本30万,现已增至270万,都是用上述的方法膨涨的。别的例子,类此的甚多,不必枚举。所以我们希望一切从事工业的人,都要认识并且担负这个创造新资本的责任,不要把每年的盈余都当作红利分走,应当积少成多,使工业资本每年都有加增。工业资本的第二个来源,便是由政府取缔投机事业,引导社会上的游资走上生产事业的途径。中国人口众多,一方面虽然贫民触目皆是,但另一方面,拥有巨资的也不在少数。他们的资本,在过去多投于买卖公债、地产、标金等投机事业,自从政府采取新货币政策并整理公债之后,这一方面的投机事业已无游资用武之地。地产买卖,自从数年前地价惨落之后,投资者已有戒心。所以在这个时候,由政府用奖励的方法,如保息,或减税等,来鼓励正当投资,一定有好多资本可以作发展工业之用。工业资本的第三个来源,便是鼓励华侨投资。华侨每年由海外汇回中国的款,近来每年常在2万万以上。这2万万的资本,其用途如何,惜尚无人加以研究,我想此中一定有一部分,可以引导其注入工业中的。除却这2万万零星的汇款以外,我们知道华侨中有许多巨富颇欲投资于祖国,这种热心,政府应特别加以奖励。如在上海开设中国酒精厂的黄氏,在爪哇素称巨富,其财产达3万万之巨,酒精厂的资本150万,在黄氏创办的事业中还算是小规模的,以后中国各种工业的发展,借助于黄氏的机会应当还多,所以对于黄氏在中国初办的事业,应当特别加以爱护。又如在上海开设永安纱厂的郭氏是澳州的华侨,他们在中国纺织业中投资之巨,除无锡荣氏的申新纱厂外,无与伦比。像这一类的华侨事业,如政府特别加以爱护,一定可以吸收更大的华侨投资。工业资本的第四个来源,便是利用外资。过去私人利用外资而成功的事业是很多的,如商务印书馆在初办时,曾与日本金港堂合作,其初两方各出10万元,嗣后华股陆续增加,到民国三年,便将日本股份全数购回。又如五洲固本皂药厂,本为德人盘门氏所创办,到了民国三年,由上海巨商张云江收回,又让与项松茂,经营20余年,便成为今日国人自办最大的肥皂厂。又如中国亚浦耳电器厂,原为德人亚浦耳所创办,民国十四年,亚浦耳回国,便将全部机器生财,盘与国人,现在居然也可以与荷商飞利浦、德商亚司令、美商奇异、匈商太司令等合组的中和灯泡公司竞争,而得到相当的胜利。又如在纺织业中首屈一指的荣宗敬氏,其所辖的九个纱厂,第二厂原来是日人开设的恒昌纱厂,第七厂原为英商安利洋行设立的东方纱厂,但先后均由荣氏接收下来。又如康元制罐厂现在的厂址,原为日人所办的工商制罐公司,民国十二年,康元制罐厂接盘工商制罐公司,遂将老厂迁入,合并办理。又如阜丰面粉公司,其设备的新颖,在国内可称第一,据经理孙氏言,公司中有一部分机器,值洋150万元,即系由英国借贷而来,利息七厘,五年还清。由以上所举的几个例,可见利用外资,不问它是合伙,或是借贷,或由外人单独经营,如国人肯自己努力,结果都可以获得很大的利益。不过在上面所举的利用外资三种方式之中,其由外人单独经营一方式,便是让外人在华设厂,是利弊互见的,我们应当设法去其弊而收其利。近来讨论这个问题的人,每注重于弊的一方面,如外人在华经营事业,每不肯受中国公司法及其他法律的限制,又某种国家,每因经济问题而牵涉到政治问题,所以我们听到某国的投资,总怀疑它后面有不良的动机。但是利用外资的弊,是可以用外交的方法铲除的,同时如我们的国家力量增强,所有的弊端都不难一扫而空。至于利的方面,外人在中国投资,除加速中国的工业化外,还可使中国金融市场的利率降低;农民的产品,添一顾主;失业的工人,多一谋生的机会;空虚的国库,多一税源。例如日本在青岛所设纱厂,据民国二十二年海关报告,该年由火车装运之货,如棉花、煤斤及其制品,所付运费共计500万元;所缴棉花税捐,亦不下280万元;采购华棉90万担,价银3000万元;采购鲁省煤斤,50万元;华工工资,360万元。虽然日商直接由纱厂中得到许多的利润,但间接对于中国的利益,是不必否认的。中国人在利用外资的条件下,应设法积蓄财富,以便遇有机会,即可使外资变为华资,使现在外人开设的工厂,将来可以变为国人自己经营的工厂。这种结果,并非不可能,上面所举的例,已可证明。我们再看美国,在1913年,虽然在国外的投资,达20万万元,但外人在美国的投资,也有50万万元。美国是一个新兴的国家,所以在欧战前,利用外资的数量,超过本国资本的输出。但在欧战中,美人一方面把外人手中的美国股票买回,一方面把历年积蓄的资本,投资外国,到了1930年,除去美国政府借与欧洲各国的债款不计外,美人在外国的投资,竟达152万万元之巨数,与英国在欧战前的国外投资总数相仿佛,但英国人花了一世纪的工夫所做到的成绩,美国人在 15 年之内,便完成之。由此可见一个没有资本的国家,在工业化的初期中,利用外国的资本,是无妨的。只要利用的人,肯自己努力,肯借国外的资本,孳生本国的资本,那么在某一时期,虽然欠外国人的债,而经过若干年后,也可一跃而为债主国。美国是一个好榜样,而我国实业界的前途,如上面的例所表示的,也可以使我们发生一种信心,就是中国人如自己肯努力,是可以收利用外资之利的。但如中国人自己不努力,那么中国的殖民地化,也可因利用外资而加增其速度。为祸为福,关键还在中国人的本身。

## (二) 技术

工业中的技术问题,可以分作技术设备与技术人才两点讨论。

技术上的设备,中国现在是落伍的,无可讳言。落伍的现象,从两方面可以看出。第一,各工厂中所用的机器,大部分都购自外国,本国人自造的,还不多见。第二,就拿这些外国机器来说,也是陈旧的多,而新颖的少。这种落伍的设备,中国工业界中,亟应设法改良。无锡庆丰纺织有限公司,是设备最好的工厂,它的经理唐星海先生曾说过:

> 工欲善其事,必先利其器。企业之成功,全在产量多、产品良、产费廉之三大要端,故凡可以增进产量、改良产品、减低产费应用之设备,决不能稍事吝惜,因小失大。科学进步,年有改观,机器改良,日新月易。今年称为新颖者,明年即属陈旧。所谓实业者,实为进趋之事业,非可一成不变,墨守旧章,

而能与人角逐者,故凡有可以增进产量、改善产品、减低产费之新颖设备,亦应随时改进,力避落伍。

唐先生的理论,诚然是正确的,但实践这种理论,却有相当的困难。即以庆丰而论,它的纺织机器都是在1932年以前的,1932年以后的纺织机器,我除在永安第一纱厂看到数架外,别处并未见到。反是,1920年的机器,我在很多的纱厂中还见过。这种现象所以存在的原因,第一由于中国的资本缺乏,第二由于中国的重工业不发达,第三由于中国人口的众多。前两种原因是很明显的,第三种原因,我愿举两个例来解释。我于参观华成烟草公司时,顾少卿厂长曾指出两架包烟机来使我注意,一部是购自外国的,价洋5000元,一部是本国人仿造的,价洋1000元。我问他:既然本国人可以制造这种价廉的机器,为什么不多造几架。他说:这种包烟机,一部可以代替100个女工,本公司不愿见许多旧的工人失业,所以不拟多造。又于参观美亚织绸厂时,曾与蔡声白先生论中日织绸厂中设备不同之点。蔡先生谓日本织绸厂中,一女工可管三四机,有管到八机的。中国织绸厂中,十年以前,两人管一机,近来则一人管一机。如厂方将设备改良,使一人兼管两机,工人每不肯合作,仍要求一人只管一机,原因系彼等抱有饭大家吃主义,如一人管两机,必有若干人失业,有此顾忌,所以工人都愿意停留于一人管一机的阶段。以前我常说中国人口数量的庞大,阻碍了生产力的自由发展,于此又得一证。

我们一方面虽然承认中国工厂中,技术设备的落伍,但另一方面,也要承认中国近年来在技术上的进步。我们有一时期,所有的机器都要向外国人买,近年来有好些机器,中国人已能自己仿造了,而且仿造的结果,还可做到价廉物美的地步。上面所举的华成包烟机,便是一个好例。此外如华生电扇厂,有一螺丝钉制造机,如向外国购买,需洋4000元,本国人自造的,只需1000元。康元制罐厂的玩具部,有一制造发条的机器,是不轻易让人参观的。据项康原先生说,这个机器制造出来的发条,货色与舶来品并无差别,但只售二角一磅,外国货要四元一磅。像这一类的例子,很可使人兴奋。由此可见中国人对于机器,不但有模仿的能力,而且还有改进的能力,只要假以时日,那么追上欧美,也不是十分困难的事。

关于技术人才在中国的缺乏,也是大家所承认的,不过我们如用历史的眼光来看这个问题,就可看出中国近年来的进步。大成纱厂的经理刘国钧先生,在他与我的通信中,有一段可以表示20年前技术人才缺乏的情形,他说:

> 民国三年,即来武进城内,与友人合组大纶机器织布厂。国钧虽自己只在私塾读书一年,未曾进过学堂,办此机械织布新工业,学识不足。但想外人非生而知之者,制造机器,无中生有者很多,吾人买得此等进口现成布机,只须认真苛求,无有不能织布者,自信只要功夫深,铁亦磨成针。以此自励,并未聘请工程技师,全凭苦干。于民国四年二月开工排机,至六月尚无成效。常有夜半思得一事,披衣而起,或乘半夜车往申求教。又费时四五月,毫无眉目(因彼时有织布机械知识者甚少,且购此旧机,无人负责装置),请来机匠,连换三次,终未见效。在万分困苦中,国钧易服工衣,私进上海怡和织布部,练习二天,并得一机匠,返常研究,始克略具头绪。日在车间研

究,忘食午膳者有之,烫伤轧坏我皮肉者有之,此为国钧在发展工业过程中最初之困难。

这种困难,现在办纱厂的人,是不会感到的。下面我们再引一段一个过来人所述的永利化学工业公司事迹。这位过来人说:

> 技术艰深,都是最初动手就在觉悟中的,不过也没有想到艰深到如此地步。那时苏尔维法的秘密,在世界上还是金瓯无缺,统制在一个组织之下。各国纵然也有几家少数独立碱厂,都是自己暗中摸索出来的,从来没有真正在碱厂做过工的熟练技师放出来代人家设计,各国也没有现成的机器发卖。不像近年,日本厂家,能出高价,就有阿快斯君代它设计,并且保管它出货的品质和产量。难易之分,相隔天渊。我们那时候花几万元金钱,费几个月功夫,造成一座机器,开动不到一个月,就有全部毁坏,变成废铁的。从新再造吧,未见得新的一定比旧的有把握。徘徊审慎,这个烦恼,真没有言语可以形容。至于开一天工,停下修理十天半个月的玩意,更是家常便饭,有时教人吐不出气来。昏天黑地的干,一共七八年,工程上这样幸而敷衍下来了。

办理永利的人所遇到的烦恼,办理开成、天原、天利的人是不会遇到的,可见中国的技术人才,是逐渐加多了。另外还有一件事,可以证明中国技术人才的加增的,就是中国各工厂中,外国的工程师,已经少见了。有一个时期,中国工厂中离不了外国工程师,正如以前的国立大学离不开外国教习一样。现在,像我所参观过的三十几个工厂中,只有两家还用外国的技术人才,其余的工厂,技术方面都由中国人主持。上海水泥公司的经理华润泉先生说过一句有趣的话。他说,工厂中有一个外国技术人员,便如多添了一处租界,使管理的人发生许多麻烦,因为厂中所定的一切规则,外国人都可以不遵守,这种租界自然是取消愈早愈好。工厂中外籍技术人员,除不易管理外,薪水过高也是使中国人不愿请教的一个原因。以后中国的技术人员越来越多,外籍的技术人员在中国工厂中恐难有立足之地了。

技术人员的加增,自然要归功于政府的留学政策及大学政策,不过现在中国的技术人员,从量的方面看去,还是不够用的,而且中国的技术人员,并不是在每一方面都是有代表的,特别在重工业方面,现在恐怕还要借重客卿。救济的方法,治标自然是继续过去的留学政策,治本还在充实本国的大学及研究院。

以上所讨论的,特别注重于上级的技术人才。但中国不但缺乏上级的技术人才,就是中级的技术人才,也是随处都感不足。这种人才本来应当由职业学校供给,但中国过去对于职业教育太不注意了,以致现在一切的工厂对于此种人才只好自己训练。许多工厂中,都招收练习生,许多是高中毕业的,也有在高小毕业的,在厂中受过相当时期的训练以后,才可在厂中担任工作。这种办法,在最近的将来,各工厂一定还会继续下去的,因为社会上训练这种中级技术人才的机关,现在还不够用。

## (三) 管理

过去许多工厂的失败,都是由于管理不得其法。管理问题非常复杂,现在分作四方面讨论。

第一,我们先论厂屋与机器的管理。过去有许多办理工厂的人,把招股所得的资本,大部分拿来建厂屋、买机器,只留一小部分的钱来做流动资本,于是在开工出货的时候,时感周转不灵,不得已,只好将厂屋及机器作押,向银行借贷。年底计算,如有盈余,先还银行欠款,次分官利红利,对于公债及折旧等事,不知亦不能顾及,如此十年或二十年之后,厂屋及机器都陈旧了,生产力量减低,而生产费用却加高,与同行的竞争当然失败,金融机关或政府方面如不加以救济,这种工厂只有宣告破产。我们如研究中国的工业失败史,一定可以发现许多厂家都是循着上面所述的途径,走到破产的归宿。根据在工业界有多年经验的人的观察,中国各工厂流动资本与固定资本(指厂屋及机器等)的分配,常为一与三之比,如使其比例为三比一,即使流动资本三倍于固定资本,则办理工厂的风险就要减少许多。因为流动资本的数量加多,则向银行借款的机会便减少,因而利息的担负也就减轻,所以在股本招足的时候,以几成建厂屋、购机器,以几成作平常事业上的活动,乃是管理工厂的人第一个要细心考虑的问题。在资本缺乏的中国,欲使一般开办工厂的人把流动资本的百分数提高,乃是一件不很容易的事,不过无论如何,我们应当以此为标准。除此以外,办理工厂的人,在资产负债表内,决不可忘记把公债与折旧列入,而且最好在分配盈余之前,便把这两项用度提出,因为不如此,即使厂方有一个时期可分盈余,而终以厂屋与机器陈旧,无钱抵补,也会破产的。据唐星海先生说,日本纱厂之所以能保持胜利,设备永不落伍,便是因为注重公债与折旧之故。唐先生特别拿出一本上海纺织株式会社的某一期营业报告书给我看,该社的资本 600 万两,公积金已有

358万两,已超过资本额的一半。在那一期的营业报告书内,有一利益分配表,极可注意。在盈余的125万两中,不到三分之一,便是39万两,是以官利红利的名义分与股东的,其余的部分,有25万是折旧准备金,45万归入下期计算,其余的便分入几种公积准备金。我们只要看一下这种报告,就知道这个纺织株式会社的基础是很稳固的,一般商业上的风险,决打不倒这个蒂固根深的组织。中国现在也有好些工厂,注意到这个根本的问题,阜丰公司便是一个好例。在二十四年度的帐略中,阜丰表现出它的资本,虽只100万元,而公积已有89万元,折旧也有78万元。阜丰的设备,能够日新月异,当然要归功于这种管理的方针。

第二,论人的管理。工厂中的人事管理,可以分作职员与工人两方面讨论。职员的任用,是一个很严重的问题,有一个在上海办理工业多年的人,前几年事业失败了,我曾请教他的同行,打听这位先生失败的原因。据许多人说,这位先生在用人方面,没有采取人才主义,总是先用亲戚本家,其次用同乡,其次再用别地的人,这种用人方针,是他失败的主要原因。我想在中国的旧伦理观念之下,用人不脱①这种窠臼的,实在不多。为避免当事者的麻烦起见,对于职员的进用,莫如实行考试制度。商务印书馆便是实行这种制度的。该馆所定的规则,凡是进来的人,除了有特别技能或者很高的程度之外,其他的都要经过考试。年青的刚离学校的学生,考取进馆之后,高小程度的要做三年学生,初中毕业或高中毕业的,至少也要当二年或一年的学生。他们不是单挂学生的名义,还要受两种训练:第一种是业务上的训练,第二种是普通知识的训练。

---

① 原文如此。"脱"应作"落"。——编者注

这种考取再加训练的职员,其服务的能力,当然比靠讲情面进来的要高得多。此举很可为一般工厂所取法。职员入厂之后,应当有严密的奖惩方法,来加增他们的工作效率。凡是讲科学管理的工厂,如商务印书馆,如康元制罐厂,对此均有细密的规定。但也有好些工厂,其加增效率的方法,完全靠经理或厂长以身作则。一以法治,一以人治,两种制度,在小规模的工厂中,其优劣不易看出,但在大规模的工厂中,无疑的应当采取法治。只有严密的规章,加上严密的稽核,才可使各个职员,各尽其职,为工厂的生产而努力。

  管理工人的目标,概括的说,共有两个,第一是要加增工人的工作效率,第二是要预防工潮。提高工人工作效率的方法,各厂采用的,约有四种:一为入厂时的体格检查,于是身体羸弱、不堪工作的,都被淘汰了。二为入厂后的训练,在好些工厂中,训练不只是技术的,同时对于做人之道、普通常识、精神训话等,也多加以注意。亚浦耳厂的经理胡西园先生曾说过,如想每个工人,成为一个好的工人,先要使他成为一个好人,这是一句值得注意的话。第三便是用奖励的方法使工人生产的多少,与他收入的多寡,发生密切的关系,件工制为多数工厂所采用,便是由于这个原因。四为办理工人宿舍,使工人与外界少接触,借免传染恶习,同时因起居有时,饮食有节,工人的精神也不致在不正当的娱乐上浪费,其影响于生产的能力是很大的。关于预防工潮,据多数厂家的意见,最有效的方法莫如由厂方自动的为工人谋福利。在我所参观过的工厂中,工作环境可以说是都在水平线以上,华成、庆丰、大成等厂还有冷热气的设备。至于无锡的华新丝厂,其环境与学校相仿佛,即与外国管理最良的工厂相比,亦不多让。据云:工作环境不良之工厂,多系小厂之用学徒制的,以后如同业公会的组织严固,此种现象或可改善。除工作环境的改良之外,各工厂中,对于补习教育、运动及医药设备、养老金、团体寿险等,已有多数加以注意,尤以前数项为普遍。天厨味精厂,对于服务满十年的工人,给以一年的工资以为酬金。商务印书馆鼓励职工保险,保费由公司出一半,个人出一半。康元制罐厂,鼓励集团结婚,凡参加上海市集团结婚,其参加费20元,由厂方赠与,此外厂方每两月举行集团结婚一次,一切布置由总务部负责,茶点亦由厂方酌备,参加的人不得发喜帖或设宴款客,以省费用。大成现正筹设公墓,使工人因病逝世的,不必另筹墓地。以上这几点,是比较特别的,但也可以表示近来厂方为工人谋福利的趋势。

第三,论物料的管理。工厂的工作,就是购进原料,使它变成制造品,然后以之出售。自购进原料以至制造品的出售,中间都可发生很多弊端,使成本加重的。办理不善的工厂,有两种弊端是普遍的。其一是买卖的舞弊,即在买货卖货时收取佣金;或以次等原料,冒充上等原料,交付工厂;或与商人勾结,减低货色分量,从中渔利。其二是制造时的舞弊,如故意浪费,或从中偷料,而以废物名义售出,以图非分之利。如在纱厂中当事的人出售废花,或在丝厂中工作的人出售废丝等事,都可以表明这些工厂管理的不得法。管理已上轨道的工厂,没有一种材料是可以当废物看待的。记得以前在美国参观一个屠场,场中的司事对我说过,在那屠场中没有一件废物,只有牛羊临死时的一声哀鸣,屠场中不能利用。这种经济的物料管理法,给我一个很深的印象。这次在无锡参观华新丝厂时,厂长薛祖康先生,说是他的厂中也没有一点废物,使我感到很大的兴趣。我便问他,茧中的死蛹,是否也有用途,他说,死蛹可以作肥料出售,或拿来培植桑树,决不可视作废物。我想每一工厂中,如管理的人真肯用心,决不难发现废物利用的途径。至于有意的作弊,废除之法,只有一方面对于进用职工时,加以谨慎;另一方面,对于防止作弊的方法,须严密制定。有好些纱厂的经理告诉我,他们厂中,在某一时期,存了若干棉花,纺成了若干包纱,织成了若干匹布,这些纱或布放在什么地方,可以查考一下簿记,便立刻回答得出。一个工厂中,如有这种严密的簿记,作弊是不大容易的。

最后,我们可以论钱的管理。商务印书馆的王云五先生,对于钱的管理,曾发表下列的意见:

> 本馆举办新式会计最早,近年迭有改进,规定颇为严密。款项之进出,咸须经过多人之手,并随时受审核部之检查,故数十年来绝少弊端。查我国工商业之失败,除因营业上正当之损失外,多有由于主管人之移用公款,经营私利者。本馆除主管人均能安分尽职,恪守信义外,会计制度之严密,使公私款项绝对不能相混,实亦本馆数十年来维持不败之一要因。

王先生所说的主管人移用公款,经营私利,我在上海也听到许多的报告,如某纱厂的失败,系由经理之子挪用厂方款项,私作投机生意;某罐头公司的失败,亦因经理挪动公司款项,投资于个人所创办的事业。所以新式会计的采用,以及会计、出纳、稽核等事务的分立,一方面可使职责分明,一方面可收互行监督之效,实为一切工厂中急不可缓之图。

以上所论四点,一厂屋与机器,二人事,三物料,四金钱,已经把工厂管理的四个主要方面都谈到了。过去失败的事业,每把失败的原因,归咎于他人,但我们敢说其中有一大部分,其失败系因自己腐败,并非由于外界的压迫。反是,如一个工厂在上述的四方面,都有办法,那么外界的压力,是打它不倒的。

## (四)外货竞争

现在有一种流行的见解,以为中国的工业化是很困难的,因为中国的市场中充满了外国的货物,它们有大力为后盾,中国厂家的出品是无法与它们竞争的。这种见解未免过于悲观。我们可以提出许多事实,证明中国的工业大有可能,只要我们肯好好的埋头苦干,外货的竞争是毫不足畏的。先拿纺织业来说。外国人不但以他们纺织品运到中国来销售,而且还在中国各商埠设厂制造,与中国各工厂发生正面的冲突。假如外国的货物,真可摧残中国的工业,那么纺织业应当在中国已无立足之地,但实际的情形大不然。中国纺织纱厂,虽然有许多关门,但那是因为本身腐败所致,正如一个生了肺病的人,就是没有风寒的袭击,也有一日会寿终正寝的。反是,如自己的基础稳固,那么外人即使在上海、青岛再多开几个纱厂,也不能动其分毫。我所参观过的纱厂,便有许多在过去的不景气时期中,依然年年赚钱的。举一个例来说,常州的大成纱厂,成立于民国十九年,我搜集到他们历年的报告书,知道他们除在此短时期中增加了许多资本外,十九年盈余凡79,000元,二十年盈余45万,二十一年盈余36万,二十二年盈余24万,二十三年盈余22万,二十四年除盈余24万外,另提折旧28万。二十四年年底,大成的资本,已由50万加至200万,折旧准备,已存有73万,历年还分给股东那么多的赢余。外人对着这个管理得法、基础稳固的大成,还不是眼看着它繁荣吗？又如中国的丝业,在过去自然是失败的,失败的原因,大家都归咎于日本丝的竞争。但在过去最不景气的数年中,无锡的永泰丝厂,于民国二十二年只经营3厂,二十三年便添至5厂,二十四年添至6厂,本年度便添至15厂。永泰所出的厂丝,可以与任何国外的丝厂出品比拟,在纽约,永泰有直接的经理,在伦敦、里昂等处,永泰也有代办,所以价格不受中国出口商的操纵,由于永泰创办者及其同事的努力,所以别的丝厂虽然失败,而永泰却有欣欣向荣之势。又如中国所消费的酒精,以前大部分均求给于外洋,自中国酒精厂设立以后,外洋输入之酒精,数量骤为减退。据黄江泉先生说,中国酒精厂的胜利,由于下列三原因:一因该厂出口品质优良,较之国外输入之酒精,有过无不及;二因价格较贱;三因该厂随时可以出货,无青黄不接之虞。以上所述的三点,是由中国人自己努力便可达到的,外人亦无可如何。又如调味之物,国人以前多喜用味之素,民国十二年,吴蕴初先生于工余之暇着手研求,先购舶品详为分析,嗣依学理试行制造,不到一年便告成功,不但品质可与舶品相颉颃,即成本廉平,亦足匹敌,于是将此项制品,定名为味精。以前舶来品的销路,每岁不过数十万,现在味精的销路,已经超过它许多倍。舶来品的主人,也无法加以压迫。又如亚浦耳电器厂,以150万的资本,来对付荷、德、美、匈合组的中和灯泡公司,中和的灯泡卖三角一只,亚浦耳只卖两角一只,现在亚浦耳灯泡的销路还在逐日扩充中,而且在南洋群岛以及南非洲等处,凡华侨足迹所达之处,胡西园先生总是采取猛进政策,设法推销出品。所以虽有外力的打击,胡先生总觉得前途是光明的。又如儿童玩具,在中国素来是外货独霸,但康元制罐厂自添设玩具厂之后，据云只靠十余万元的出品，便可抵制舶来品80万，将来康元的出品，如能加至三四百万，则外货将在中国市场中绝迹。康元所以能做到这一点，便在价廉，如小汽车是儿童最喜欢玩的，德货价在二元以上，日货价亦九角，而康元出品只售四角，其余类此的例，不胜枚举。工业界的先进，现在不但不怕被人打倒，而且还有打倒别人的勇气。这种现象，实可令人乐观。

上面所举的例，至少可以证明一点，就是外货的压迫，虽然凶猛，决打不倒那些自知发奋为雄的工业家以及他们的工厂。在外货的压迫之下，中国的工业还是可以发展的，我们决不可长他人的威风，灭自己的志气。所以一般流俗者的判断，把一切中国工业上的失败，归咎于外货的压迫，我们决不可轻信。

在恢复我们的自信心之后，我们应当平心静气对于外货竞争的影响，略加分析。我们先说在外国制造的外货。这些外货，与国货在中国市场中竞争，其能占胜利之点有五：一为利息的担负低。外国的工厂资本雄厚，不必时刻向金融资本家乞怜，即向银行借款，其利息亦常在三四厘左右；中国工厂如向银行借款，利息常在八九厘以至一分，故担负较重。二则外国工厂之生产常为大量，较中国工厂之小量生产为合算。开成造酸公司的林大中先生，关于此点，曾举一例，彼谓现在大阪所制硫酸，成本为8元一箱，中国成本为14元一箱，差异之唯一原因，即在日本为大量生产，如中国需要硫酸之数量加增，可以大量生产，那么中国造酸的成本，也可减低与日本一样。三为外国工厂对于原料的采用甚便，凡工业中之一切需要，均可取给于市场。中国工业化的历史甚短，有许多原料，自己不能供给，临时向外国采购，费钱而且费事。如亚浦耳电器厂，有时向外国购买电料，原料只值三四元，而电报费可以花到三四十元，这是欧美的工业家不会感到的苦痛。四为外国工厂中的技术，较中国一般工厂为进步，且国中科学发达，技术设备常日新而月异，中国环境不同，尚不足以语此。五则外国的政治已上轨道，秩序安宁，法治的观念已深入人心，故非法税捐、土劣敲诈、军队破坏、土匪骚扰等事，可谓绝迹，中国现在还不能完全做到这一点，所以难免给工业家以额外的负担。

以上所述的五点，国货虽然比外货吃亏，但国货也有八点是占便宜的：第一，国货有关税的保护。第二，外货运华，须付运费及保险费，始能达到中国的市场，国货可以不必有此负担。第三，外国工人生活程度较高，所得的工资，常数倍或十余倍高于中国工人，当然在成本上要加增许多。第四，外国不但工人的工资高，就是职员的薪水以及其他营业上的开销，都较中国为大。第五，外货在中国行销，须假手于买办阶级，国货工厂可直接与各地商人交易。第六，外人对于中国内地市场，不如中国人之熟悉，即费巨款调查，终以言语不通、习惯不同，而有隔膜。第七，近来国人民族思想之发达，已非十余年前或数年前所可比，喜用国货的人已逐渐的增加。第八，政府对于国货的提倡，数年来不遗余力，对于成绩优良的国货，还有免税及运输减费计算等优待，近又筹设国货公司，对于国货的推销，加了不少的助力。

外国制造的外货在中国与国货竞争，有五点占胜利，八点吃亏，为减少吃亏的程度起见，所以外人纷纷来华设厂，这种在中国制造的外国货，虽然可以减少吃亏的程度，但决不能与国货占同样的便宜。上面所述国货占便宜的八点，前三点国货工厂与外国在华所设的工厂共之，但自第四点以下，外货工厂，终因系外人经营之故，享不到国货工厂所享的利益。我们把这个问题分析一下，已经发现中国的工业并非身临绝境,只要我们尽量努力我们的优点,设法避免我们的缺点,那么在中国市场上,与一切的外国货竞争,胜利也许在我们这一方面。由于这种分析,并且在各地看到了胜利的榜样,使我们深信中国工业的前途,是光明抑是黑暗,大权是操在我们自己的手中。外货的竞争,是不足畏的。足畏的乃是自己的退缩、自己的气馁。

## (五) 政府与工业

政府与工业的关系,可以分作两方面研究。第一,我们可以研究,政府对于工业采取一种什么政策,去鼓励它,发展它。关于此点,政府当局已屡有言论表示,现在也还有各种设计在进行中,本文不拟加以讨论。第二,我们可以研究,工业界对于政府有什么希望。关于此点,我愿意把此次考察所得到的意见,归纳为下列数点。

第一,工业界希望政府制定有关工业的法律时,要尽量采纳工业界的意见。过去的法律,如公司法、工厂法,在实行时发生许多阻碍,就是因为不甚切于实情。以后政府起草各种法律规程,如在事先博采各方面的意见,这种困难当可减少。

第二,工业界希望政府早日取消转口税、地方特税,修改进口税率,使原料所纳的税较制造品所纳的税为低,并且修改统税征收的方法使外厂无从偷税,政府的财务行政费也可减少。查转口税的废除,本已由行政院204次会议通过,又经中央政治会议第449次会议核定,原来本拟于二十四年六月一日起实行的,只以1300万的税额无法抵补,所以延至今日,还未见诸事实,但财政当局对于此事已在筹画之中,预料不久便可裁撤的。地方特税,有许多是不合法令的,如厘金早已明令废止,而类似厘金的通过税,在甘肃、宁夏、青海、陕西、江西、湖南、广东、广西等省,依然存在。这种事实,预料地方财政上了轨道之后,也可消灭。至于原料所纳的税,高于制造品所纳的税,对于国内工业当然是一打击,如美亚织绸厂,指出国外绸货进口只纳税80%,而织绸所需的人造丝则纳税250%;又如亚浦耳电器厂,指出变压器之进口税,不过10%至15%,而制造变压器所需之原料,如纱包铜线纳税20%,钢片纳税12.5%,绝缘物纳税20%,对于国内的电器工业似有不利。我曾把这个问题,提出来请教国定税则委员会的专家,据他们说,原料所纳的税应较制造品为低的原则,是他们所愿意维持的,但原料与制造品的界限,有时亦不易分,每有一种货物,甲业认为原料,而乙业认为制造品的,所以税则的制定欲其尽如人意,亦正不易,但政府方面总在时刻设法,使大多数的人对于税则能够满意。关于统税征收方法的修改,纱业中人提出来的最多,他们以为与其派驻厂员在厂收税,不如每月查考纱厂的锭数收税,如此可以不必派驻厂员,而外厂亦不易偷税。这是值得财政当局考虑的一点。

第三,关于技术人才,工业界都希望政府多加培养,特别是中级的技术人才。关于此点,教育部早已顾及,民国二十二年九月,教育部在行政院第126次会议中曾提出一案,请确定各省市中等学校设置及其经费支配标准。据教育部声述,在民国十九年,职业学校数目不及中等学校总数十分之一,经费才及十分之一。教育部的议案,即想矫正此种缺点,在提案中,规定各省市中等教育经费之分配,限至民国二十六年度,达到下列标准:职业学校不得低于35%,师范学校约占25%,中学约占40%。此案已经通过,由行政院通令各省市遵行。教育部并拟自二十五年度起,就首都及其他适当之地点,逐年筹设规模较大、设备充实之模范中等职业学校一所或两所,其设科以各地不易举办之学科,或确能开发当地原料与改进当地固有职业与企业之学科为主要标准。我们希望这两种计划能顺利推行,使不远的将来,工业界对于中等技术人才,再不感无处聘请的痛苦。

第四,工业界希望政府多做检验的工作,对于原料加以严格检验,以免购入劣货。面粉公司所运的小麦,毛纺公司所运的羊毛,常在原料中发现大量的沙石及废物,花费许多金钱运输此种废物,实为不经济之举,如检验严格,当可减少此种弊端。又有小规模之工厂,对于制造货品偷工减料,廉价出售,用户虽受蒙蔽于一时,但终会发觉被骗的事实,于是对于国货减少信仰,正当工厂无形中大受损失,故政府应对于每种制造品定一标准,在标准以下之货物应严格取缔,对于运往外洋之国货尤应严厉执行检验。如是则作伪的人有所顾忌,而国货的名誉,在国内以及国外,当可蒸蒸日上。

第五,工业界希望政府,扶助各业,实施统制。统制的必要,在生产过剩的工业中,最易感觉得到。过去有些工业,因出产毫无计划,以致货品充塞市场,彼此跌价竞争,以致一败涂地。眼光灵敏的人,便提倡由同业自动统制,现在如火柴业、煤业及水泥业,已有相当的统制方法。关于供过于求的工业,政府自应利用同业公会统制生产数量,同时对于评价一事,政府的代表应注意消费者的利益,以免自私者利用统制之名而行垄断之实。关于出产尚不能满足国内需要的工业,政府亦应设法利用保息等政策,促其发展。惟工业界对于有些省政府利用统制名义私定省的保

## 第三章 经济建设的展望

护关税,排斥外省货物,则均一致反对,希望中央政府设法制止。

第六,工业界希望政府发展水陆交通,使制造品得以廉价输入内地,并应早日开辟南洋航线,以免在南洋市场中与外货竞争,立于不利的地位。现在我们自己,没有直接的南洋航线,以致一切货品的运输,往南洋的,都要在香港转手,加增运费常在三四倍以上。如中国欲在南洋华侨中,保持国货的市场,则南洋航线的开发实为急不可缓之图,至如欧美航线之开发,虽然也很重要,只好俟诸将来了。

第七,工业界希望政府能集中若干专家,替新兴事业设计。此点王云五先生言之最详,他说:

> 兴办实业开始时之计划,较成立后之经营为难。前者需要深远之眼光,与广博之知识;后者只须在规定范围内忠实进行,或从事局部之计划足矣。以故各种实业之经营专家尚易罗致,而计划专家则甚难得。我国人材本已缺乏,与其希望每一实业,均能获得计划之专材,毋宁集中此少数之专材,备公众之顾问。最好能由中央政府就国中主要都市分设实业顾问机关,网罗专材,为当地之实业家担任计划,而酌取手续费。此项机关自当搜集各地方各业之产销资料,以及特价情形,于从事计划之时,并可以拟办实业之利害得失忠实相告,俾拟办实业者,知所去取。如是则于代办计划之中,兼寓统制实业之效用矣。政府果能举办此事,将于实业界协助不少。

王先生所说的实业顾问机关,私人已有办的,但都是小规模的,且限于某种工业。如大规模的干,自然要由政府来负这个责任。

第八,工业界希望政府能多设作试验工厂,以解决制造过程中的各种难题。现在纺织业已有此种试验工厂之设备,将来可由各种同业工会与政府合作设立此种机关,则开工厂的在技术上遇有困难,当可迎刃而解。

第九,工业界希望政府设立产业股票交易所,使工业资本得到更大的来源与流动。现在的证券交易所,过去并未能尽此种职责,以致一般有资本的人不敢投资于工厂的股票,因购买此种股票后,则资金呆滞,如有急需,不能变现。如有股票交易所,则股票立刻可易现金,变换既易,资金的来源自然加增。对于新兴事业,需要资本的,股票交易所可与以很大的帮助。

第十,工业界希望政府对于在海外出售的国货,将金钱汇回本国时,给以较优的汇率。如丝厂将丝售于纽约,所得美金汇回中国时,如市价为美金29元半,可易法币百元,此丝厂希望得一较优的汇率,即美金28元半或29元,即可易得法币百元,有此种奖励,则国货之出口,将日渐加增,而入超问题亦可得一解决之道。惟此事是否可行,及如何行法,恐须经一严密之考虑。

第十一,工业界希望政府能以低利贷款于工业界,或使其他金融机关实行此点。表示此种希望者甚多,惟实行时恐最困难,一因政府现无巨款可以出借,即有款可以出借,如市场之利息甚高,而政府故意将利息降低,则此举等于对接收借款者加以津贴,一家有此要求,他家亦可作同样要求;一业如此要求,他业亦可作同样要求,如此种事情发生,政府必无大力以满足众望。而且市场之利息如高,政府以低息贷款于工业,则金融业必先受打击,因金融业之存款,系以高利息吸收来的。如政府以低利贷款于工业,金融业不步其后尘,将无生意上门;如步其后尘,则必破产。所以低息贷款一事,在理论上困难甚多,殊难实现。不过中国市场上利率之高,实为工业化一大阻碍,如何可以使其降低,实为一个值得研究的问题。

以上所举的十一点,虽然不是每个工厂都有这些要求,但每一点,总有好几个工厂表示希望过的。现在政府正在注意扶助中国的工业界,那么工业界的意见,是值得细心考虑的。

## 十五、战后我国国际收支平衡的问题

### (一)

自从太平洋战争爆发之后,我国民众对于抗战最后胜利的信念,更加坚强了。因此大家对于战后的各种问题,如政治、党务、外交、经济、教育,等等,都开始认真的考虑,想以研究的所得,来作建设新中国的根据。在这些问题之中,无疑的,国际经济关系是一个很重要的问题。我愿意在此提出几点来,引起大家对于这个问题讨论的兴趣。因为国际的经济关系,虽然千端百绪,但最后终必在国际收支中,留下一点痕迹,所以我就以国际收支如何平衡为题,来包括好些个国际经济关系园地中的小题目。

## （二）

中国的国际贸易，素来是入超的。入超的情形有如下表：

| 时期 | 平均每年入超数目（单位千元） |
| --- | --- |
| 1902—1913 | 188,341 |
| 1914—1930 | 272,013 |
| 1931—1940 | 427,315 |

这种长期的入超趋势，在战后似无遏止的可能，因为战争完结之后，我们继着就有一个长期的建国工作，在建国的过程中，我们一定要向欧美各国输入大量的生产工具及交通器材，可是在输出方面，一时并无大量增加的可能，两者相抵，结果一定会有大量的入超。如果我们不加以控制，那么在战后的五年十年内，每年入超的数目，超过1931年到1940年的平均数，是决无问题的。所以我们现在可以看到的，战后贸易的入超，将为平衡国际收支的最大障碍。为消除此种障碍计，我们虽然不能全在贸易上想法，但是在贸易方面，也有数点可以着手的。第一是开辟国货的国际市场，这句话虽然说的人很多，但是推销哪些国货，以及到什么地方去推销，一定可以发生功效，却需要更精细的研究。第二，是继续非常时期禁止进口物品的办法。这种办法，是三十年九月一日公布的，原为战时厉行节约的一种措置。在海运艰难及作战状况之下，友邦对于我们这种办法，也许可以谅解。抗战结束之后，继续这种办法，在外交上当然有相当的困难。但是我们可以向友邦声明，就是我们所禁止进口的物品，大部分属于奢侈品，对

于国防既无贡献,对于民生亦不重要。我们禁止这些物品的进口,目的并不在减少国际贸易的数量,而在改变国际贸易的内容。我们愿意向国外购入物品的数量,并不减少;我们实际向国外购入物资的价值,也许还要加增,所不同的,就是在放任政策之下,输入的物品有海参鱼翅等奢侈品,花生茶叶等国内可以自己生产的物品,而在管制之下,海参鱼翅将为生产工具所替代,而花生茶叶则易以交通器材,贸易还是照旧进行,只是贸易的内容大有变更而已。这种变更,对于我们建国的推进大有帮助,我们的友邦,如认清我们的处境之后,当然可以谅解的。第三,我们对于国内的若干幼稚工业,要用保护关税的办法,一方面可以使这些工业不致受外力的摧残,一方面也可减少若干外货输入的数量。

以上这三个办法实行之后,入超的数目当可减少,但根本不能消灭入超。于是有人提议,以为我们应量出为入,就是我们入口的数量,应完全置于管制之下,使其与出口的数量相平衡。这种主张,我们是不赞成的。第一,国际收支的平衡,虽然受国际贸易的影响,但国际贸易并非唯一的原素。我们在贸易上的入超,也许可以用别的方法补偿,不一定要在贸易上硬求平衡。第二,我们抗战以后的时代,是建国的时代。建国速度的迟缓,一部分要看我们输入生产工具的多寡而定。我们当然希望建国速成,因此也希望生产工具有大量的输入,即使造成大量的入超,亦在所不顾。假如因为硬要谋国际贸易的平衡,而把必需的物资都排弃于国境之外,那就等于因噎废食了。所以从建国的立场看去,我们对于战后贸易的入超不必畏惧,但是我们得想别的方法,来补救入超所引起的不平衡状态。

## （三）

国际贸易的清算，如货物的进口与出口，不能互相抵消，普通常以输出入金银的方法，来结清总账。可是中国的情形，有点特别。兹将各时期金银进出口情形，列表如下：

| 时期 | 平均每年金银入超(+)或出超(-)数目(单位千元) |
| --- | --- |
| 1902—1913 | （+）　2,510 |
| 1914—1930 | （+）59,590 |
| 1931—1940 | （-）145,205 |

我们在上面已经提过，在1902年以后的三期中，中国的贸易都是入超的。论理，为补偿此项入超，中国的金银应当外流，但在1930年以前，总算起来，金银还是入超，直至最近的十年才表示出超的现象。造成这种状态的原因，是很复杂的，我们不能在此加以分析。现在我们要注意的，就是在抗战以后，我们能否每年输出大量的黄金或白银，以补偿我们的入超呢？以白银来说，我国并不是产银的国家，民间所藏的白银，以前虽有巨数，但在实行法币政策的前后数年，白银已逐渐集中于国库，而且集中之后，已经大量的输往国外。据海关的报告，民二十三、二十五及二十六等三年之内，每年白银的出超，均在2万万元以上，民国二十六年的出超，竟达39,800万元的巨数。在过去十年之内，白银的出超，为101,700万元。以一个不产银子的国家，这样的大量输出白银，决无法长久继续的。以黄金而论，青水先生在《新经济》二卷十二期，曾有文论我国金矿的分布，并谓如若干问题可解决，则

动员20万工人,年采黄金20万两,实属毫无困难。假如这个目标可以达到,那么黄金一两,我们假定它值国币1000元,共可得2万万元。这2万万元黄金的输出,将为我国平衡国际收支的一伟大助力。可是根据抗战期内采金的经验,年采黄金20万两颇有困难,而且采金所得,还要拿来作我们法币的准备,所以将来我国决不能每年输出黄金2万万元,以支付我国贸易上的入超。

总括起来,我们在战后虽然不是没有能力输出相当数量的金银来平衡国际收支,但其贡献是很小的,决达不到偿还入超总数的目的。

## (四)

其次,我们可以讨论投资与国际收支的关系。

一个入超的国家,假如能够得到外国的投资,那么平衡国际收支,不失为一种帮助。譬如某年入超4万万元,但是同年外国的投资也有4万万元,收支便可相抵。实际的情形,并不如此简单。以我国而论,过去外人在我国已有巨大的投资,这种投资在我们是一种债务,每年要还本付息。假如每年新的投资数目,不能超过还本付息的数目,那么新的投资,不但不能补偿入超,我们还得另想别的方法,来偿还因投资而引起的国际收支差额。现在让我们检讨一下实际的情形。

关于外人在华投资的情形,雷玛教授在战前曾写过一本专书讨论。据他的报告,外人在华的投资,在1931年共值美金324,200万元,其中21.9%为政治投资,78.1%为商业投资。以国别而论,英的投资的总额最多，共计18,900万元①，占总数36.7%；日本第二，共计113,600万元，占总数35.1%；苏联第三，共计27,300万元，占总数8.4%；美国第四，共计19,600万元，占总数额6.1%。这四个国家的投资总额，便占86.3%，其余的13.7%，分属于法、德、比、荷、意、挪威、瑞典等国。抗战以后，外人在华投资的情形，有剧烈的变动。截至1940年底止，各国在华的政治投资，至少加了美金36,000万元，在商业投资方面，日人的华北华中两个国策公司，虽然添了许多新的资本，但外人在各海岸的投资，因战争而所受的损失，据估计，截至1938年7月底止，即达美金80,000万元的巨数。太平洋战争爆发之后，英美在华投资的损失共达若干，现在还无法估计。抗战胜利之后，日人的各种投资，当然可以视作对于战方的赔偿而一笔勾消。所以战争完结之后，我国因为外人投资而引起的债务，到底总数若干，此时实无法加以清算。为讨论的方便起见，我们可以暂时借用雷玛教授战前的数字，即美金324,200万元。此项投资，以年息四厘计算，我们每年便须付出美金13,000万元的利息。实际在抗战以前，因为一部分的政府债务，并未履行付息的义务，一部分外人所得的利息，又重行投资于我国，所以每年我国付息的数目，并没有达到美金13,000万元。根据雷玛教授的估计，1928年，我国对于外人投资的还本付息，共达国币17,900万元，是年外人的新投资，为9600万元。1929年，我国对于外人投资的还本付息，共计19,800万元，同年外人的新投资为17,000万元，1930年，我国对于外人投资的还本付息亦达19,800万元，同年外人的新投资，为20,200万元。以这三年的情形而论，除了最后一

---

① 原文如此。应作118,900万元。——编者注

第三章　经济建设的展望

年,新投资的数目可与旧投资的还本付息数目相抵外,其余二年,还感不足。换句话说,在 1928 及 1929 两年内,外人投资所引起的国际收支是一个负数,不但不能补偿我们那两年的入超,反而要我们另外想法,来偿还我们因外人投资而产生的债务。

我们看过了以往的情形,就可知道在战后我们对于外人投资所应采取的态度。我们以前已经说过,战后是一个建国的时期,建国所需要的资本,一部分要靠外国供给,所以从理论上讲,我们是欢迎大量外资的流入。而且最重要的,就是在战后的 10 年或 20 年内,我们一定要设法,使外人的新投资,超过我们对于外人旧投资所应还本付息的数目。只有紧紧的抓住这一点,我们才可以局部的解决我们国际收支不平衡的问题。自然,这种新的投资,我们迟早总要偿还的,只要我们把这些新的投资,尽量的用在生产事业之上,那么投资的本身,便已孕育着未来我们还本付息的能力。这种能力,将于 10 年或 20 年之后,以贸易出超的方式表示。这条路,美国在 19 世纪便已走过。在 1873 年以前,美国开发产业的资本,一部分由英国输入的,其后美国的产业发达,贸易由入超变为出超。在 1908 年之前十年,每年贸易的出超,平均达美金 5 万万元。美国便以这种出超的方式,来偿还他的债务。欧战发生之后,各国均在美国借款,并出售他们原有的美国产业证券,美国便由一个债务国,一变而为债权国。有为者亦若是,只要我们处理得法,外资的输入,从各方面看去,对于我们都是有利的。

(五)

最后,我们要讨论一个最重要的问题,就是移民与平衡国际收支的关系。

在讨论这个问题之先,我们还要看一下国际收支中的其他小节目。上面我们已经说过,战后我国的国际贸易,因为建国的需要,将有大量的入超。这种入超,我们很难输出金银去补偿,因为我国的银子,过去已有大量的输出,而金子的生产有限,且有他项用途,不能完全用以平衡国际收支。外人投资,是减少我们国际收支差额的一个方法,但是必须设法使新的投资超过旧投资的还本付息。除此以外,我们在收的项目下,还可以提到外人来华游历所花的钱、外国慈善及教育机关对于我国的汇款、外国外交官及领事在华的用款。在支出的方面,我们也要列入上开同类的项目,但支出方面所花的钱,并不如收入方面所得的钱那样多。可是在支出方面还有保险、运费、电影租金等等,是在收入项下所无的。在抗战以前,我们还有一笔很大的收入,在战后一定会取消的,就是外国驻军在华的用费。根据雷玛教授的估计,外国驻军每年在华要花国币1万万元以上。这项收入在平衡国际收支上不无小补。战后不平等条约取消,这1万万元以上收入,自然也连带取消了。

过去我们用以弥补入超的最大项目,便是华侨汇款。我们再引雷玛教授的估计如下:

| 时期 | 平均每年华侨汇款(单位百万元) |
| --- | --- |
| 1902—1913 | 150 |
| 1914—1930 | 200 |
| 1928 | 250 |
| 1929 | 280.7 |
| 1930 | 316.3 |

这个数目,当然是不很正确的,但在国际收支的各种项目中,

在收入方面，除了出口贸易之外，就要算华侨汇款了。过去华侨汇款对于补偿入超的贡献，是大家都知道的，我们希望抗战后，华侨的汇款还是源源不绝而来，而且年有增加。但是如要汇款加增，先得加增华侨，而增加华侨是有相当困难的。

数年以前，我曾在中国社会学社的年会里，宣读过一篇论文，报告各国排华的法律。详细的情形，这儿不必细叙。简单的说，有些国家是禁止华工入境的，如美国及加拿大，有些国家对于入境的华工，先要给他一个语言考试，其结果等于禁止入境，如澳大利亚及纽西兰。又有一些国家，对于入境华侨要抽很重的人头税，如南洋一带。在这许多法律的限制之下，华侨的出路是很狭窄的。

从我们的立场看去，许多国家，对于国际贸易则提倡自由，对于国际移民则实行限制，是极不公平的。本来国际移民，在某种场合之下，可以看作国际贸易的一种结果，它的作用，可以补偿国际贸易在某些国家内所造成的损失。譬如19世纪的末年，美国加拿大等处，因农业机械化的缘故，有过剩的农产品出售，这些农产品的最大市场，便在欧洲。欧洲东部的农民，其出产品不能与新大陆各国的出产品相竞争，结果是他们原有的市场，为美、加等国所夺去。这些农民失业了，于是大批的移往美国，不致在国内遭受冻饿的危险。我国自与欧美各国通商之后，乡村中的手工业，大部分均无法立足。乡村的人口失业了，但是因为国外有移民的限制，他们又不能大批出国，这是造成我国过去经济困难的主要原素。战后我国的国际经济关系，在移民与贸易两方面，恐怕都要费相当的折冲。在贸易方面，许多工业已经发达的国家一定提倡自由，以便他们的出品，可以无妨碍的运往任何市场。我国则因生产落后，许多幼稚工业需要保护，而且上面我已说过，为有效的利用我们有限的外汇起见，对于若干物品，我们将采取禁止输入的方法。在移民方面，那些工业已经发达的国家，为保护他们的劳工生活程度起见，一定会继续限制移民入口政策。而在我国，则因人口众多，国内各项实业无法完全收纳，最好能有一部分人远渡重洋去谋生。这种办法，既可以局部解决国内的失业问题，又可获得大量汇款，以平衡我国的国际收支。所以为我们的利益着想，最好是国际移民，毫无限制，天涯海角，让我们自由行动。这两种差异的观点，如何取得调和，实为战后我国的外交家所应绞脑汁的问题。在国际贸易方面，我们有必须坚持的几点，已如上述。在移民方面，我们假如不能要求到全面的自由，那么在欧美各国，我们得要求每年给我们一个固定的数额，表示对于我国民族的不歧视。至于在欧美的殖民地内，特别是南洋群岛一带，白人既因气候关系，只能在那些地方立业，而无法在那些地方成家，我们就应提出门户开放的原则，让我们可以大量的移民。假如这一项交涉能够办得成功，那么我们华侨的数目，就可由现在的1000万，在若干年内，加至2000万以至数千万，这数千万华侨的汇款，将为我国的一大宗收入，在平衡国际收支上面，它的贡献，是不容忽视的。

## 十六、美国经济政策对于中国的影响

中国的经济建设，需要友邦的协助，方能迅速的推进，已为大家所公认。在我们的友邦中，美国的国富及生产力，在世界上均首屈一指,所以最能帮助我国经济建设的友邦,当首推美国。现在我们愿意研究一下美国政府近来所标榜的经济政策,与我们的愿望是否符合。

第一,我们要注意的,是罗斯福总统于1941年正月所提倡的四种自由。这四种自由,第一是言论自由,第二是信仰自由,第三是不感贫乏的自由(Freedom from want),第四不感威胁的自由(Freedom from fear)。我们都知道,过去人类因为争自由而发出的宣言不知凡几,其中提到言论自由与信仰自由的也很多,但是罗斯福总统所提倡的第三第四种自由,却是很新鲜的。不感贫乏的自由,只有努力生产,提高人民的生活程度,才可达到。不感威胁的自由,只有巩固国防,不畏外力的侵陵,才可达到。提高人民的生活程度与巩固国防,正是我们的经济建设所想达到的目标。由此可见中美对于立国的根本政策,意见是一致的。我们在经济建设中,努力争取不感贫乏的自由及不感威胁的自由,一定可得到美国朝野的同情及援助。

其次,我们要看1941年8月14日,英美两国领袖所共同发表的《大西洋宪章》。这个宪章所标榜的政策共有八点,我国政府已于同月19日,正式表示赞同。其中第四第五第六三点,均系英美经济政策的表示。第四点谓英美两国,将努力使世界各国,在同等条件下,进行贸易及获得原料。这一点对于我国是有利的。我们过去在贸易上对于各国都是同等待遇,从不加以歧视。可是我们的商品,运到国外市场上去销售,就不一定能够得到平等的待遇。譬如我们的茶叶运到英国,所受的待遇便与印度茶叶不同。以后世界各国,如能铲除一切歧视的待遇,对于我国的出口贸易,一定有良好的影响。至于以同等条件获得原料,我们也可赞同。我们有余的资源,当然可与友邦共同享受;我们不足的资源,也应当公开向世界要求。在平等的条件下,有无相剂,正是我们所希望的。宪章的第五点,提倡世界各国在经济的领域中充分合作,俾能提高劳工生活,获得经济进步,树立社会安宁。这个目标,正是我们这种正向经济建设的途径上迈进的国家所希冀的。宪章的第六点,谓纳粹的暴政打倒之后,英美两国希望在世上重建和平,让各国人民均能在其领土之内平安度日,过一种不感威胁及不感贫乏的生活。这一点是罗斯福总统的自由论的再叙述,我们在上面已经提过,与我们经济建设的目标是符合的。

以上两种文件所表示的,都是广泛的政策。比较具体的,是赫尔国务卿在几次讲演中所宣布的经济政策。他于1937年7月16日,说明美国的外交原则,其中有两点极可注意。一是关于国际贸易的,他说美国主张降低或撤销国际贸易的过分障碍,提倡贸易机会的均等,并要求各国实行平等待遇的原则。第二点是关于国防的,他说武力既为保卫国家的安全所必要,美国将视他国对于军备的加增或减低,而预备对于自己的军备加增或减低。以上原则,中国政府于同年8月12日致美国的照会中,表示赞同。

关于国际贸易障碍一点,赫尔于本年7月23日的广播演讲中,曾再提到。他在这篇演讲中,于提及《大西洋宪章》第四点之后,曾谓各种国际贸易的过分障碍,应予降低。国际间一切办法,其足以加害于别的国家,或使国际贸易不遵常道的,均应避免。在赫尔的演讲发表之前数日,威尔基在支加哥亦曾发表一声明,说明他对于参加秋季国会竞选的候补议员中,拥护那些主张铲除国际贸易障碍的人。他相信战后假如世界各国,不在经济方面合作,则和平必难维持,所以他愿意那些当选为国会议员的人,诚心的拥护经济合作的方案。由此可见减低国际贸易的障碍,为美国两大政党的共信,可以看作美国的国策。

这个政策,我国已声明赞同,但其实际的内容如何,以及他对于我们经济建设的影响如何,我们应当加以研究。赫尔与威尔基所谓贸易的过分障碍,到底是指哪一些办法?他们虽然没有明白列举,但是我们如研究一下世界各国自1929年以后在国际贸易方面所实行的新花样,就可知道他们所指的,是哪一些办法了。他们所反对的,第一是进口定额制。实行这种办法的国家,每每规定某种货物,或某国入口货物的总值,只能等于该国某年进口数量或价值的几分之几。超过这个数目的,不许入口。第二,他们所反对的,是关税定额制。实行这种办法的国家,每每规定某国入口的货物,在若干数量以下时,可纳较低的关税,如超定额时,则纳较高的关税。第三,他们所反对的,为进口许可制。实行这种办法的国家,对于入口货物,完全加以管制,没有得到政府的许可证,便不能入口。第四,他们所反对的为外汇清算制。实行这种办法的国家,规定进口商人,如向乙国购物,不得以货款汇往乙国,只能将货款存于本国的银行中,而由银行替乙国立一户头收账。出口商人,如有货物运往乙国,即可在本国银行所立的乙国户头中,领取应得的货款。第五,他们所反对的,为补偿贸易制。实行这种办法的国家,规定如某国欲向该国输出若干货物,同时亦应从该国输入同等价值的货物,俾两国间的贸易可以平衡。第六,他们所反对的,为外汇管理制。实行这种办法的国家,所有出口商人应得的外汇,均应交与政府,同时进口商人所需的外汇,也只向政府请求。以上这些办法,都是阻碍国际贸易的。全世界的国际贸易,入口所以由1929年的3,559,500万美元,降至1938年的1,423,700万美元,出口所以由1929年的3,302,400万美元,降至1938年的1,331,800万美元,上面所举的过分贸易障碍,应当负大部分的责任。

这些贸易障碍,除外汇管理以外,我国均没有采用。即以外汇管理而言,也是我国在战时的一种措置,并没有准备永久采用。这一点,只要看抗战以前,欧洲许多国家已经实行外汇管理,而我国的外汇市场却完全是自由的,便可证明。

在赫尔的两次讲演中,都没有明白的提到关税。过高的关税,当然是国际贸易的一种阻碍,所以在本年2月签定的《中美租借协定》第七条,曾有撤销国际贸易间一切歧视待遇、减低关税及其他贸易障碍的规定。我们对于这项条文的解释,以为减低关税与取消关税不同。取消关税,便是自由贸易,现在世界各国,连英美在内,没有一国是行这种政策的;减低关税,是对于关税过高国家的要求。我国的关税,在1929年以前是值百抽五,可以说是世界上关税最低的国家。1929年以后,关税虽已略为提高,但如与别国比较,还是很低的。将来我国哪一些货品的关税还可降低,哪一些货品的关税还应再为提高,应从发展中国经济的立场上,加以通盘的检讨,以便拟订对于我国最有利益的关税。这个问题,是要专家细心研究,才可以得到结论的。不过有一点我们可以预为指出,就是我们将来的关税,应当有保护幼稚工业的能力,万一关税的力量不能达到这个目标,政府还可采用补助的方法。关税与补助,对于幼稚工业的养育,其效用是一样的。所以我们所决心要树立工业,在无论何种情形之下,是都可以树立起来的。最近美国副总统华莱士有一篇公开演说,其中有一段说:"我们应当承认,一个负债的国家,一个正在开发的国家,以保护关税为掩护,来发展其幼稚工业,是完全正当的。"这种主张,对于我国尤为有利。

赫尔在本年7月23日的演讲中,除提倡取消国际贸易障碍外,还提到四种别的政策。一为稳定汇率,使各国的货币可以自由交换。二为树立金融关系,以便利货品的制造及运输。三为以公平的条件,使资本可以由金融较强的国家流入金融较弱的国家,以开发世界资源,稳定经济活动。四为国际合作,以解决若干区域中之生产过剩问题。在这些政策中,最后两点,对于我国的经济建设特别重要,所以应当加以申论。

我国的经济建设,其进展的速度,要看我们所能把握到的生产工具的多少而言。生产工具,是经济建设中最重要的资本,而美国对于这种资本,特别富裕。所以美国如在这方面特别帮助我们,对于我国的经济建设,其影响是很大的。美国在"九一八"事变以前,在中国投资的数目很少,据雷玛教授的估计,美国于1930年以前的对华投资,共计22,900万美元,比较英日两国,相差很远。"九一八"事变之后,美国即有美麦借款及棉麦借款。抗战发生之后,美国对于我国金融上之帮助更为积极,在短短的五年之内,美国借与我国的款项,已经超过75,000万元,超过1930年的投资总数三倍以上。最可注意的,是本年3月21日,美国参众两院通过以5万万元借与中国时,美财长摩根索及我外交部长宋子文,曾发表联合声明一件,说明5万万元之用途,共有七点,其中第一点为增强中国之币制、货币及银行制度,第二点为以资本供给生产事业,并促进一切必要物品之生产获得与分配,第五点为改良运输及交通工具,第六点为实行促进中国人民生活之其他社会的及经济的措置。以上四点,都与经济建设有关。声明中且提到在战后及战时，均宜维持中国一健全及稳定之经济及财政的状况。此点颇为重要，因为它可表示美国不但战时要以资本供给我们，战后还可以继续援助，使中国能维持一健全及稳定之经济。关于此项政策，除赫尔及摩根索之声明外，美国副总统华莱士于本年5月11日在纽约的演讲中，也曾提及。他说战后的和平，一定可以提高一般人民的生活程度。他所说的一般人民，不是专指美国而言，连英国、印度、俄国、中国及拉丁美洲，都包括在内。至于提高一般人民生活的方法，他曾提议，老的国家，应当帮助新的国家，走上工业化的途径。但这种帮助，不得带一点军事的或经济的帝国主义的气味。

赫尔所谓国际合作，以解决若干区域中的生产过剩问题，正是中美两国最可合作的一点。我国在战时生产增加的货品，如桐油、钨、锑等，需要美国消纳，而美国在战时增加的机器及船舶等物，正为我国战后大规模建设所必需。在总理遗教的实业计划中曾提议于第一次大战之后，各国以其剩余的机器，供给中国。因为：

> 中国正需机器，以营其巨大之农业，以出其丰富之矿产，以建其无数之工厂，以扩张其运输，以发展其公用事业。然而消纳机器之市场，又正战后贸易之要者也。造巨炮之机器厂，可以改造蒸汽辗压，以治中国各地之道路；制装甲自动车之厂，可制货车以输送中国各地之生货。凡诸战争机器，一一可变成平和器具，以开发中国潜在地中之富。

这种伟大的计划，可惜在第一次大战之后，我国政府与各国的政府,都把它轻轻放过了。现在历史重演,第二次大战完结之后,我国需要机器之情形如故,而英美等国有剩余的机器可以出让如故。我们再不可把这个机会错过了。我们应当即刻研究,并在最近的将来,开始与美国政府洽商,如何利用美国过剩的机器,开发中国的富源。美国的经济政策,如赫尔等所宣布的,使我们相信这种洽商,一定可以得到完美的结果。

## 十七、论外人在华设厂

外人在华设厂,开始于甲午战争之后。《马关条约》第六条的第四项,载明中国允许日本臣民得在各通商口岸,自由从事工业制造,又得将机器运输进口,只交所订进口税。《马关条约》,虽然是与日本订立的,但其他有约国家,援引最惠国条款,也就得到在华设立工厂的权利。

因为《马关条约》是个不平等条约,所以一般人的见解,以为条约中所规定的都是对于中国有害无利的事。最近有人写过一篇文章,条举不平等条约的内容,一共包括16点,其中有一点,便是外人在华设厂。这一部分人的意见,以为废除不平等条约之后,外人在华设厂的权利,也要取消。

我们的见解,与此不同。我们以为在不平等条约没有取消的时候,外人在华设厂,是一件利弊互见的事;而在不平等条约取消之后,外人在华设厂,便是利多害少。我们决不可把外人在华设厂一事,与其他外人在中国享受的不平等特权等量齐看。

为什么我说在不平等条约没有取消之前,外人在华设厂是一件利弊互见的事呢？

六年以前，我在无锡上海一带，参观了三十几个工厂。并与从事工业有年的人，对于中国工业化几个重要问题，作了若干次的讨论以后，便写了一篇《中国工业化问题的检讨》，其中曾有一段，讨论外人在华设厂的问题。我说：

> 由于以上所举的几个例，可见利用外资，不问它是合伙，或是借贷，或由外人单独经营，如国人肯自己努力，结果都可以获得很大的利益。不过在上面所举的利用外资三种方式之中，其由外人单独经营一方式，便是让外人在华设厂，是利弊互见的。我们应当设法去其弊而收其利。近来讨论这个问题的人，每注重于弊的一方面，如外人在华经营事业，每不肯受中国公司法及其他法律的限制，又某种国家，每因经济问题，而牵涉到政治问题，所以我们听到某国的投资，总怀疑它后面有不良的动机。但是利用外资的弊，是可以用外交的方法铲除的，同时如我们的国家力量增强，所有的弊端，都不难一扫而空。至于利的方面，外人在中国投资，除加速中国的工业化外，还可使中国金融市场的利率降低；农民的产品，添一顾主；失业的工人，多一谋生的机会；空虚的国库，多一税源。例如日本在青岛所设纱厂，据民国二十二年海关报告，该年由火车装运之货，如棉花、煤斤及其制品，所付运费，共计500万元；所缴棉花税捐，亦不下280万元；采购华棉90万担，价银3000万元；采购鲁省煤斤，50万元；华工工资，360万元。虽然日商直接由纱厂中得到许多的利润，但间接对于中国的利益，是不必否认的。

上面我说外人在华设厂最大的弊病,是不受中国法律的管制。这个弊病,在不平等条约取消之后,便不会发生了。以后外人在华设厂,当然要在中国主管官署登记,当然要受中国政府的指挥监督,最重要的,是赚了钱之后,像中国的工厂一样,当然要向中国政府纳所得税或过分利得税。而且中国政府现在的地位,远非抗战以前所可比拟,经济与政治以后决不会混为一谈,外人也决不敢以投资为口实,而向中国政府提出政治的要求。所以在不平等条约取消之后,外人在华设厂的若干弊端,便无出现的可能。

我想一般人的心目中,每有一种误解,以为外人在华设厂,把中国人的钱赚去了,从中国的立场看去,是一件吃亏的事。这种误解,有加以清算的必要。我在上面所引的海关报告,已可说明日人在华开纱厂,虽然日人可以得到丰厚的利润,但是许多中国人也都得到好处。不过这个例子,还没有明白的告诉我们,到底哪一方面所得的利益多些。有些读者,看到上面的例子,也许要说,中国人所得的只是日人的唾余,日人所得的利益要比中国人所得的为多。假如这种猜想是对的,那么外人在华开设工厂,便是利少害多。可是事实上并非如此。实在的情形是,假如外人在华开设工厂,中国人所得的利益,较之外人所得的为多。关于此点,我可以先报告一位美国学者对于各种实业所得的分析,然后用他的统计,来推论外人在华设厂,所得利益的分派如何。

美国的顾兹纳博士(Dr. Kuznetz)曾研究英国各项实业自1919年至1934年的所得分派情形,目的在发现每一种生产原素,在各业的收入中,其所分得的百分数。详情如下表:

| 实业名称 | 雇员所得（百分数） | 企业家所得（百分数） | 财产所有者所得（百分数） |
|---|---|---|---|
| 农业 | 16.3 | 77.7 | 6.0 |
| 矿业 | 84.1 | 1.4 | 14.5 |
| 工业 | 83.9 | 2.3 | 13.7 |
| 建筑业 | 80.6 | 17.1 | 2.3 |
| 运输与公用事业 | 72.9 | 0.1 | 27.0 |
| 商业 | 71.2 | 24.1 | 4.8 |
| 金融业 | 31.6 | 42.3 | 26.1 |
| 政府机关 | 77.5 | —— | 22.5 |
| 劳务 | 98.4 || 1.6 |
| 其他 | 90.7 || 9.3 |
| 总计 | 69.8 | 17.0 | 13.2 |

在这个表里，我们最要注意的，就是在工矿业中，雇员所得都在80%以上。雇员包括工人及职员，即靠工资及薪水以维持生活的阶级。一个工厂，假如每年做1000万元的生意，那么在这1000万元之中，有800万元以上，我们如追寻它的去路，便可发现都到了雇员的袋中。当然，我们如专看那个工厂的工资帐及薪水帐，也许到不了800元。譬如他们的支出，有一部分是付在原料帐上，又有一部分是付在运费帐上。但是如我们再查原料的款子，给谁拿去了，运费又给谁拿去了，便又可发现一大部分是给做工的人以及靠薪水过日子的人拿去了。工人与职员合并而成的雇员阶级，其一年所得，虽然每一个人所分到的，并不能与资本家相比，但其所得之和，却超过资本家、企业家及地主所得之和。如应用此项统计，来推测外人在华设厂所得的分派，我们敢说一大部分将为中国的工人及职员所得。假定企业家所得（即董事长、总经理或主持事业者之所得）及财产所有者所得（即股票所有者、债券所有者、资本

所有者及地主等之所得),尽为外人所取去,其总数也不到工厂一切收入的20%。而且在此20%中,也许还有一部分要以纳税的方式,转移给国库。地主所得,一定也是中国人的。如把这两项除去,则外人在华设厂所得,不过事业总收入的15%而已。外人来华设厂,其事业之所得,以85%付与我国政府及人民,而自己只能得到15%,所以我说此事对于中国,利多而害少。

既然外人在华设厂,是利多而害少,那么我们不但欢迎过去已经在华开设的工厂继续在华开工,而且欢迎将来还有新的外厂在中国设立。因为如此,所以我们反对沿海通商口岸外籍工厂撤退的主张。譬如中国的外籍纱厂,如真的要从中国撤退,那么英日两国,便有200多万锭子要离开中国,结果一定是中国对于棉纱与棉布不能自给,要从国外购入大量的棉纱与棉布,同时国内的棉花,将因纱厂减少而失去其最大市场。棉花销路减少,吃亏的是中国的农民,自国外购入棉纱棉布,受惠的是外国棉纺织业的工人。此中的得失如何,我们只要略为考虑一下,便可恍然大悟了。

可是还有人说,外人在华设厂,同类的民族工业,将因竞争而失败,我们为保护民族工业起见,所以反对外人在华设厂。这是一种似是而非之论。我们应当认清,现在国家民族所需要的,是赶快的工业化,赶快的把新式生产事业在中国境内树立起来。至于在中国境内所树立的工厂,是中国籍,抑是外籍,乃是不大重要的问题。中国工厂要买原料,外籍工厂也要买原料,卖原料的人决不会因顾主是中国人而能得到较高的价格。中国工厂要用工人,外籍工厂也要用工人,工人决不会因雇主是中国人而得到较高的工资。中国工厂要向政府纳税,外籍工厂也要向政府纳税,政府决不会因工厂是中国人开的而征到较多的税收。所以从卖原料者的立场看去,从工人的立场看去,从政府的立场看去,工厂是中国人开的,抑是外国人开的,并无什么分别。可是社会上有一种人会感到外厂的压迫,那便是一部分不长进的中国资本家。开明的、进步的中国资本家,只得到外厂切磋琢磨之益,而不感到其压迫。譬如外人在华开纱厂,固然获利,但是无锡上海一带,中国人开的纱厂也有获利的,而且还有获利很多的。他们不怕外国工厂的竞争,因为他们的技术及管理,处处可与外人比美。但是也有一部分中国人办的工厂,因为技术落伍,管理腐败,无法与外厂竞争,因而倒闭的,我们决不可因为要保全这少数人的利润,而忽略整个国家民族的福利。而且落伍的工厂,即不为外厂所淘汰,也会因为不能与进步的华厂竞争而消灭,这是社会演化应有之义,我们可以不必为它惋惜。

最后,我们愿意再提出两点,以供讨论这个问题的人的参考。第一,外人在华设立的工厂,平时政府固然可以利用,战时一样可以利用,像利用国人自己所开的工厂一样。战争一起,外人的工厂,是无法可以迁移到海外去的。所以外人在华设厂,不但可以加增我们平时的生产,还可以加增我们战时的生产。第二,工厂的所有权,是时常变换的。商务印书馆,原来有日人的资本一半;亚浦耳电器厂,原来是德人创办的;荣宗敬在抗战前所辖的九个纱厂,第二厂原来是日人的恒昌纱厂,第七厂原为英人的东方纱厂。沧海变桑田,原来是日人的、德人的、英人的工厂,经过相当的时期,也会转变为纯粹华资的工厂。

所以外人在华设厂是不足畏的。我们欢迎不平等条约取消之后,中国的法律管得到境内每一个人及每一个法人的时候,外人继续来华设厂。

# 相关研究补编

# 工业化过程中的资本与人口[*]

一

我们提倡工业化的人,其中心的愿望,就是想以机械的生产方法,来代替古老的筋肉生产方法。机械的生产方法,其效率超过筋肉的生产方法,事实摆在目前,实在太清楚了,不必多来讨论。不过机械的生产方法,还是手段,我们想达到的目标,还是高水准的生活程度。一个国家里的人民,其生活程度的高下,当然受很多原素的影响,但其中最重要的原素,莫过于生产方法。生产方法的优劣,决定工人的生产效率。生产效率的高低,影响工人的生活程度。在今日的中国,如想提高人民的生活程度,决不可忽略生产方法的改良。

所谓生产方法的改良,从另一个角度看去,就是增加资本的供给。机械是资本中最重要的部分。假如我们把各种不同的机械,都以金钱来计算,那么每个工人所能控制的资本的多寡,就可表示机械化的深浅,也就可以表示生产方法的优劣。一个中国乡下的

---

[*] 原载《观察》第 3 卷第 3 期,1947 年 9 月 13 日。

铁匠,他所控制的资本,或者说,他所利用的工具,其价值是很低的,所以他的生产效率也随之而低。在美国一个钢铁厂中,每个工人所控制的资本,也就是说,他所利用的生产工具,其价值是很高的,所以他的生产效率也随之而高。我们再从农业中举一个类似的来说明此点。一个华北的农民,他所控制的生产工具,如锄、耙、犁、镰刀,等等,其总值是有限的,决不能与美国农民所利用的曳引机、播种器、收割器等相比;因此两个国家农民的生产效率也大有差别。这种差别,是影响生活程度的主因。

美国的资源委员会,曾根据1935年的统计,算出在每项实业中,美国每个工人所能利用的资本,其数目如下:

| 实业名称 | 每个工人所能利用的资本(单位:美元) |
| --- | --- |
| 公用事业 | 11,900 |
| 矿业 | 8,700 |
| 农业 | 3,900 |
| 工业 | 3,700 |
| 劳务供给 | 3,700 |
| 商业 | 2,000 |
| 平均数 | 4,600 |

一个工人,专靠两只手,其生产的能力,是有限的,但是在两只手之外,如以资本来协助他,那么他的生产能力,可以加增若干倍。英国矿业工人的生产能力,与别个国家比较,算是高的,但在美国工程师的眼光中,以为英国矿业中,犯了资本不足的毛病。换句话说,英国的矿业,特别是煤矿业,机械化的程度还不高。现在英国的煤矿业,共用709,000工人,每年产煤18,200万吨。假如英人能在煤矿业中,再投资2亿镑,那么只要用45万工人,每年便可产煤25,000万吨。每一个煤矿工人,在投资之后,其生产

效率,可以提高一倍。工业化与资本的关系,这些统计已经替我们说得很清楚了。

## 二

我们无妨借用美国的统计,来算一下中国工业化中所需要的资本。假定中国的人口为45,000万人,其中就业的人数为40%,即18,000万人。此18,000万就业的人,如每人给以4600元的资本以协助其生产,即需资本总量8280亿美元,此数等于美国1940年的国民收入10倍以上,或1945年的国民收入5倍以上。

此庞大的资本需要,几乎可以说是无法满足的。此项资本的来源,不外两途,一为靠自己储蓄,一为向国外借贷。但中国因为大多数的人都是贫穷的,所以储蓄的力量很低。根据中国农业实验所的报告,中国的农民有一半以上是欠债的。这些人不但没有储蓄,而且每年的消费,还超过其收入。他们以借贷的方法来补偿收入的不足,因而使那些有储蓄的人,不能以其储蓄来投资,而是以其储蓄借与他人,满足消费上的需要。在这种情形之下,如要靠我们自己的储蓄来满足工业化上的需要,不知要等到何年何月了。中国有储蓄的人占总人口的百分之几,我们无法知道。美国的经验告诉我们,每年收入在2000元以上的家庭才开始有储蓄。2000元以下的家庭,每年的消费,都超过收入。收入愈少的,欠债也越多。每年收入在500元以下的家庭,平均每年要欠债320元。收入在500元至1000元的家庭,平均每年要欠债206元。假如这种情形,也在中国发现,那么国内能够储蓄的家庭,其百分数一定是很低的。这些人即使勤俭度日,其储蓄所得,离我们的需要,真是太远了。

假如靠自己的储蓄,不能产生我们在工业化中所需要的资本,那么向外国借贷的希望又如何？诚然,在中国政治问题解决之后,向国外借贷成功的可能是很大的。但是我们的胃口太大了,没有一个国家,可以填满我们的欲壑。美国即使每年借10亿元给我们,10年也不过100亿而已,此与8280亿的需要比较,相差还是很巨的。

由于以上的分析,我们可以断言,在最近的两三代,我们即使朝野一心,努力于工业化,但是我们每一个工人平均所能利用的资本,其数目必远较美国为低,因而我国工人的生产效率也必然不能与美国工人比较。结果也必然是:我国工人的工资低,生活程度也低,决不能达到美国劳工的生活水准。

为说明这一点,我们可以从纺织业中举一个例子。美国现有棉纺锭2300万枚,但运用此庞大纱锭之工人只有70,000左右。中国现在的纱锭不过美国的五分之一,但纱厂中的工人却不只14,000人。朱仙舫先生在其《三十年来中国之纺织工业》一文中,假定中国以后要添置棉纺锭1000万枚,共需工人约200万左右。这个具体的例,说明中国的工人,将来也难希望控制像美国劳工所控制那样多的资本,以协助其生产工作。

在这种情形之下,我们愿意提出现在一般人所不愿讨论,或有意忽略的一个问题,那就是中国人口的量的问题。中国人口的量,与工业化所需资本的多寡,是有密切关系的。我们在工业化的过程中,需要资本那样多,完全是因为我们人口的数目太大。假如我们不减少人口而减少资本,那么我们工人的生产效率必无法与美国相抗衡,此点我们上面已经说明,不必辞赘。但是假如我们的人口减少,我们资本的需要也就减少了。假如我们的人口只有1亿人,其中有4000万人就业,那么我们的工业化,为想达到最高的效率,也只须资本1840亿美元,这是一个比较易于达到的目标。

英国以提倡社会安全出名的俾佛利支先生,曾有一篇文章,说明他的乌托邦的内容。他说,在他的乌托邦中,人口比现在要稍少些。他希望英国只有500万人,而中国则只有3000万人。假如中国只有3000万人,那是同汉唐时代的人口差不多了,我们的生活一定比现在要舒服得多,一切的问题也都容易解决了。不过减少中国的人口,使其退回到3000万人,不是短时期内所能做到的事,正如使中国人民,储蓄8280亿美元,不是短时期内可以做到的事一样。但是我们希望政府以节制生育为其人口政策,规定各地办卫生事业的人,凡在各地努力降低死亡率的人,都应同时努力,降低人民的生育率。换句话说,我们要各地的医生,把节制生育的各种方法传布到中国每一个角落。假如每一对成婚的夫妇,生育子女不得超过二人,则在目前的死亡率之下,将中国的人口降低为2亿人,其可能性要比储蓄美元8280亿要大得多。

## 三

我们现在愿再作进一步的讨论,即假定中国储蓄8280亿美元,是一件可能的事,再看此事对于中国工业化的影响如何。当然,假如中国境内,可以利用的资本有那样大,工人的生产效率一定可以达到很高的水准,因为他们的生活程度也可提高到很高的水准。

但是有一件事要注意的,就是中国的资本还没有发达到这个程度之前,就要发现中国国内的资源不够用了。在机械化的生产方法之下,农业、矿业以及利用国内资源从事制造的工业,其吸收就业人口的能力是有限的。譬如在机械化的农业生产方法之下,农业中大约只须要 1000 万的就业人口。假如土地不加增,而只加增农业中的就业人口,必然会降低农民的生产效率,因而降低他们的生活程度。在各种实业之中,只有工业,如能从国外获得原料,又在国外觅得市场,那么它的扩充,是不受国内资源所限制的。譬如我们如只利用国内土地上生长的棉花,也许我们只能设置纱锭 1000 万枚或 2000 万枚。但是我们如能从国外运入棉花,又能在国外觅得棉纱的市场,那么我们的纱锭,即使加至 3000 万枚或 6000 万枚,亦无不可。工业扩充到利用国外资源的阶段,则运输业、金融业、商业以及劳务的供给,都可以随之而扩充。英国就是走了这样的一条路。英国在 1907 年,其国内的生产,有 30.5% 是输出国外的,到了 1930 年也还有 22% 的生产品输出国外。他们的棉纺织业,可以说大部分是靠国外市场而生存的。在第一次大战以前,英国的布在国内市场中只能销去七分之一。纺纱所用的棉花,则完全来自国外。美国与英国,在这一点上,是大不相同的。美国的生产,只有 5% 是销往国外的。

假定资本不成问题,那么走英国的路,以提高庞大的人口生活程度,也未尝不是一个好的办法。可惜这条路并不好走。不好走的原因,除了资本问题撇开不谈外,国外市场早已有人捷足先登,我们这些后进的国家已难有插足的余地。即使可以插足,这种生活方式的危险性也是很大的,英国纺织业的没落,便是一个惊心动魄的例子。我们的纺织业,如生存在国外的市场上,则别国自己发展其纺织业,或另外一个国家来加入竞争,或输入国提高关税,或战事发生阻碍了交通,都可以给我们的纺织业以致命的打击。所以在天下还未一家的今日,工业的市场应当注重在国内,国外的市场只可置于次要的地位。假如这点判断是可靠的,那么中国工业所利用的资源,应当大部分由国内供给,其产品也应当以大部分在国内的市场中销售。在这种情形之下,工业吸收人口的能力,也就是有限制的,与农业矿业相同。

## 四

以上的讨论,意在说明在中国工业化的过程中,人口的庞大,以及资本的缺乏,为我们将要遭遇的巨大困难。这两种困难,也许是可以克服的,但需要相当的时日,而且还需要合适的政策。只要我们开始降低生育率,开始以资本来辅助劳工的生产,那么人民的生活程度总可以往上升的。可是上升的速度,不能期望其太快,而且在两三代之内,想赶上英美等国家,大约是不可能的。

八月二日于清华园

# 中国工业化的资本问题[*]

## 甲、本文

**吴景超**

现代生产与过去生产最不同的一点,就是现代化的生产,所需要的资本很多。在采集经济时代,一个人从他的岩穴中,跑到野地上去采集自然界所赐予的植物或小动物,身边是不带什么资本的。双手是他唯一的工具。人类自从以赤手空拳来打开生路的时候起,到20世纪为止,少说一点,也有50万年至100万年。在这样悠久的岁月中,他的物质生活的进步,完全有赖于资本的蓄积。到了现在,我们比较各国生活程度的高下,探索造成这种不同生活程度的原因,一定可以发现一条原则,就是每一个生产者所能利用的资本,其大小是决定他的生活程度一个最重要的原素。一个用牛耕田的人,与一个用曳引机来耕田的人,其所利用的资本,是有多寡之不同的。用牛耕田的人,其所利用的资本,没有以曳引机耕田的人所利用的资本多,因而前者的生活程度,也赶不上后者。谁能

---

[*] 原载《新路》第1卷第7期,1948年6月26日。

控制更多的资本,谁的生产力也就愈大,因而他的生活程度也就愈高。

从这个观点看去,提高中国人民生活程度的问题,也就是一个如何加增资本,扩大每一个中国人的生产力问题。

## (一) 中国工业化需要多少资本?

对于这个重要的问题,我们愿意提供几个答案。让我们用几种不同的方法,来计算一下,中国在工业化的过程中,需要多少资本。

第一个计算的方法,就是先开一个单子,胪列工业化的项目,然后对于每一项目,估计所需的资金。关于这一类的材料,我们所搜集到的,极为零碎。譬如安诺德(Julian Arnold)曾替我们计算过,中国需要新筑铁路十万英里,以每英里需美金5万元计算,共需美金50亿元。法理斯(L. M. Pharis)以为中国发电的设备,过于简陋,目前所有发电能力,不过70万瓩,但中国至少需要2000万瓩(美国有5000万瓩)。每瓦的建设费,在美国为350美元,中国因为人工便宜,可以每瓦275元计算。2000万瓩的建设费,应为美金53亿元。资源委员会曾有一个扩充棉纺织工业所需资金的估计。中国在战前计有纱锭500万枚,如再加增500万枚,共需美金5亿6000万元。像这一类的估计,我们所没看到的应该还有。假如每一估计,都出自专家之手,是很有价值的。可惜这种材料,只是片段的,把这些片段的材料加起来,得不到一个工业化所需资金的总数。

第二种估计的办法,是看我们在工业化的过程中,每年拟在农业中,抽出多少人来,使其转业。同时再看每一个转业的人,社会应该替他安排多少工作所必需的资本。有了这两个数目字以后，每年所需要的资金，便容易算得出来了。这种估计方法所根据的理论是简单的。任何一个农业国家，在其工业化的过程中，人口的职业分配，必然的要引起剧烈的变动。像中国这种国家，有75%的就业人口是集中于农业，而只有25%的就业人口分布于其他各种行业。工业化之后，此种职业分配必然的倒转过来，即就业人口中可能只有25%从事于农业，而其他的75%则从事于农业以外的生产事业。这种改变，不是短时期之内所能实现的，也许要50年，也许要100年。有人曾替我们计算过，假如中国的农业人口，从75%减为60%，中国的全国收益可以加增一倍。假如再从60%减至50%，中国的全国收益可以加增三倍。这种成绩的表现并不足奇，因为农业人口百分数的降低，就是工业化的一个象征，而工业化是必然的会加增全国收益，这是施诸四海而皆准的一条原则。

在工业化的时期内，我们对于转业的人数，愿意作两个假定，一为每年60万人，一为每年125万人。（此种假定的根据，参看拙著《论耕者有其田及有田之后》，见本刊一卷二期）对于每一转业的人所需的资本，我们也作两个假定，一为4600美元，一为47美元。这两个数目的距离，相差很大。4600美元这个数目，是美国的资源委员会计算美国在1935年每一就业人口所能利用资本的数目。47美元，是汪馥荪先生估计中国目前全部就业人口每人平均利用的资本。我们利用的资本，数目太低，所以我国工人的聪明才智，虽然天赋的并不比别人差，可是我国工厂工人的生产效率，照巫宝三及汪馥荪二先生的估计，只等于美国工人十九分之一，这种差别亟需改进，加增资本便是改进我国工人生产效率最基本的方法之一。

根据上面的几个数字,我们可以算出几个不同的答案。第一,假如我们每年使60万人转业,而转业的人,每人只替他预备47元美金的资本,一共只需美金2820万元。第二,假如我们还是使60万人转业,但每人要替他预备4600美元的资本,一共便要美金27亿6000万元。第三,假如我们每年使125万人转业,每人有47元美金可以利用,一共只需美金6015万元。第四,假如我们还是使125万人转业,但每人可以利用的资本,为美金4600元,则所需资金的总数,便为57亿5000万美元。

在我们批评这几个数目字之前,我愿意介绍美国一位经济学者斯丹莱(Eugene Staley)对于我国资金需要的估计。他的计算,是根据若干假定而来的。第一,他假定中国以后工业化的速率,等于日本在1900年以后工业的速率,第二,他计算自1900年起,每一个10年之内,日本在工业上的投资,总数若干。第三,他以此根据,来计算中国在以后40年内对于资本的需要。在把日本的材料应用到中国的时候,他曾根据中国的面积及人口加以修正。有些材料,他是根据中国的面积来加以修正的,如在铁路上的投资,中国的面积大若干倍,需要也就大若干倍。又有些材料,他是根据中国的人口来加以修正的,譬如面粉厂上面的投资,中国的人口多若干倍,需要也就大若干倍。根据他计算出来的结果,是中国在战后如实行工业化政策,则第一个10年,每年需要美金13亿元;第二个10年,每年需要美金23亿元;第三个10年,每年需要美金44亿元;第四个10年,每年需要美金51亿元。

斯丹莱的估计数字,有一点是极有趣味的。在1943年正月,翁文灏先生,曾在重庆有一公开演讲,谓中国战后为推行一个五年建设计划,共需资金约为战前国币300亿。此300亿资金,应于前四年内支付,每年平均须国币 75 亿元,约为美金 23 亿元。此项估计,与斯丹莱估计我国在战后第二个 10 年每年需要的数字相同,也与我们上面假定每年 60 万人转业,每个转业的人需要 4600 美金的总数 27 亿 6000 万美元,相差无几。

所以,我们就假定在最近的将来,如要实行工业化,每年需要资金 23 亿美元罢。

## (二) 中国能够供给多少建设的资本?

在 1942 年,我曾根据不甚完备的资料,估计中国在战前用于经济建设上面的款项,约在 5 亿元左右。这个数目,我以为在下列的条件之下,是可加增的。

第一,假如我们能够改良税制,特别是田赋及所得税等,那么每年中央及地方的收入,应可加到 20 亿元,假定政府分配预算时,能更注意于经济建设,以收入 20% 用在这个上面,则每年便可有经济建设经费 4 亿元。

第二,假如我们能改进国内的生产,使国民每年在衣食住各方面的消耗,都可自给而无须外求。又假定我国对于入口货品之种类能略加管制,使入口货物中,70% 皆与经济建设有关,则每年我国在国外市场 10 亿元的购买力,可以有 7 亿元用于经济建设。

第三,假如政府能设法使国人的储蓄,能尽存入国内的银行,使储蓄数量,由战前平均之每年 5 亿元,增至 10 亿元。又假定政府对于人民投资的途径略加管制,使每年的剩余资金,有 70% 投资于经济建设事业,则从国民总储蓄中,每年可有 7 亿元用于经济建设。

以上三项合计,每年用于经济建设的款项,可达18亿元,较过去每年之5亿元,超过三倍以上。

这个18亿元的估计,因为方法不甚严密,所以我常希望有人出来矫正它,希望有人根据比较精确的数字,作一个更可靠的估计。但是这种希望,至今还没有满足的机会。丁忱先生,曾把刘大中、巫宝三两位先生对于中国全国收益加以检讨,而假定战前1931至1936年之平均全国收益为250亿元之当时国币。同时他又假定国民储蓄为全国收益的4%,即战前国币10亿元。我所希望达到的建设资金,为18亿元,等于全国收益的7.2%。根据各国的经验来说,平均国民所得高的国家,也是储蓄能力最大的国家。以每一个国家的历史来说,当它的全国收益上升的时候,储蓄的百分数也越高。以中国人民的穷困,及全国收益总额之低而言,则每年储蓄的百分数,只能在5%左右,是不足为奇的。但储蓄的数量,是颇富弹性的。一个穷的国家,在强迫储蓄的压力之下,其所储蓄的百分数,可以比一个富的国家在普通状态下所储蓄的百分数为高,苏联的经验可以说明此点。不过目前如想中国人民自己的储蓄,可以达到每年美金23亿,亦即等于战前国币76亿,亦即等于全国收益的三分之一,恐怕是办不到的。假如一定要做到这一点,则已在饥饿线上徘徊的中国民众,非要再降低生活程度不可,这不是讲人道主义的人所愿意提出的主张。

因此,我们以为中国以后经济建设所必需的资金,无妨用两种方法筹集,即向国内募集,同时也向国外募集;即利用本国的资本,同时也用外国的资本。这是一条使中国在最短期内工业化的捷径,我们应当在这条途径上多想办法。

## 乙、讨论

### 丁 忱

（一）我认为在讨论工业化的资本问题的时候，我们不仅须注意如何筹集更多的资本，如何求最大的资本积聚，以加快工业化的速度，而更应注意这积聚资本的负担，究竟落在社会上哪一部分人的肩上，工业化的利益究竟又为社会上哪一部分人沾享得最多。前后两种考虑可能是冲突的。日本的工业化，论速度，的确值得羡慕；论利益，几乎却为少数人独享了。这两种不同的考虑，应该决定一个先后，然后根据这先后的标准来决择筹资的方法。例如英国在拿坡仑战争之后，政府债台高筑，而这些公债，几全部为富人所有，同时政府又以消费税来还本付息。这样加速了英国的资本积聚，对于整个的工业发展有莫大功效。但是，多数人的血汗，肥了少数的有钱人。这种情形，我们不得不留神。

（二）以往中国的资本积聚大部分假手于社会上两个阶层。一种是农村里的地主，一种是都市里的买办资本和官僚集团。因为这两种人的收入最大，除消费之外，可能有储蓄的。而大多数的劳动大众，自顾衣食尚不暇，哪来余力积储。但是这两种人对于积聚资本，都没有良好的成绩。一部分收入挥霍在豪华的享受上，一部分窖藏起来了。在平时窖藏收入，从整个社会的立场说来，是一种浪费，毁灭社会上一部分购买力，如果同时没有新购买力制造出来，用诸投资，则整个社会就少了一部分资本积聚。更要不得的是买办官僚们把资本送到国外去。当这批资本逗留在国外时，就简直等于把中国老百姓辛勤的产物，白送给洋人去消费。这种事实应该令我们警惕。

（三）景超先生根据美国资源委员会和汪馥荪先生估计的两个资本数字，和两个假定的转业人口数字，得到四种不同的答案。汪先生的数字既然是中国目前全部就业人口每人平均利用的资本，而工业化过程中，生产机构的资本深度必然会加深，那么，就以汪先生的数字作为转业人平均所需用的资本数量，则结果一定是偏低的。如根据美国1935年每一工作者所应用的资本值来估计又必然偏高。因为景超先生所假定的转业人数说明了他想象中的工业化不是很快的。同时中国的节储能力也限制了工业化的速度。

（四）在生育率和死亡率都高的中国，任何有关工业化的估计，不得不把人口的变迁计入。生育率的降低，往往在死亡率开始下降之后，在这段相差的时间之内，人口的数量可能有大量的增加。因此不但转业的工作者需要新资本，新工作者也需要新资本。

（五）至于斯丹莱先生的估计，实在颇成问题。他所假定的某种投资与人口，某种投资与土地面积的绝对关系，实可怀疑。例如政府建设项下的投资，交通和农业的投资，很可能与人口的数量有密切的关系。农业投资即使按土地面积推算，也应该是可耕地的面积，而非全部土地的面积。此外，中国人口增加的速率，真会如日本在20世纪初叶一样的快吗？这些都是问题，我们如果把他的假定略略修正，所得的结果，可能有百分之二三十的出入。

（六）对于资本的供给方面，景超先生指出了三个来源。我以为银行信用的扩张，也应该列为重要来源之一。缓和的物价上涨，对整个工业化的进行是有益的。当然，如果用这种方法筹资，银行应该全部国有的。

（七）我同意景超先生的主张，估计工业化的资本需要，最好由专家把个别建设计划加以估计。在没有这种精细的估计时,我个人却偏好从估计资本的生产率入手。这是一个技术问题,在此从略了。

**谷春帆**

中国工业化资本需要数目及可能筹集数目,在目前几于无可估计。需要数目之大小与假想中工业化范围之大小成正比例。若不先决定将来工业化计画之范围,吾们即无法估计其需要。在工业化的初期,决不能希望一步就与美国相比。所以根据美国每一就业人口利用资本之数目,而假定每一中国人从农业转入工业也需要4600美元资本,显然是过高的。反过来,根据中国目前全部就业人口,每人平均利用的资本额47美元,而以为每一个中国人由农业转入工业,也只消配给资本47美元,又显然太低,并且失去工业化的意义。因为中国就业人口平均资本之低,正为大多数人是农业人口,大多数资本是农业资本之故。假使工业化的目标,使每人工业人口的资本仍与农业人口的资本相仿,则工业化也就无从谈起了。

三十三年在重庆时我曾经大胆假拟过一个中国工业化五年计画。我假定只有必需的(私人不愿意即刻举办的或不便举办的)几种工矿事业水利交通兵工由国家来办。估计最低限度需要的资金。至于可能希望由私人资本自行举办的企业,我没有估计在内。同时对于农业改良的资本(除去水利灌溉以外)也未曾估计在内。照此范围估计最低限度五年计画需要如下:(百万元)

| | | |
|---|---|---|
| 工矿事业 | 战前国币 3050 | 美金 1525 |
| 水利灌溉 | 500 | |
| 交通 | 1297 | 1148 |
| 兵工 | 1000 | |
| 预备费 | 1487 | |
| 总计 | 7334 | 2673 |

照以上数目折合美金五年共需约美金 51 亿,平均合每年 10 亿。但是这种估计出入很大,决不是一二人所能凭空推测。所以我很后悔不该太草率发表。我觉得现在与其大家随便推测估计,还不如约集各方面专家,真真好好来从头估计一回(当然先得确定一个范围),比较更切实用。

至于中国可能自筹的建设资金。我也曾估计以为五年之内,至多可筹措战前国币 9375(百万)元,合美金 3125(百万)元。外币部分当时亦有一估计。现在事隔数年,情势全非。但根据美国联邦准备银行月报,去年年底中国存在美国银行之款尚有 229.9(百万元)。这还是短期的。长期的投资如股票之类不在内。如建设开始,逃亡的资金肯流回,加上可能的日本赔款,华侨汇款中可能的部分储蓄,也许可凑一相当数目。但这些估计,皆以积极实行工业化为前途。所以国家的财政政策、租税政策、国际贸易政策、土地政策以及就业与消费政策,皆以极端筹措资金为前提。假使这种假定的政策不成立,则我曾根据 1912 至 1938 年进口机器价值,求其每年增殖趋势,仅为 5,518,969 镑,约合 2000 余万美金,尚系连外国投资在内。如只算中国本国资本之增殖率,则每年约仅 700 万美金。这是纯任自然的趋势,自然谈不上工业化。见拙著《中国工业化通论(商务版)》。

景超先生 18 亿元可用资金的估计方法,我不大详细。他提到战前储蓄平均每年 5 亿元,并希望国人储蓄能尽存入国内银行使其达到每年 10 亿元。我想指出战前银行存款年增 5 亿元,并非即系人民有 5 亿储蓄。可能其中竟无或甚少人民储蓄。假使真有储蓄,倒也不必定要存入银行,方能作为工建资金。

**汪馥荪**

吴先生的《中国工业化的资本问题》，最主要的地方，是在估计中国工业化过程中资本的供给和需求。因此我们的讨论，也想集中在计算的方法和逻辑上面。

从资本的供给说，吴先生所估计的18亿元，实在是一个极含糊而重复的东西。拆开这18亿元，第一笔是政府自课税收入中提出的"建设经费"4亿，第二笔是人民的储蓄10亿中拿去投资的7亿，剩下来的7亿，吴先生说是入口货物10亿中70%的资本物。我要指出，吴先生所估计的中国资本供给量，实际上只有10亿，那是第二笔——人民的储蓄量。因为只有储蓄才真正是投资所需的"经费"，而这一笔"经费"才真正构成资本。吴先生说政府在税收中提出4亿作为建设经费，我们要问，这一笔钱是不是要老百姓扣住不用方能得到？老百姓的收入中扣住不用的正是他的储蓄，那在理论上已经包括在第二笔的数目里面，当然不能再算。其次说入口有7亿是"和经济建设有关"的资本物，要知道这7亿资本物并不是从天上掉下来的，而是要拿东西去换的。如果拿米去换，那末国内吃的米，总值就少了7亿，那依旧要老百姓扣住一点花。扣下来的一笔钱，正是拿去买外国输进来的机器以及一切"和经济建设有关"的东西的。中国国民储蓄可能增至多少？超过10亿或者不及，那是另外一个问题。我们不能忽略的，是估计中国资本的可能供给量，只有从国民的储蓄入手，像吴先生那样的估计方法，不但概念模糊，而且可能给我们一种和事实不符的印象。

其次，就资本的需求而言，吴先生估计的四个数字，实际上是两个极端的组合。我不明白吴先生为甚么采用这种下手的方法？

是不是中国就业人口手中的资本除了最高的4600美元和最低的47美元以外,再不许有其他的选择?吴先生说翁文灏先生估计的数字,和他的第二个估计近似,所以他偏好他的第二估计。如果吴先生除了赞成翁文灏先生所估计的资本数目以外,并且赞成这一笔数目用途的分派,那么,吴先生本身的四个估计,都显得是多余的,两个数字的近似,只可以说是巧合。如果不是这样,如果吴先生觉得他的第二个估计,有独立存在的理论和根据,那末吴先生给我们的印象,似乎是中国工业化的发展和理想,要和美国一模一样。也就是说,美国自1910至1930年农业以外的就业人口,每年平均增加60万人,我们工业化初期每年也要转业60万人,美国每一就业人口所能利用资本的数目,是4600美元,中国初期转业的人,也必需有这种装备。我怀疑吴先生为什么要那样厚待他们,而把其他占绝对大多数的丢开不顾,说句比较武断的话,单单每年有60万幸运儿,要工业化,行吗?

**刘大中**

在工业化的过程中,所需资本的供给,自然是一个极重要的问题。在读毕景超先生这篇文章以后,笔者想提出下列几点意见,供大家讨论。

(一)用过去我国每年资本形成的数值,去约略代表我国将来可能自动供给的资本数值(Voluntary savings or investment)自然不失为一种办法。但是估计我国过去每年的资本形成数值,几乎是一件不可能的事。(至于资本形成应当如何估计,为什么我国过去的数字无法估计,我们留在最后一段中略述。对于这种技术问题没有兴趣的读者,可以把这最后一段略去。)

(二)我们虽然不知过去资本形成的确数,但是大家都同意,这个数值一定极小,在经济繁荣的年度是一个很小的正数,在衰微的年度是一个不至于太大的负数。所以在分析工业化问题的时候,我们可以假定人民可能自动供给的资本数值是零(在工业化的前夕和头一两年)这种假定离事实必然不远,于分析结论的正确程度也必无太大的影响。所以要想工业化,我们就不能不用强迫的法子,或是利用外资。

(三)按景超先生所提出的数字,在工业化的初期,我们每年需要 23 亿美元的资本形成。我们的全国总生产值,在正常的状态下,也不过 85 亿美元。要从 85 亿中省出 23 亿来,除去采用极高度的累进所得税以外,我们恐怕还必须直接限制消费(如定量分配等)。不过,我们就是把所有的法宝都使出来,23 亿恐怕仍是得不到。要想极力少用外资的话,除了用通货膨胀一法外,更无其他途径。政府可以用印钞票的办法,银行可以用扩充信用的方式,投资到建设性的企业中去。

(四)提到通货膨胀,大家难免头痛。其实,用通货膨胀去建设,和用通货膨胀去战争,完全是两回事。为经济建设的目的而行轻度的膨胀政策,在不久的将来,物资的供给就会因建设而加多,膨胀的趋势就可遏止。为减轻这种上涨的速率和缩短上涨的期限起见,我们在工业化的初期应集中精力在消费工业的建设上,把资本投到纺织、机械化农业、食品制造业、皮革业等范围中去。在全国总产值提高、人民所得增加后,自动的储蓄一定会增加,我们就可再打重工业的算盘。这似乎是比较合理的步骤,但与现在一般的见解恐不相同。主张先开发重工业的人所持的理由,恐怕不完全是经济方面的。

(五)达到每年 23 亿美金资本形成的困难,不在这总数之不易筹措；用强迫性的办法（包括轻度通货膨涨），这是办得到的。实际的困难，是在这23亿中不能自制的工具器械那一部分。这一部分是必须进口的。我们即或把同值的出口货产生出来，外国并不一定会买——出口是无法强迫的。我们只有两个法宝来应付进口超过出口这一部分。一个是征用人民在外的存款和资产；凡是无决心办这件事的政府，就是误国害民的政府。第二个是利用外资。我们似应尽可能的把外资数目压低到这必不可少的水准上——在所有的法宝都用完了以后。

我们现在讨论一下资本形成值的估计方法。在这篇文章中，景超先生以战前用于经济建设的款项，来约略代表我国每年聚集资本的能力；然后又用赋税、进口和银行存款可能增加的数量，来代表我们资本形成能力可能增加的程度。这自然是因为我国统计资料缺乏，不得已而采用的一种方法。

如果要正式估计过去每年资本形成的数值，我们可以从投资或是储蓄方面入手；用这两种方法所得的结果自然相同。每年中投资和储蓄的基本关系如下：

（政府总支出−税收）+私有国内投资+对外投资=私人储蓄+企业储蓄

政府总支出和税收是指本年度的数字而言；其他各项是指在本年度中增加的数值而言，这些项目在本年中如有减少，它们前面的符号就应当是负的。

在政府总支出中，有些项目是无永久性的服役性质，而不是资本形成性质，所以应当除外。我们的基本关系可以写成下列形式（在下式中，投资与资本形成的意义相同）：

因为:政府总支出＝政府资本形成＋政府其他支出
所以:本年度资本形成总值

＝政府资本形成＋私有国内投资＋对外投资

＝私人储蓄＋企业储蓄＋税收－政府其他支出

第①式指出从投资方面计算资本形成值的方法。我们须要知道本年度公有和私有厂房、建筑、器械和存货的增加,以及国外投资的数目。除最末一项勉强可从国际收支表中估计外,估计其他各项所必需的数字,在我国绝不存在,连概数都无从猜度。

第②式指出从储蓄方面计算资本形成值的方法。税收一项勉可估计。从我国政府的预算和决算表中(就算所公布的数字相当精确——这自然是说梦话)我们无法把投资支出和"其他"支出分开。

估计私人储蓄,我们可从两方面下手:(一)从私人所得减去消费和赋税支出。但是关于消费支出的数字太不完整,无法估计。(二)从本年度人民手中现款、银行存款、对外放债、有形资产、对外负债等项的变动中估计(例:假如现款增加10,存款减少2,不动产增加6,存货减少5,对外负债减少1,本期人民储蓄就等于10)。有关这些项目的统计数字,在我国是泰半不存在的,所以无法猜度。

计算企业储蓄也可以从相似的两方面着手,所需的资料更多,更是无法估计或猜度。

估计我国过去的全国收益(即普通所谓"国民所得",这个名词无论从逻辑上或是从自外国名词 National Income 翻译上来看,都是不妥当的,在此我们不谈),已是极困难的工作,所得的结果已是极不可靠的了。估计其中的资本形成部分,困难还要加倍,结果更不可靠——简直不可靠到完全无用的程度。这步工作实属劳而无功,以后似可不作,我们以后似应把我们的时间和精力用在搜集将来的新数字和资料上,使我们有估计将来资本形成值的可能。

**蒋硕杰**

景超先生在前面的大作中对中国工业化所需要的资本和我国可能供给的资本作了一个初步的估计。我对于这方面的统计数字从来没有加以精密的研究,对吴先生的估计自然无法作"量的"批评。但是我对吴先生大作中的估计方法却愿贡献一点意见。

中国工业化所需要的资本总额及每年之需要额并没有客观的标准。这需要的大小完全看我们所打算达到的工业化的目标和达成这目标的时限而定的。所以一切关于中国工业化所需要的资本的估计都只是条件的而不应看做绝对的。

吴先生所举的资本需要的第一种估计方法自然需要我们先确立一个类似苏联的五年计划的工业化的全盘计划,然后才能算出每年及全计划期间所需要的资本。

吴先生所举的第二种方法仍然只能给我们一个条件的估计。就是我们须预先决定每年计划从农业抽出多少人来和每人给他装配多少资本,才能决定每年所需要的资本数额。吴先生对转业人数作两个假定:一为每年60万人;一为120万人。这两个似乎没有什么根据的假定相差竟达一倍以上。对于每一转业者所需要的资本,吴先生根据美国每一就业人平均所利用的资本数额及中国目前每一就业人平均利用的资本估计作两个假定(即4600美元及47美元)。这两个假定相差几达百倍。以上四个假定组合起来我们可以得四个答案。但是这些答案究竟有什么意义呢?我们果真必需每年使60万人或120万人由农业转至工业吗?转业的人果真每人必需47美元或4600美元的资本吗？尤其成为问题的是以后每年转业的人数和每一转业人所需要的资本仍旧应该继续不变吗？这是我们读后不由而发生的疑问。据我个人的看法，这几个问题的答案都应该是否定的。

根据经济学原则，资本与劳工的最适当的配合比率应该使资本及劳工之边际生产力的比率恰好等于资本及劳工之使用价格（即利息与工资）之比率。（参阅本刊第四期刘大中著《社会主义下的生产政策》）。以中国这样缺乏资本而拥有过剩的劳工供给的国家，在开始工业化的时候自然应该尽量的节省稀少而成本高的资本，而充分利用丰富而低廉的劳工。否则尽管从技术方面看效率较高（每一工人之产量较大），但是用经济的眼光来看仍是不经济不合算的。所以在工业化开始的时候就要使每一工人有美国工人平均所利用的资本数量是非常不合理。美国的生产事业何以如此的高度资本化是因为资本的供给经过多年的日积月累已经非常的丰富而劳工则感觉相对的缺乏，所以必需而且可能多方以资本代替劳工。中国的情形恰好相反。如果资本还没有蓄积起来，就算采用美国的高度资本化的生产方法，岂不等于舍低廉的生产因素而代以稀贵的生产因素吗？所以中国工业化的步骤应该是随资本之蓄积而逐渐提高各种产业中（包括农业）每一工人所利用的资本数额。不应一步登天似的使少数的工人先有与美国工人相等的资本设备而使大多数的工人仍旧辗转于几乎没有资本协助的原始生产方式之下。

在工业化的初期采取比较节省资本的生产方式还有一种意义。就是在高度资本化的生产方式下，资本之周转率较小，投资变成为成品平均所需要的时间较长。因为在高度资本化生产之下，资本大半投在经久的固定资本设备上和生产这些设备的设备上面。所以总资本额对每年成品产量的比率很大,也就是说在高度资本化的生产上的投资对于每年制成品产量增加的贡献率较小。反是,资本化程度较低的生产中,资本之周转率较大,亦即投资变成为成品的速率较大。所以中国的工业化如果要求其有迅速提高全国的生产水准及人民的生活程度的效果,也应当采取资本化程度较低的生产方式,同时应首先着重于消费品及接近消费品之工业的建设,不应好高骛远的先将目前可以应用的少额资本大部分都倾注在需要大量的资本的而距离消费品生产很远的工业上面,除非从国防的观点着眼我们有此必要。质言之,在工业化的初期我们宁愿向外国购买纺织机来开设纺织厂,不必自己大规模设厂制造纺织机;宁肯向外国购买机车开辟交通,不必自己设厂制造机车,等等。这样,同一数额的投资可以对全国的生产总额及人民的生活水准有较大的裨益。全国的总生产既然可以提高得快一点,那么以后的工业化所需要的资本也就比较容易在国内募集了。

  信笔写来,似乎多少超越了批评景超先生的估计方法的范围,但是以上议论明白的指出我们是无法武断的决定每一转业工人所需要配合的资本数额的。至于每年转业的人数也是无从武断的预定的。我们必需先知道我们每年能供给多少资本,方能决定我们究竟能够采取何种的工业化计划及每年应转业的人数。所以我们觉得先估计工业化资本之需要而后估计资本之供给似乎有"将车架在马前"之嫌。

  吴先生估计我国可能供给的建设资本约18亿元(战前币值)。但是吴先生对这估计还不十分满意。我一时也提不出更精确的数字来,但是愿意提出一个估计方法来和吴先生及其他同道来共同商榷。我觉得我国可能供给的用于建设的资本可以下列的恒等式推算出来：

全国总生产（即国内原则的国民所得）= 国内总消费 + 国内总投资 + 输出 − 输入

∴ 国内投资 = 全国总生产 − 国内消费 +（输入 − 输出）

从这个等式看来，我们可以知道我国每年可能用于建设的资本等于我国在充分就业下可能达到的最高的全国净生产总额减去全国人民（包括经常住在中国的外侨）所必需的消费，再加上我国可能维持的国际贸易上商品劳务的入超。

据巫宝三先生的统计，我国生产总额减去国内消费恐怕不能有多少的剩余。以 1936 年而论，全国生产所得（即国内净生产）约为 257 亿元，而同年国内消费达 253 亿元，相差仅 4 亿元（都以 1936 的物价作标准）。1936 是战前很繁荣的一年尚且如此，在其他生产较低的几年（1931 至 1935 之五年间）全国生产与消费之差竟没有一年不是负数的。经过长年的抗战与内乱之后，全国生产恐怕绝对不能达到 1936 年的水准。所以即令 1936 的消费数字还可以减削，这方面的希望实在微弱极了。我们在前面所以主张在工业化的初期，投资应求其有速效（即采取资本深度较低的生产方法），就是为着要想早一点使生产水准提高，使生产减去消费的余额能早日增加，或者至少使生产与消费间的亏缺能早日消灭的缘故。

至于商品及劳务的入超要靠什么来维持呢？我们只要画一个国际收入平衡表将所有的国际收支项目都列入，就可以知道入超需要哪些项目来维持了。

**国际收支对照表**

| 收　入 | 支　出 |
|---|---|
| 所得项目 | |
| 1. 商品劳务之输出 | 1. 商品劳务之输入 |
| 2. 外国旅客及政府在中国之支出 | 2. 中国旅客及政府在外国之支出 |
| 3. 华侨对国内汇款 | 3. 外侨对国外汇款 |
| 4. 中国在外国投资之利息及利润（包括外国政府公债利息） | 4. 外国在华之投资之利息及利润（包括外债利息） |
| 5. 其他(如外国对华各种捐款等等) | 5. 其他 |
| 资本项目 | |
| 6. 外国对中国之新长期投资，或中国在外国之投资之回调 | 6. 中国对外国之新长期投资或外国在华投资之回调 |
| 7. 外国在中国之存款及短期票据之增加，或中国在外国之存款及票据之减少 | 7. 中国在外国之存款及短期票据之增加，或外国在中国之存款及票据之减少 |
| 8. 外国对中国之赔款 | 8. 中国对外国之赔款 |
| 9. 金银之输出 | 9. 金银之输入 |
| 10. 纸币之输出 | 10. 纸币之输入 |
| 11. 其他 | 11. 其他 |

这表的收支两方必然是平衡的。所以商品的入超必需有其他项目上的收入超过支出来弥补的。可是其他的所得项目下恐怕难望有很大的盈余，其中最重要的一项即侨汇现在也大非昔比了。所以大规模的商品劳务的入超还得靠各项资本项目来维持了。

　　资本项目中最主要的收入自然还是靠外国的投资，但是我们不可忘记中国在外国拥有相当数额的资产。据魏德迈将军的谈话，仅在美国者已不下 15 亿美元。这些资产假使能使它向国内移转也可以成为我国工业化的资本来源之一。还有日本对我国的赔款也是不可遗忘的一项。最后我不可忘记现在我国民间藏有相当数额的美钞和港币。这些外钞是被人民宝藏着作为价值贮藏的工具的。一待国内经济政治都稳定下来，人民就不需要用外钞来做储蓄的工具了。那时外钞自然会流向外国，也可以成为入超的一种抵补。

以上我只不过提出一个估计的方法而已。因为手头资料缺乏，无法作一严密的量的估计。不过资本的供给确是我国工业化的关键问题。既然已经有景超先生出来倡导，我想我们社会经济研究的同人应该大家合力做一个精确可靠的估计。

## 丙、总答复

**吴景超**

（一）我写了《中国工业化的资本问题》之后，送给好些朋友去看，请他们批评，蒙丁忱、谷春帆、汪馥荪、刘大中、蒋硕杰诸位先生供给我许多宝贵的意见，非常感谢。

（二）这一次的讨论，得到一个最重要的结论，就是估计中国能够供给多少建设的资本，须采用严密的方法。

在这一点上，刘蒋二先生贡献的意见尤多，我对于他们的见解，完全同意。不过有方法而无统计资料，还是产生不出答案。因此，我们希望以后政府及民间的研究机关，对于有关资料的搜集、整理及公布，应该多花一点精力。假如对此问题有兴趣的人，都能朝这一个方向共同努力，也许不久的将来，我们便可对于中国的资本形成，作一可靠的估计。

我对于战前国内资本形成的估计，就是因为国内可用的资料有限，所以不能照刘蒋二先生所提出的方法进行。而且战时后方所能参考的书籍无多，所以估计方法所根据的理论，也有欠缺的地方，不过汪馥荪先生所批评的一点，我想还要声辩。汪先生以为政府建设经费，已经包括在人民的储蓄之内，此点我不同意。汪先生是研究全国收益的专家，我愿意提出下面一个假设的全国收益内容分析表，来讨论这一点：

| | | |
|---|---|---|
| 1. | 全国生产总值 | 180 |
| 2. | 除去折旧等支出 | 10 |
| 3. | 全国生产净值 | 170 |
| 4. | 除去商业赋税 | 15 |
| 5. | 全国收益 | 155 |
| 6. | 除去企业储蓄 | 5 |
| 7. | 私人所得 | 150 |
| 8. | 除去私人赋税 | 15 |
| 9. | 私人可以利用的所得 | 135 |
| 10. | 除去私人储蓄 | 15 |
| 11. | 私人消费 | 120 |

上面这表内，第四项及第八项，为政府的收入。政府在这些收入中，在理论上讲，是可以提出一部分来，作为投资之用，而成为公有资本的。假如它这样做，那么公有资本的形成，并不与第六项及第十项的企业及私人储蓄重复。假如政府从第四及第八的收入中，以之支付平常开支及投资，还感不足，而以严行公债的方法来弥补，然后我们才应由第六及第十两项中，减去公债发行的数目。除非公债把这两项储蓄完全吃去，我们决不能说，政府的建设资本，已包括在人民的储蓄之中。

（三）关于资本的供给方面，丁忱先生以为银行信用的扩张，也应列为重要来源之一，刘大中先生对于此点，更有发挥。在中国没有达到充分就业时这当然是一个可以利用的方法。丁先生又提到乡村中地主的窖藏,可加利用。我在1942年,写那篇《经济建设与国内资金》时,也曾提到"许多乡下地主豪绅,其剩余资金,并未存入银行",因此我在另外一篇文章中,曾提议"在各县各乡都设立银行的机构,使一切节衣缩食的人都能把他的盈余存入银行之内,只有在这种金融网完成状态之下,全国人民的剩余资本才能全体动员,用于生产事业之上。否则有一部分资本一定会冻结在老百姓的箱里或地下,对于国家的建设是一严重的损失"。(拙著《中国经济建设之路》页83)谷春帆先生说"假使真有储蓄,倒也不必定要存入银行,方能作为工建资金",也许他忽略了在中国储蓄可以变为窖窖藏的一项重要事实。除了乡下人的窖藏之外,蒋硕杰先生又提到"我国民间藏有相当数额的美钞和港币",这种城里人的窖藏,诚如蒋先生所说,只要国内经济政治都稳定下来,是可以变为建设的资本,用以成为入超的一种抵补的。此外,谷、蒋、刘三位先生,都指出中国逃亡在外的资本,如加以利用,也可成为我国工业化的资本来源之一。谷蒋二先生都提到此项资本的数目字,但因为根据不同,所以相差很大(2亿2000万与15亿)。不管实际数字如何,这是一笔可以利用的资本,自无疑义,问题是在用什么方法,可以使这些逃避资本重返祖国,这是一个实际的问题,值得仔细研究的。

(四)关于资本的需要方面,我所供给的数目字,只是表示用各种方法所能得到的数字。数字的本身,只是一种参考,一种尺度,并不代表客观的需要,也不代表主观的企求。特别是我根据转业人数及每人所需资本数目而得到的几套数目字,只是表示"取法乎上"与"取法乎下"两个极端的情形之下,我们对于资本的要求。至于将来真正建设的时候,对于资本的需要,大约是一个政权的意志的表示,与我那几套数目字,也许根本无关。不过私人的猜度,以为任何政权的决定,总会落在那最高与最低数字二者之中的任何一点。

（五）刘大中与蒋硕杰先生,对于中国工业化的过程中,应当注重轻工业抑重工业,都有详细的讨论。他们的意见是一样的,就是中国应当先发展消费品工业,也就是一般人所谓的轻工业。从提高人民生活程度的立场去看,这是无可非议的。中国过去对于这个问题的讨论,在抗战以前是一个阶段,那时大家都注意于人民生活程度的提高,而且实际也是朝消费工业方面发展。抗战发生之后,大家的观点都有改变,再加以俄德二国昭示的榜样,抗战所加于我们身上的痛苦经验,使得大家都觉得国防没有巩固之前,人民的生活是无保障的,因此一般的见解,认为中国应当先发展重工业,虽节衣缩食,亦所愿为。抗战胜利以后,这个问题似乎已在论坛上退隐,不成为注意及讨论的焦点了。我很高兴刘蒋二先生不约而同的提出这个问题来,希望以后可以有再加讨论的机会。

（六）最后我要补充一点,就是关于资本的需要,并不限于生产工具一方面。生产工具的加增与改良,诚然可以提高我们的生产力,因而这一方面资本的形成是必需的。可是另一方面,生产工具,必须有生产经验及劳动技术的人去使用它,才可以发挥效力。有了火车头而没有开火车的技工,有了炼铁炉而没有炼铁经验的工程师,结果生产还是无法进行,在工业化的过程中,对于人材的培植是必需的,因此而加增的投资也是必需的。生产工具是我们有形的资本,而经验技术则是我们无形的资本;但是这种无形的资本,也须花去有形的金钱,才可以产生出来。这一笔资本的筹措,是在任何工业化的计划中所不能忽略的。

# 战后美国的资本会来中国吗?[*]

## ——一月二十六日在西南实业协会星五聚餐会讲

## 一、我国对于资本的需要

战后我国将从事于经济建设,已为举国一致的公论。经济建设需要若干资金,虽然也有人讨论过,但还没有人能够提出大家可以承认的数目字。美国的朋友对于这个问题也是很注意的。他们对于我国战后所需资本的数目,零星的估计常散见于报端。有一位铁路专家说是我们如要建筑铁路 10 万英里,应用美金 50 亿元。又有一位电气事业的专家说是我们如想建设 2000 万瓩的发电设备,便需美金 53 亿元。这两个项目不过是《中国之命运》中所列建设目标七十款的两款,已经需要美金 100 亿以上。假如把其余的六十八款都请专家估计一下,其所需要资本的总数一定是惊人的。好在《中国之命运》中所列的目标,是预定在相当长的时期内完成的,每年所需的款项也许并不太大。

去年代表国际救济总署来华考察的斯丹莱博士曾著一书,论

---

[*] 原载《大公报》(重庆版)1945 年 1 月 27 日,第 3 版。

战后如何发展经济落后的国家。他对中国经济建设所需的款项曾有一个有趣味的估计。他曾根据日本在 1900 年至 1936 年的投资数目,算出日本在本世纪内每个十年中的投资额。假如中国在战后的每个十年,其投资的程度与日本过去的相仿佛,则以中国土地之大、人口之多,在第一个十年应投资 136 亿,第二个十年应投资 231 亿,第三个十年应投资 449 亿,第四个十年投资 510 亿(均以美金计算)。这个数目字,可与翁部长前年在中央训练团中所提出的数目字相比较。据他的估计,战后我国的经济建设在第一个四年内应用国币 300 亿(战前币值),即每年用 75 亿元。此款如折合美金等于 20 亿元(战前汇率)。此项估计,与斯丹莱博士所拟我国战后第二个十年每年应投资的数目相合。为讨论的方便计,我们可以暂时采用这个标准,即战后我国在经济建设上每年应投资合美金 23 亿元。

这样多的资金,大约不是在国内可以筹集齐全的。

前年我在赴美之先,曾做了一点小小的统计,证明我国在战前用在建设上的款项不过 5 亿元,假如我们在各方面努力一下,这个数目可以加至 18 亿元。在美国与好些朋友讨论这个问题,刘大中先生对于此事曾有长期的研究,贡献意见最多。据他的计算,我国在战前的资本形成约在 12 亿元左右。假如我们在各方面努力一下,这个数目可以加至 44 亿元。折合美金,等于 13 亿元。我们都承认这种估计是根据若干假定的,是否与事实相符很难自信。别人可以有别人的意见,我们决难请其一定要采用这个数目字。现在我们假定战后我国的经济建设需要 23 亿元美金,而我国国内可能供给的资金只有 13 亿元,需要与供给相差便有美金 10 亿元。

这 10 亿元美金,是我们要在国外想法的。

## 二、美国的剩余资本

利用外资来帮助我国战后的经济建设,现在已经成为国策。外资的来源虽然不限于美国,但在战后美国将成为全世界剩余资本的主要来源,已无疑义。所以我们对于利用外资一问题,应当特别注意美国。

美国战后的剩余资本,有好几个重要的来源。

第一是美国战后的各种剩余设备。在过去的几年内,美国因为扩军的缘故,设备加增了许多。只以工业设备而言,加了 219 亿元。在这个数目中,有一部分是厂屋,对于外国是无用的。但是厂屋中的设备,如机器之类,对于外国是有大用的。美国现在造飞机的设备,每月可出飞机一万架,战后国内对于飞机决无此大量的需要。又如前年美国所造的船只,大小共计 1900 万吨,此数超过了美国平时所有商船的吨位很多。在战后美国决用不了这样多的造船设备。又如制造机器的工具机,美国在战前每年出产的价值只有 2 亿元,1942 年所造的工具机在 13 亿元以上。这些扩充的机械设备在战后是否可以充分利用,大成问题。诸如此类的例,不胜枚举。他们的多余,正可以补我们的不足,所以美国国内的剩余设备是我们应当预为调查考虑的。

第二是美国战后的各种剩余物资。现在美国政府每年向各工厂定制货物,数目是很大的。美国政府的定货常是为六个月或一年以后用的,所以战争一旦停止,美国政府所把握的物资,可供近代战争六个月之用。这种物资的价值,各人估计不同,但有一个时常被人引用的数目字是 500 亿元。这 500 亿元的物资,其中有一部分在太平时代是毫无用处的,如炸弹大炮之类。但是有好些物资,如机器钢铁之类,不但作战有用,就是平时也有大用的。这些剩余物资一部分散在各战场,一部分存在各码头的货栈里。分散在各战场的物资,美国决不会将其再行运回本国。就是存在本国货栈里的物资,美国的企业界并不希望政府都在国内销售,因为如将此大量的剩余物资在国内市场上销售,那么制造这些物资的厂家一定大受影响,新制的货品一定要减少销路,因而发生失业的恐慌,所以我们很可在此时便去研究,看看美国政府将来剩余下来的物资有哪些是我们可以利用的。

第三是美国战后的大量储蓄。美自1939年起至1943年止,私人储蓄总值885亿元,公司储蓄总值155亿元。公司的储蓄还没有把折旧的基金计入,如将折旧的基金355亿元一并计入,则公司可以动用的储蓄共计510亿元。这样巨大的储蓄如不投资于再生产,则国民收入的总数将发生萎缩之象,经济界中的不景气必然光临。关于如何利用这些储蓄,各家的意见不同。有一派人提议根本改良分配的制度,使富人的收入减少,贫人的收入加增。因为贫人的收入多用于消费,而富人的收入则多流入储蓄,所以分配制度改良之后,储蓄的数量自然减少,因而替剩余资金找出路问题也不致如今日之严重。另一派人主张政府以增税及发公债的方法吸收这些储蓄,来办公益事业,如修理河道、改良都市、电化农村之类。还有一派人则注意于国外投资。他们提议战后美国投资国外的数目,人各一说,自60亿至15亿不等。对于中国应当投资多少,还没有人给过一个数目。在战前,美国在国外的投资约自100亿至120亿元,其中在中国的商业投资尚不及2亿元,毫不重要。但许多人觉得战后的中国,从投资的立场看去,其重要性倍增。美国前副总统华莱士在其来华之前曾发表一长文,建议战后美国每年借给亚洲各国20亿元,年息3厘,以为复兴及建设之用。此项建设借款可以连续五年。假如这种建议能为美国各界所采纳,则中国每年在此数目中分得一半,即10亿元,应当是合乎情理的事。

## 三、需要与供给能配合吗?

从客观条件看来,美国资本既如此之雄厚,每年在中国投资10亿元,以促成中国的经济建设计画,在美国实为轻而易举的事。不过美国在战后会来中国投资吗?我们的需要,美国是否愿意尽力使我们满足呢?

这不是一个简单的问题。当我与美国的朋友讨论这个问题时,他们提出很多的质问,譬如中国的技术人才是否够用呢?中国自己能够筹集若干资金来配合外资呢?中国的法律对于外资是什么待遇呢?中国政府有什么保证对于外资将来不会没收呢?中国于外资利用后的还本付息有什么把握呢?

这些问题都可以想法回答,回答也可使对方相当的满意。但是有一个问题,是每一个对于中国关心的朋友都要问,而我们的答案不易使他们疑团尽释的,是战后我国的国内和平与秩序问题。他们常问:日本败了之后你们自己是否还会生内乱呢?共产党的问题是否可以和平解决呢?我们尽管说不会内乱,尽管说共产党的问题会和平的解决,美国的朋友总会带怀疑的心情,好像是问:"你说的话果真可靠吗?"

我们的答称是否可靠是另一问题。但有一点是可靠的,就是假如我于外患消除之后还再发生内乱,那么美国对于中国的同情,经过了八九年的对日苦战换来的,一定会完全丧失。美国的资本又不会流入我国,决不会来帮助我们的经济建设。

经过了将近两年的在美研究,使我深信战后我们是否可以得到美国资本的援助,其主要的关键看我国是否战后能真正的统一。假如这一点做到了,别的问题都是次要的,都可迎刃而解。在欧战将终的前夕,我们关怀中国的命运,不得不对于目前的民主统一运动寄以热诚的期待!

# 美国资金的出路问题[*]

## 一

穷的国家愁资金没有来源,富的国家愁资金没有出路。我们以为资金缺乏的问题难于解决,而美国人却在那儿为资金没有出路着急。

假如资金没有出路,不过是资本家少拿几块钱的利息,那么美国的政治家、经济学者、实业家、舆论界,也不致为它日夜操心。根据他们的看法,这不是少数资本家的问题,而是与全国人民的生活程度有密切关系的一个大问题。

如想了解这个问题的性质,我们先得研究国民收入的来源与去路,然后进而探询,假如资金没有出路,国民的收入会受到什么影响。一个国家的国民收入,是集合一切生产者所得的薪资、利息、红利、租金而成的。这个总的国民收入,在美国与其他的国家一样,有三条出路。一是人民的消费,在国民收入的总数中占一大部分。二是人民贡献给国家的赋税,在平时赋税占人民的收入的

---

[*] 原载《大公报》(重庆版)1945年2月4日"星期论文",第2版。

百分数较低,在战时则颇高。三是储蓄,就是人民于消费及纳税之后所存余下来的钱。第一第二两条出路,最后依然会变成薪资、利息、红利或租金,流回到人民的口袋中,成为第二个时期的国民收入。第三条出路,相当复杂。假如一个社会里面,这一部分的人所积下的款项,另一部分的人把它全部借去,或者用于消费,或者用于投资,那么第二时期的国民收入并不低于第一个时期。换句话说,前后两个时期的国民收入是相等的,因而不会有人失业,也不会有人降低其生活程度。但是,假如一部分人所积下的款项,没有人借去消费,也没有人借去投资,这些钱都停滞或冻结在储蓄银行里面,或者别的金融机关里面,那么第一个时期的人民一定有一部分失业,因而国民的收入必定较低于第一期。资金没有出路,便会造成这种恶果。

这个道理,我们可以用另一个方法来说明。我们可以择一任何时期,分析一个社会里面的就业者,便可以发现形形色色的活动,一部分人在那儿种田,运米,织布,开饭馆。这些人之所以能够维持其职业,所以能够维持其收入,就是因为人类有消费的需要。另外有一部分的人,在那儿办公民教育,维持治安,改良市政,上衙门办公。这些人之所以有职业,是因为有一个政府,在那儿征收赋税,而以赋税之所得,来雇用他们办理这些事业。另外又有一部分的人,在那儿造铁路、建工厂、制机器。这些人之所以能够有工作做,有薪资或红利等收入可拿,是因为有人在那儿投资。假如投资的活动一旦停止了,那么造铁路建工厂制机器的人都要失业,都无进款。他们既没有进款,就不得不降低其生活水平,减少其消费,于是种田的人受影响了,开饭馆的人也受影响了,甚至于因为生意不好而关门,而连带的也要失业。推源究始,都因为投资的人停止了投资,今年积下来的资金第二年没有好好的把它在再生产上加以利用。

## 二

用这个理论来观察美国的事实,是真有可以令人着急的地方。美国自从1870年以后,在繁荣的时期,人民的储蓄常占国民收入的12%。假如把公司的储蓄以及折旧基金等计入,那么储蓄的总数常占国民收入的20%以上。国民收入的总数愈大,储蓄的能力也愈高,因而储蓄所得的资金也愈雄厚。在1940年以前,人民的储蓄每年总达不到100亿,近年生产力大增,人民的收入加增,因而1943年的储蓄便达330亿,加上公司的储蓄,便有500亿左右。在战时,这些储蓄可以为政府吸收,用在作战的上面。战事一旦停止,谁来利用这笔巨大的资金呢?根据1921年至1938年的经验,美国每年的投资平均只有170亿,还有300余亿元的出路在哪里?

假定美国在战后的人民收入是1500亿,其中有400亿是储蓄起来了。如美国人没有方法去利用这400亿元的储蓄于各种投资,那么第二年的人民收入便会降至1100亿。这在美国人的脑海中,是一件可怕的事。因为这400亿元如不设法辟一出路,就有若干人要失业,要失去收入,要降低其生活水平,美国的人民是不愿意看到这一天的。

## 三

解决的方法在什么地方呢?

有好些人举出统计,证明储蓄是富人的一种活动。美国在1935年至1936年间,有59%的家庭共收入在1250元以下,不但没有储蓄,反而还要欠账。收入超过1250元以上的家庭,其储蓄的多寡,与收入成正比例。收入在1250元至1500元之间的,储蓄只等于收入的1.9%。收入在2万元以上的,储蓄占收入50.8%。美国有92万个家庭收入在5000元以上的,其储蓄的总数等于全国人民储蓄的79%。根据这一类的统计,便有人提倡增加下等社会人民的收入。他们的收入加增,上等社会人民的收入自然减少,结果是消费加增、储蓄减少,资金出路的问题根本便可消灭。但是实行这种主张却很困难。增加下等社会人民收入的方法,不外加增工资。不问工人要求加增工资是否可以成功,即使成功了,资本家还可用加价的方法,把加增工资的负担转嫁到消费者的身上去。结果是工人不见得受到实惠,而富人的收入依然丰厚如故。

第一条路既然不见得走得通,于是便有人提倡利用政府征税的工具,把社会上的资金集中到国库里,以之举办许多公益的事业。罗斯福总统初上台时,所谓新政便含有这种意义。这些人主张办的事业,包括的范围很多,如改良都市中的住宅,取消贫民窟,整理全国交通,疏畅河流,防备水患,电化农村,保存土壤,社会保险及社会福利各种设施。他们虽然也主张向国外投资,以提高全世界人民的生活,但是他们的着眼点,还是国内大众的福利。利用政府的力量来提高人民的生活水平,乃是这般新政拥护者所企图的。但是他们在国内所遇到的阻力是很大的。这种阻力之大,使我们敢判断,这一派人的主张,在战后数年内恐怕无成功之可能。阻力的来源,自然是美国的企业家以及美国传统的自由经济思想。企业家反对政府增税,反对政府直接参加生产的工作。传统的自由经济思想,反对计划经济,反对统制,反对政府来干预人民的工商活动。这一派的主张在美国现在最占上风。

这些自由主义的实业家，在战时也组织了好几个团体，研究战后如何可以维持国民收入的水平，如何使战时生产停止之后还有别的工作，可以使人民安居乐业。他们想发展新工业，利用新技术，开辟新资源，来利用民间日在加增的资金。过去有好些工业，在他们初起时，成为社会上资金的最大出路，如铁路汽车等事业，都曾完成过这类的使命。美国的企业家，希望飞机、无线电、传真等新工业其吸收资金的能力等于过去的铁路及汽车。新技术的发现，可以使那些利用旧方法的工厂，因不能竞争而关闭。建筑新的工业，制造新的机器，便需要新的资金。此外如以铝镁代钢铁，以玻璃代木料，以人造品代自然品，都需要新的投资。这是在国内投资的新途径，与新政拥护者的思路大有不同。对于国外投资，这些企业家是很注意的，不过他们的出发点，并非提高后进国家人民的生活水平，而是加增他们自己投资的收入。美国的资金太多，活期存款无利息可得，别种存款的利息也很薄，国内兴办事业的利益，除少数例外，不过数厘以至一分左右。但如投资到资金缺乏的国家里去，可以赚大钱、获厚利，所以美国有二三千家大的公司对于国外投资是极感兴趣的。他们都认为战后在国外投资是解决美国过剩资金的一条重要出路。

根据这点分析，我们可以看出，战后我国在经济建设上，大量的利用外资，真是利己而且利人的工作。我们有接收美国资本的需要，而美国也有在国外投资的要求。如何使这两个国家的提高人民生活水平问题，在互通资金的有无中解决，乃是我们这些主张国际经济合作者的责任。

# 社会主义与计划经济是可以分开的[*]

——陈振汉《混合制度与计划制度中间的选择》
讨论意见

陈振汉先生所考虑的问题,我近来也曾想过,并且曾以研究所得,写成一文,名为《计划经济与价格机构》,在《社会科学》五卷一期中发表(本年12月底出版),所以有许多话,不在这儿重说,现在只提出一点来与陈先生讨论,就是社会主义与计划经济是否不可分。

计划经济并非社会主义带来的。埃及在金字塔时代曾实行过计划经济,秘鲁的英格斯民族曾实行过计划经济,法西斯主义的德国曾实行过计划经济,资本主义的英、美,也实行过计划经济。所以如果有人说计划经济是社会主义的产物,那是一种错觉。当然,现在推行社会主义的苏联,是采取计划经济的,但我们不能由此推论,将来所有实行社会主义的国家,也必须采取计划经济。

计划经济是达到某种目标的最好手段。假如一个国家准备作战或正在作战,为使生产事业与战事的需要配合,俾能早日获得胜利起见,最好采用计划经济。假如一个国家,在建设的过程中,得不到外资的帮助,又想在短短的10年或20年之内,完成别国以30年或50年完成的工作,则必须在高速度的累积之下,储蓄资本。

---

[*] 原载《新路》第2卷第5期,1948年12月11日。

为完成这个目标,也需要计划经济。但是这些目标,并非就是社会主义的目标。社会主义的目标,照陈先生所说,为"取消私有财产"及"平均分配所得"。这两个目标,第一个无人否认,第二个大成问题。在社会主义的国家中,大家都只有劳务的收入,而没有财产的收入。但在劳务的收入之中,还可以有高低多寡之不同。在理论上,正统派的社会主义者,是赞成此种不同的;在事实上,苏联人民的收入,也是有高低之不同的。但是社会主义的目标,除取消私有财产之外,据我的了解,还有"提高人民的生活程度""社会主义并不是要大家贫穷困苦,而是要铲除贫穷困苦,要给社会全体组成员造成丰裕和文明的生活"。

在财产公有的状况之下,社会上便没有不劳而获的人,大家都只有劳务的收入,大家都靠自己的本事吃饭,而不是去剥削别人来吃饭,这是社会主义在道德上超过其他主义的地方,但这是无须计划经济便可达到的,苏联达到这个目标的时候,还没有用计划经济。在社会主义之下,地租归公,利息归公,利润归公。这些收入,都可以用于增加人民福利的事业上去,而不可能为少数特权阶级所浪费。国家有了这些收入之后,除开预算上的支出以外,余下来的都可以移交国家银行,应付旧有生产事业及新兴事业的需要。在这种安排之下,陈先生所提出的困难,似乎都不需计划经济便可以克服。

如陈先生所说,在社会主义之下,生产者非以追求最大利润为目标,而系以服务消费者为目标,因此政府要给生产者以陈先生所提出的那三条法则,以为生产的标准。虽然如此,因为消费型态的变动,利润还可以产生,但这不足为病。在社会主义之下,利润不是一件可怕的东西,因为它是归公的。苏联不是还有计划的利润吗?社会主义下的生产者,虽不追求利润,但如利润还是自己来了,那便是对于生产者一个重要的指示,要他扩充生产。另一方面,社会主义下的生产者,虽不追求利润,但也不求亏本(除非政府接受民意机关的要求,对于某项生产事业,令其出售产品时,定价在成本以下,亏本由政府补贴),所以如果因为市场上的需要减少因而亏本了,那又是消费者对于生产者的指示,要他紧缩生产。这种陆续的扩充与紧缩,以适应市场上的需要,处处有待于价格机构的指示。只要我们维持价格机构,需求自有其平衡之道,而且这种平衡的动力,来自整个社会中的消费者,不必设立机构,信赖少数人去从事平衡的工作。至于新技术或新机器的发明,在社会主义之下,因无私人专利权的阻碍,反较资本主义下易于推行,熊彼得(J. A. Schumpeter)论社会主义的优点时,特别注重此点,不必在此多加论列。

我个人假如有一种偏见,那就是在价值系统中,我同样的重视"经济平等"与"经济自由"。我一向的看法,深信社会主义可以使我们经济平等,而计划经济则剥夺了消费者的自由。只有社会主义与价格机构一同运用,我们才可以兼平等与自由而有之。计划经济限制人民的自由,并非一种猜想,而是客观的事实,凡是实行计划经济的国家,不管它奉行什么主义,都难免侵犯人民的自由,因此损伤了它的福利。实行计划经济的国家,必然要集中控制,必然要把生产因素的支配权,付托于少数人之手。这少数人假如是大公无私的,假如都如蓝道尔(C. Landauer)所说,在其决定生产品的数量之先,要先解决几十万个方程式,其结果也不见得胜过价格机构下所表现的成绩。万一此少数人别有用心,滥用其权利,逞其私意来支配生产因素,则其对于人民大众所产生的祸害,真是不可胜言。人类不要轻易放弃其自由。到今天为止,我们还没有看到一个制度,其保护人民消费自由的能力胜过价格机构。所以我不愿意看到社会主义与计划经济联姻,而愿意它与价格机构百年偕老。

# 计划经济与价格机构[*][①]

## 一

苏联的生产工作,是遵照预定的计划进行的。这种计划,是如何制定的? 计划经济下的生产,与别种国家中的生产,有何基本不同之处? 它对于人民生活上,发生什么影响? 像这一类的问题,以及其他类似的问题,是研究苏联经济的人所想得到解答的。在回答这些问题之先,我们想考证一下计划经济这个概念的起源。

有人追溯计划经济的起源,到古代的埃及,以及秘鲁的英格斯族(Incas of Peru),[②]这当然是有理由的,但与苏联的计划经济,并无直接的关系。苏联立国的理论,根据于马克思的学说,所以我们如想发现计划经济的理论根据,应当在马克思的文献中去搜寻。远在1848年,马克思与恩格斯合著的《共产党宣言》中,第一次提

---

[*] 原载《社会科学》第 5 卷第 1 期,1948 年 10 月。
[①] 此为拙著《苏联经济与美国经济》的一章。(此书未见出版。——编者注)
[②] 关于英格斯族的计划经济,可看 G. P. Murdock, *Our Primitive Contemporaries*, Ch. 14。

到工业及农业的生产,应当依照计划。① 在《资本论》中,以及马克思与恩格斯的通信里,也偶尔提到计划这个名辞。② 但是计划的内容,应该包括些什么,计划的产生,应当遵照什么步骤,马克思都没有说明。因此,我们可以下一断语,就是马克思对于社会主义别的方面,虽然贡献甚多,但是对于计划经济一点,他是没有什么贡献的。

海耶克(F. A. von Hayek)对于计划经济这个名辞,曾做过一番考据。据他的研究所得,最初用计划经济这个名辞的,是德国的经济部长维塞尔(R. Wissel),时间是1919年的5月。③ 这点考据,假定他是正确的,也与苏联的计划经济无关。我们有好些证据,可以说明在1919年,苏联政府里的要人,已有好些人在计划经济上用心思了。

这些要人之一,便是托洛斯基。④ 他于1920年,在第三次全苏联职工代表会中发表演说,便主张苏联需要一个经济计划,包括全国各地以及各产业中的活动。这个计划,要包括好几年,其中主要的有四部分。第一部分是关于交通、粮食、原料及燃料的。第二部分,关于机器的制造,而以火车头为中心。第三部分,也是关于机器的,但是这些机器,是用以生产必需品的。第四部分,关于次要个人用品的生产。梅兰德(John Maynard)认为托洛斯基的计划,在实行五

---

① 在《共产党宣言》中,马克思与恩格斯,曾提出各国的经济生活,应即改革的十点,其中的第七点为:"Extension of factories and instruments of production owned by the State, the bringing into cultivation of waste lands, and the improvement of the soil generally in accordance with a common plan." 此为马恩二氏著作中,最早提到计划之处。

② 最显著的例,如《资本论》第一卷第90页及第二卷第196页,(支加哥 Charles H. Kerr & Co. 版本)及马克思于1868年正月八日在伦敦写给恩格斯的信,见 *The Selected Correspondence of Karl Marx and Frederick Engels 1846 –1895*, p. 232。

③ F. A. von Hayek, *Collectivist Economic Planning*, p. 32.

④ 关于托洛斯基与苏联计划经济的关系,看 John Maynard, *The Russian Peasant*, p. 244。

年计划之前八年便已提出,可谓有卓异的先见。不过在托洛斯基提出他的计划时,批评他的人是很多的,斯大林便是其中之一。他写信给列宁,批评托洛斯基同他的计划,称托洛斯基为中世纪的手工业生产者,这两个人的明争暗斗,在这样早的时候,便已发生了。

列宁对于计划经济的兴趣,发生于托洛斯基的演讲以前。在1919年,格列临夫思奇教授(V. I. Grinevetsky),出版了一本新书,名为《战后俄国工业的展望》,在这本书中,他叙述了俄国战前工业的状况,并且设计了一套战后发展的蓝图,以电气化为中心。这本书的作者,假定俄国在战后还是继续维持资本主义的体系的,对于共产党人,有好些不客气的批评,但是列宁发现这本书中的建议,有许多是可以采取的,所以在1922年,他还允许这本书发行再版。[1] 电气化的观念,列宁是否完全从此书得来,不得而知。不过列宁在读了这本书之后,曾与许多工程师商讨如何实现书中所论及的电气化问题。在1920年2月,他组织了一个全国电气化委员会,包括国内教授及工程师200人,草拟一个电气化的计划。委员会的报告,于同年内完成,对于煤业、石油、钢铁及电力等的生产,都有一个10年至15年的计划,而以电力的计划为中心。到了1921年的2月,全国电气化委员会,改组为国家计划委员会。苏联的计划经济组织,到了这个时候,才算确立。[2]

---

[1] 关于列宁与格列临夫思奇的关系,看 H. W. Laidler, *Social-Economic Movements*, p. 397。

[2] 讨论苏联五年计划的书很多,下面几种均可参考:1) A. Baykov, *The Development of the Soviet Economic System*, 1947. 2) J. Marschak, (editor) *Management in Russian Industry and Agriculture*, 1944. 3) R. H. Blodgett, *Comparative Economic Systems*, 1944. 4) M. Dobb. *Soviet Economic Development Since 1917*, 1948. 在本文的第二节里,关于苏联计划经济编制及实施的办法,大致采用上列各书的资料。

二

苏联国家计划委员会的组织,过去经过好多次的变动。现在的计划委员会,属于行政院,委员长是阁员之一,委员共有 11 人。附属于计划委员会的,有一评议会,共 90 人。委员会的工作,分为综合设计及分业设计二种。综合设计共分四处,分掌计划大纲、新建设、金融及各区生产计划。分业设计共分 26 处,每处负责某一重要物资的设计,如燃料、木材、食品之类。国家计划委员会的附属机关,共有两套,一套是地方性的,一套是事业性的。地方性的附属机关,也就是散在各地方的设计机构,自盟员共和国或自治共和国往下而至省区及县市,在每一层的地方行政组织中,都有一个设计机构,下级的受上级的指挥,各共和国的设计机构,则受国家计划委员会的指挥。事业性的附属机关,自中央的各部起。苏联管理生产的部,是很多的,在第二次战争胜利的前夕,还有 28 部,每部负责管理某种物资的生产,如飞机部、造船部、煤炭部、石油部等等。部之下分处,处之下有托辣斯,再下则为生产单位。自中央各部起,到直接生产的单位止,每层组织中,都有设计的机构。苏联的设计人员,其总数是相当庞大的。在国家计划委员会中,约有工作人员 1000 人。俄罗斯共和国的设计机构,有工作人员 900 人。各部中的设计组织,以过去的重工业部而论,其中负责金属品设计的便有 30 人,经常与国家计划委员会中计划金属品生产的人发生联系。

经济计划的先决问题,为目标之决定。在某一时期之内,应当生产些什么物资,每项物资其产量应为多少,须在计划之前有一清楚的认识。在苏联,对此重要问题的决定,并非国家计划委员会的职责。此种重要问题,系在共产党的中央执行委员会或中央政治局中决定,计划委员会则在接到此种指示之后,再进行细密的设计。在第一次五年计划制定之前,计划委员会曾将计划草案呈送中央数次,但都受到否决,理由是草案中规定的生产工作与党的政策不相符合。自1937年清党之后,计划委员会对于目标的设计,更不敢赞一词,一切都静候党的指示以后才开始作设计的工作。

计划的草拟,要经过好几道复杂的手续。计划委员会,于接到党的指示以后,即对于各种物资的生产作一初步计划。此项初步计划,于草拟成功后,即分两路送往下级机关讨论,一路自共和国下传至最小的地方组织,一路自中央各部下传至最后的生产单位。各地方组织及各生产单位,于接到此种初步计划后,即将其有关部分提出讨论,加以修正。修正的结果,呈送上级机关,经整理、综合之后,最后送回国家计划委员会。此项修正的计划,到了国家计划委员会之后,便成为两大套计划:一套是以企业的性质不同而分的,如钢铁业有钢铁生产计划,煤炭业有煤炭生产计划;另外一套是以地区不同而分的,如俄罗斯共和国有其生产计划,乌克兰共和国又有其不同的生产计划。这两套计划,内容不同,但彼此可以互相参考,互相印证,如各共和国的煤炭生产计划之和,应当与中央煤炭部的计划是一致的。国家计划委员会,接到下级机关送回的零星计划之后,即作最后的修正与综合,呈行政院决定,然后以命令分达各生产机关,作为他们生产的准绳。

各生产部门彼此的联系,为计划的中心工作。国家计划委员会,联系各生产部门的技术,便是制定各种平衡表,其中最重要的,为物资平衡表与货币平衡表。以一个煤矿来说,它必须制造一生产与消费的平衡表。在生产方面,它把某一时期内能够生产的吨数列上,在消费方面,它把那些需要它供给煤炭的企业及其所需的数量列上,这两方面的数字必须一致,因而是平衡的。根据这种原始的平衡表,整个的煤炭业也可制出一个平衡表出来,一方面表示煤炭在全国的生产量,一方面表示煤炭在全国的消费量。根据这种物资平衡表,便可产生一种货币平衡表,表示每一生产事业,在某一时期内,支出与收入的平衡,支出方面是生产的花费,而收入方面表示成品的售价。这些平衡表并非孤立的。每每一个部门的平衡表,是与许多部门相关的,譬如煤炭的生产,要与钢铁的生产平衡,钢铁的生产,又要与机器的生产平衡,而机器的生产,又必然的牵涉到许多部门。所以煤炭生产的数目字如要修正,连带的也要修正其他有关的数目字。所谓牵一发而动全身,很可以形容修改这种平衡表所发生的影响。

  生产计划制定之后,不过是工作的开始。各生产部门,如都照计划的规定生产,才表示计划的成功。苏联为贯彻它的计划经济起见,在设计机构之外,还有一套监督的机构,负责考核计划的推行。国家计划委员会散在各地的附属机关,固然时刻的在注意工作的进度,另外还有一个中央控制委员会,也是属于行政院的,其职务为监视各级机关,是否遵照中央的政令推行工作。在委员会内,共分二十处,每处负责考核某种重要的生产部门。它除在中央有这个严密的组织之外,在各共和国,在各省行政区域,也都有代表。

  考核的工具,第一种便是各生产单位的报告。报告是按期呈送的,有月报,有季报,有年报,在规定的表格上,要填写各种各式的资料,如出产品的数量及价值,投资总数,工人数目及其生产能力,流动资金数额,薪资总额及每级工人所得数额,生产成本及燃料,动力,原料的消耗。在1939年,重机器生产部,要所属的生产单位填写176种报告表,供给235,000种数目字。化学工业部需要172种报告,中型机器生产部需要180种报告。1940年,中央曾将报告的种类,减少40%至55%,但是余下来的数目还是很多,对于填表的人,是一种繁重的工作。

除了以报告来控制生产进度以外,国家银行还可以卢布来控制。凡是生产单位,都与国家银行有来往的。生产单位所制的货币平衡表,是国家银行控制生产的一种很好的工具。生产单位购买原料,发放工资,以及其他由于生产的支出,都要向银行支款。同时它的制造品,如已销出,也得向银行存款。假如一个生产单位,在某一时期内,只向银行支款,而没有款项存入,就是表示这个生产单位发生了问题,银行就得派人查究。所以某一生产单位,假如没有照着计划去生产,假如它在报告时做假,假如这一切的舞弊,都逃过了中央控制委员会的耳目,最后还是逃不了银行的控制,因为它假如不生产便无收入,无收入则银行的账面上便无法平衡,而这种不平衡的结果,是无法逃避银行记账员的注意的。

三

苏联推行计划经济,于今已有20年的历史。从表面上看去,苏联这种簇新的生产制度,是行得通的,而且还可产生相当的成绩。

斯大林于1933年报告第一个五年计划底总结时,曾说五年计划的基本任务有六:

"(一)五年计划底基本任务,就是要把我们这个技术落后,往往是落到中世纪程度的国家,移到新技术,现代技术轨道上来。(二)五年计划底基本任务,就是要把我们苏联由依赖于资本主义各国意旨的贫弱农业国家,变成为毫不依赖于世界资本主义意旨而完全独立的富强工业国家。(三)五年计划底基本任务,就是要在实行把苏联变为工业国家时,彻底排除资本主义分子,扩大社会主义经济战线,并造成经济基础来在苏联消灭阶级,建成社会主义社会。(四)五年计划底基本任务,就是要在我国创立一种不仅能把全部工业,而且能把运输业和农业都按社会主义原则改造改组过来的重工业。(五)五年计划底基本任务,就是要把散漫细小个体农业移到巨大集体农业轨道上,借以保证社会主义在乡村中的经济基础,并这样来消灭资本主义在苏联恢复的可能性。(六)最后,五年计划底任务,就是要在国内造成一切技术上经济上的必要前提来最高限度提高国防能力,以至于彻底打退所有一切外来的武装干涉企图,彻底打退所有一切外来的武装侵犯企图。"[①]在这六个基本任务中,我们以为最后的一个基本任务,就是提高国防能力的任务,乃是苏联推行计划经济的中心动机。假如一个国家,以为提高国防能力是天字第一号的重要工作,那么他就必然的要推行计划经济。希特勒的德国,曾因提高国防能力,而推

---

① 此段引自斯大林"第一个五年计划底总结",1933年1月7日在联共中央委员会和中央监察委员会联席全会上的报告,见《列宁主义问题》1946年版,第495页。

行计划经济。① 英美等资本主义的国家,在第二次大战时,也以提高国防能力为理由,推行计划经济。计划经济,是达到提高国防能力的最好手段,假如大家对于提高国防能力的目标已经同意,已经没有异议,那么采取计划经济是必然的归宿。② 可是,假如一个国家,认为经济制度还有别的功能,其重要性在提高国防能力之上,那么计划经济是否可以采取,便大成问题了。

我们现在再回看苏联,设法了解它在推行五年计划前夕的心情,因为只有了解这种心理,才可以了解它为什么要采取计划经济。苏联在过去是受惯别个国家压迫的,所以它对于别的国家,常怀一种怀疑与畏惧的心理,由于这种心理的主使,使得苏联的执政者,时时刻刻想提高国防的能力,以抵抗外力的干涉与侵犯。斯大林曾说旧俄罗斯的历史,就是一连串挨打的历史。"蒙古的可汗打过它。土耳其的贵族打过它。瑞典的封建主打过它。波兰和立陶宛的地主打过它。英法的资本家打过它。日本的爵士打过它。大家都打过它,就是因为它落后。……我们比先进国家落后了50年至100年。我们应当在10年以内跑完这个距离。或者是我们做到这一点,或者是我们被人打翻。"③

---

① W. Euken 曾有一文,分析德国的计划经济。对于德国为什么要行计划经济,曾作如下的判断:"It is agreed that the direction of economic life by a central administration came about in Germany mainly for purposes of war." *Economica*, May, 1948, p. 81.

② 美国政论家李普曼(Walter Lippmann)在其名著 *The Good Society* 一书中,曾分析各种计划经济,得一结论如下:"That, I believe, is where all planned economies have originated and must in the very nature of things originate. For it can be demonstrated, I am confident, that there is only one purpose to which a whole society can be directed by a deliberate plan, That purpose is war, and there is no other." p. 90.

③ 斯大林:《列宁主义问题》,第443—444页。

这是为抵御外侮而要加强国防能力的说法。它是保守的,是防御的,带有人不犯我,我不犯人,人来犯我,我必抵抗的意义。可是苏联加强国防能力的用意,还不只此。它还有一种更远更大的企图,那便是推动世界革命。在苏联当轴的眼光中,苏联的革命,共有三个阶段,十月革命以后,苏联的革命,便进入了第三个阶段,"目标是在一国内,巩固无产阶级专政,运用这专政作为支撑点,以便在世界各国推翻帝国主义,革命已经超出一国范围,世界革命时代已经开始。"①"十月革命底世界意义,不仅在于它是一个国家在冲破帝国主义体系这件事业中的伟大创始,不仅在于它是帝国主义国家汪洋大海中的第一个社会主义策源地,而且还在于它是世界革命第一阶段和世界革命继续发展过程底强大基础。"②"社会主义在一个国家内获得胜利,并不是一个自满自足的任务。在一个国家里获得胜利的革命不应把自己看作是自满自足的东西,而应看作是用以加速世界各国无产阶级胜利的助力和工具。"③苏联既然自己看作是加速世界革命的工具,所以在它的四周,即使没有强邻压迫它,它还是不能放下武器的,因为它的武器,还有在别国发生革命的作用。因此,苏联的经济制度,以计划经济来运用,加增国防力量的工作,不是短时期之内可以完成的,不是像英美等国,在第二次战争之后,便可废除计划经济体系的。它的计划经济,还要继续的推行下去,因为苏联的世界革命的使命现在刚刚开始,不知何年何月才可以完成呢。

---

① 斯大林:《列宁主义问题》,第89页。
② 同上,第157页。
③ 同上,第51页。

## 四

我们明了了苏联目前经济制度的功能之后,同时也可以明了苏联的价值观念,在这一方面,显然的与西方各国不同。经济制度从某一点看去,不过是一种工具。利用这个工具,来达到某项目标,其中包含着一个价值问题,也就是目标的选择问题。像斯大林所举出的五年计划基本任务,其中有好几点,在西方人士的心目中,实在是陌生的。这表示在西方人士的心目中,经济制度的功能并不在此。到底在英美人的眼光中,经济制度应当达到的目标是些什么呢? 在作战的时候,英美的人民也会毫不迟疑的说,经济制度应当协助作战,以加强国防力量、获得最早胜利为其主要功能。别种要求,都应当放在次要的地位。可是在承平时代,他们就不是这样看法了。有两位英美的经济学者,认为经济制度应当达到的目标有四:即全民就业、提高生活程度、减少经济的不平等及社会安全。① 这四个目标,合拢起来,可以说是只有一个,便是提高人民的生活程度。

人民生活程度的内容,就是对于货物与劳务的需要。满足这些需要的工作,就是提高人民生活程度的工作。在苏联草拟五年计划的时候,是否把这一点列为主要的目标呢? 我们不能说苏联的政府完全忽略了这一个目标,但是我们可以说,它不以这个目标为最重要,也没有把这一个目标首先提出来考虑。我们所以作此种结论的理由有二:第一,苏联的当局,在宣传五年计划的时候,并没有特别注重这一点,像上面所引的斯大林演说中,虽然列举了五年

---

① F. Benham and F. M. Boddy, *Principles of Economics*, p. 23.

计划的六项基本任务,但没有提到提高人民的生活水准是五年计划的基本任务之一。第二,苏联在编制五年计划的过程中,并没有考虑或者征求消费者的意见。五年计划的生产要项,是中央政治局决定的,在国家计划委员会把初步计划送给下级机关讨论时,参加讨论的人,都是以生产者的资格参加的。譬如煤矿工人看到上级机关规定他们每年要生产煤炭若干吨,他们参考矿中的生产能力,把这个数字加以修正,或者是加增,或者是减少,完全是站在生产者的立场说话的。他的消费者的身份,在讨论生产计划时,根本无表现的可能。所以整个计划的编制,是完全忽视了消费者的主权(Consumers' Sovereignty)。任何一种经济制度,假如忽视了消费者的主权,不让消费者的偏好来决定生产原素的安排及各种产品的数量,而想达到提高人民生活程度到可能的最高水准,那是做不到的。

可是一种经济制度,假如完全忽略了人民生活上的需要,是无法完成生产工作的。计划经济,一方面不以提高人民生活程度为其主要目标,一方面为使生产的工作可以顺利进行起见,又无法不理会人民的要求,这种矛盾在苏联是如何解决呢?侥幸的,苏联在开始实行计划经济时,是一个生活程度低下的国家,是一个大多数人民在穷困中过日子的国家。在这样的国家中,人民的初步要求,是免于饥寒,是基本的生物需要的满足。这种基本需要,因为有生物的基础,比较客观,彼此相差无几,因而也较易计算。譬如以基本需要中的食物来说,每一个成年男子,每年需要多少热力,需要多少蛋白质,需要多少矿质,是容易计算出来的。同样的,他每年需要几双袜子、几尺棉布,也是可以计算出来的。所以一个设计机关,假如负责去解决人民基本需要的满足问题,在设计方面,并无不可克服的困难。苏联的设计机关,过去对于人民需要的解决,所致力的,也只限于这方面。可是基本需要的满足,乃是提高生活程度的起点。假如人的生活,只是满足基本的需要而已,那么人之所以异于禽兽者几希。等到基本的需要满足之后,人类的文化需要,还是无穷尽的。这些需要,得由经济制度产生几千几万种的货品(每种货品,还要有不同的花色),以及几十几百种的劳务来满足他。这些货品与劳务,每种应当生产多少,才能达到供求适应的境界,那是超出了计划经济的能力所能达到的。① 这些需要,主观的成分极强。苏联将近二亿人民的主观要求,决非少数设计者所能窥其全豹。目前苏联设计者对于人民需要的供给,还是停留在基本需要的满足一个阶段,还没有进到文化需要的满足那个进一步的阶段。假如有一天,苏联走上了第二个阶段,我很怀疑,计划经济是否能胜此重任。

## 五

美国平时的生产工作,与苏联不同,大部分是在价格机构之下进行的。② 一切的生产单位,在它进行生产工作之前,有两套

---

① B. Wootton 在 *Plan or no Plan* 一书中,关于此点说得很清楚。他曾指出: "The higher the standard of living, the greater the probability that the choices of different individuals as to the most desirable lines of consumption will not coincide, and the greater, therefore, the chance that a decision which is authoritatively made will in any particular instance be other than that which the individual concerned would have made for himself." 见该书第63页。

② 关于价格机构下生产原素如何分配及生产数量如何决定,看 J. E. Meade and C. J. Hitch, *An Introduction to Economic Analysis and Policy*, Part II。

计算的工作是要做的,一方面它要计算生产原素的价格,一方面它要计算成品的价格。在完全竞争之下,这两套价格,是在市场中已经存在的。生产原素的价格是它所要付出的,而成品的价格则将成为它的收入。比较收入与支出,如果有利可图,生产的工作,便可推动。价格是一切生产计算的根据,没有价格的存在,生产事业便失去了指南针,它不知道哪些货品与劳务是应当生产的,它也不知道,在生产的过程中,各种生产原素,应当如何配搭。

价格不但指示生产者应当如何生产,它还可以指挥生产者变动已有的生产计划,来适应消费者变动的需要。假如消费者对于某种物品的需要已经减少,而供给的数量尚未变动,则该项物品的价格必然下跌,反是,假如消费者对于某种物品的需要已经加增,而供给的数量尚未变动,则该项物品的价格必然上涨。物价的涨落,影响到生产者的收入。它根据这种新的资料,必然要变更它的生产方针,来满足消费者的要求。在物价下跌的时候,生产者把原有的生产原素移出,以减少生产;在物价上涨的时候,生产者把外面的生产原素迁入,以加增生产。在这种情形之下,消费者无形的指挥生产原素的分配,以及某种物品或劳务生产的数量。所以在价格机构之下,生产是遵照消费者的意志而进行的。这种消费者的意志,乃是通过价格机构而表示出来的。在人类的文化史中,价格机构的发明,实在是一件可以大书特书的事。有了价格机构,人类的分工合作才可以顺利的、方便的、合理的进行。我们如以现在的情形,与价格机构出现前那种自给自足或以物易物的情形比较,价格机构带给人类的幸福,是显而易见的。

## 六

美国的生产工作,大体上是依照价格的指示而进行的。关于这一点,我们还要加以若干的修正。首先要提出的,就是美国人民有一部分需要的满足,已经划出于价格机构之外。由于各种原因,政府对于人民的某些需要,不肯假手于私人的经济组织,而是由公家挺身出来,负责使人民得到满足。最早由国家供给的劳务,为国防及国内治安的维持。和平与秩序,是大家都可享受的,不必由享受者出钱购买。后来交通及教育的一部分,如公路的修筑及初级中级教育的供给,也由政府担任。大家都可以不花钱便可利用公路,或送子弟进小学中学。在所有的物品与劳务之中,到底有哪一部分应由价格机构来决定生产与分配,哪一部分应脱离价格机构,由政府直接生产与分配,乃是美国当前经济组织中一个大的问题,不是短时期内可以得到答复的。这两种活动的疆界,也非固定的。在对外作战的时候,我们已经看到,价格机构活动的范围逐渐缩小,而政府活动的范围,则逐渐扩充。战争停止、和平恢复之后,价格机构活动的范围又恢复原状,而政府活动的范围,则大加减缩。这种变动,在政府预算的支出部分,表示得最为明显。不过即在平时,美国政府的活动,也有逐渐加增的趋势,以前本是价格机构自由活动的范围,已有若干部分移归政府管辖或受政府的管制。显著的例子,也可以举出几个。第一是关于社会安全的活动。以前每一个工人的工资,完全由价格机构来决定,现在则有最低工资律,不许工资跌到某种水准以下。其次,价格机构的活动,自工业革命以来,始终没有能够避免大规模的失业,每隔若干年,便会发生商业萧条的现象。失业的人数,少的时候,达到就业者10%,多的时候,达到就业者20%以上。价格机构的自己调节,既然不能避免大规模的失业,于是政府便以达到全民就业为其主要的功能之一,要以政府的力量,使国内的就业人数,在任何情形之下,达到最高的水准。1946年美国国会通过的《就业法》,就是想要达到这种目标。① 美国政府关于社会安全的努力,因为受了个人主义的传统影响,所以现在还赶不上英国。不过在最近十数年内,失业保险及老年津贴等法律都已通过。在这些方面,美国过去就是跟着英国跑的。美国的最低工资律及失业保险律,制定的时期比英国迟了20余年。再过20余年,美国是否也能通过像英国1948年实行的那种完善的社会保险法,不得而知,但可能性是有的。除了社会安全的各种立法之外,政府还有一种工作,也是为矫正价格机构所发生之流弊的,即一切影响所得分配的立法。价格机构,对于一切生产原素,给以市场上流行的报酬,结果使拥有财产的人得到巨大的收入,而在另一极端,则有一部分的劳工,其收入不能谋得一家的温饱。于是在一个社会之内,一方面是奢侈,另一方面是贫穷。这种缺点的根本解决,只有实行社会主义,但在资本主义的美国,也有补救的办法,即以所得税来举行再分配。因此,在美国的所得分配,须经过两个阶段。第一阶段为价格机构所产生的分配,即地主得地租,资本家得利息及利润,劳动者得薪资。第一阶段的分配,并不是

---

① 美国1946《就业法》的全文,在 A. H. Hansen 所著 *Economic Policy and Full Employment* 的附录中,曾完全载入,见该书第331—335页。

最后的。① 政府在这种所得之上,课以累进的税,而以税收的所得,为各种政务(包括货品及劳务的供给)的开销。其中有一部分的开销,如教育、社会保险等等,是可加增贫穷阶级之收入的。政府在举行重分配之后,富人的所得大为减少,穷人的所得略有加增。② 价格机构所产生的弊端,在分配方面,乃得到某种程度上的改善。

# 七

美国政府对于社会安全的努力,以及对于所得重分配的立法,并不否定价格机构。这些设施是承认价格机构的,只是对于它所发生的弊端,加以矫正而已。但美国的社会中还有一种势力,是价格机构活动的一个最大阻碍,使价格机构不能发挥其最大效用。此种阻碍,即为独占资本。

独占资本,因为可以控制某项物品的数量,所以能够控制价格。在追求最大利润的冲动之下,独占资本常能钉住价格于某种水准,因而产生最大的利润。独占者的价格,每较完全竞争下所产生的价格为高。此种高价政策,虽然对于资本家产生最大的利润,

---

① 严格说来,各生产单位,在分配所得之前,已向政府纳税。美国公司的利润,在纳税以后,每每只有纳税前的一半。或者不到一半。如1943年,公司的利润,在纳税前为245亿,而纳税以后只有103亿。假如政府不在分配前即令公司纳所得税及过分利得税,则资本家的所得将为更大的数目。战后公司所纳的税率较轻,但以1946年而论,公司的利润,在纳税前为210亿,纳税后也只余125亿。以上资料,见 *Survey of Current Business*, June, 1947, p. 10。

② 美国的一对夫妇,收入每年在3000元的,于1939年并无税,1942年要纳所得税340元。收入在100万元的,于1939年纳各种税共值69万元,1942年共纳税89万元。见 *American Handbook*, 1945, 第286页。

但对于社会,则产生三种不良结果。① 第一,高价使消费数量降低,因而使生产数量减少,因而使生产原素不能得到充分的利用。独占可以造成失业,即是此理。第二,高价使利润增加,因而使储蓄加增。在一个工业化还未开始的国家,或刚走上工业化的国家,储蓄加增是有利的。美国在19世纪的下半纪,便需要人民能够供给大量的储蓄。可是现在的美国,工业化已达登峰造极的境界,它所需要的,不是新事业的举办,而是繁荣的永久保持。它需要高度的消费,不需要高度的储蓄。独占者使储蓄数量加增,对于整个社会,反而发生不利的影响。第三,独占者因为减少生产,所以连带的也就减少了投资的机会。一方面是储蓄加增,而另一方面则投资的机会减少,最易引起商业的萧条,使劳动者陷入失业的深渊。

美国的独占资本,在农业、商业及劳务供给等部门,势力并不雄厚,但在制造业、公用事业、交通运输业、金融业、保险业中,影响之大,实为明显。我们可以举若干事实,来证明此点。② 第一,美国在以上所举的各项事业中,有30家大公司,于1935年,其资本都在10亿美元以上。③ 10亿美元的资本,到底大到什么样子,我们要有比较,才会懂得。现在无妨以这种公司的资本,来与美国各州的资产相比。美国的48州,至少有18州,全州的资产还达不到10亿元。美国公司中最大的一家,是都市人寿保险公司,资本达42亿,第二家为美国电话与电报公司,资本有39亿。这两家公司的财产,美国只有

---

① 关于独占资本的理论,看第236页注2。
② 关于美国独占资本的势力,可看下列数书:1) D. Lynch, *The Concentration of Economic Power*, 1947. 2) J. S. Allen, *World Monopoly and Peace*, 1946. 3) R. N. Owens, *Business Organization and Combination*, 1947, 文中所用资料,多见以上各书。
③ Gemmill 与 Blodgett 合著 *Current Economic Problems* 一书中,第23章系论独占,颇为简单扼要。据他们所知,资产在10亿以上的公司,在第二次大战期内,已经加至43个。见该书第639页。

10 州的资产,能够超过它们。第二种统计,表示美国公司财产集中的情形。根据 1935 年 40 万家公司的报告,有 55% 的公司,只占公司财产 1.4%。在另外一个极端,有 780 家公司,财产都在 5000 万美金以上,虽然在公司的总数中只占 2‰,但占所有公司财产的 52%。我们如从公司的数目中,除开金融组织不算,财产集中的情形,依旧是明显的。有 61% 的公司,只占公司财产的 2%;92% 的公司,也只占公司财产 12%;99% 的公司,还只占公司财产 30%。再看那些大公司,2‰ 的公司,占有公司财产 50%;1% 的公司,占有公司财产 70%;10% 的公司,占有公司财产 90%。这些大公司,在每一种生产部门中独占的情形,从下列的统计中可以看出:

| 物品 | 公司数目 | 生产占总量的百分数 | 时期 |
| --- | --- | --- | --- |
| 铝 | 1 | 100 | 1937 |
| 汽车 | 3 | 86 | 1937 |
| 牛肉制品 | 2 | 47 | 1935 |
| 面包制品 | 3 | 20 | 1934 |
| 罐头 | 3 | 90 | 1935 |
| 水泥 | 5 | 40 | 1931 |
| 香烟 | 3 | 80 | 1934 |
| 烟煤 | 4 | 10 | 1932 |
| 铜 | 4 | 78 | 1935 |
| 谷类束缚机 | 4 | 100 | 1936 |
| 谷类播种机 | 6 | 91 | 1936 |
| 面粉 | 3 | 29 | 1935 |
| 玻璃板 | 2 | 95 | 1935 |
| 安全玻璃 | 2 | 90 | 1935 |
| 铁砂 | 4 | 64 | 1935 |
| 油井 | 4 | 20 | 1935 |
| 钢铁 | 3 | 61 | 1935 |
| 威士忌酒 | 4 | 58 | 1938 |
| 木浆 | 4 | 35 | 1935 |
| 锌 | 4 | 43 | 1935 |

1937年国会有一个调查,发现在121种工业中,有4家大公司,其生产量占该工业总产量75%以上。另外一个调查,是以物品为单位的。调查者分析了将近2000种左右的物品,发现约有一半物品,有75%是由该项企业中的4大公司生产的。第二次世界大战以后,除了铝的生产,现在已打破一家独占的局面以外,其他方面的情形,并无改善。而且因为战时,政府的作战物资,有70%的定货单是与100家大公司签约的,有30%的契约是与10家大公司签订的,所以在若干方面,独占的情形可能有加重的趋势。[①]

美国自从1890年起,便通过了反对独占的法律,但是这些法律所产生的效果似乎并不很大。在资本主义的国家中,如何解决独占问题,实为一个有关人民福利的大问题。有人提议,每一种企业中,最大的10家公司,以后不许再有合并的工作。[②] 这种办法,既不能消灭独占,而且还犯了因噎废食的毛病。有好些企业,合并之后,假如可以加增效率、减低成本,我们不可因为它们有独占的可能,而反对其合并。根本解决的办法,只有把已经发现独占情形的实业,收归国营。在国营情形之下,生产的动机可以根本改变。它应当不以获得最高利润为目的,而以充分满足消费者的需要为目的。不过此种办法,在美国这种尊重私人财产的国家

---

[①] K. G. Stokes 曾研究1000个大的制造业公司,分为甲乙两组,甲组包括200个最大的,乙组包括其余的800个。乙组中的800个公司,系于1939年选定的。数年以来公司合并的结果,原来的800个公司1944年只存792个,1945年存781个,1946年存774个。见 Survey of Current Business, Nov. 1947,第17页。

[②] R. N. Owens, op. cit, 第536页。

中,目前无实现的可能。另外一种建议,即由政府在独占事业中,参加生产,根据自己的成本,来定一适当的价格,以这种价格来压迫独占者落价。在第二次大战将要完结的时候,政府的手中原有许多工厂,当时就有一部分的人,主张政府于战后保留若干工厂,作为抵制独占资本之用。① 但是美国的联邦政府,从来没有经营工业的传统,所以这种主张,终没有为国会所采纳。战时的政府工厂,现在已经一一的售与私人了。最后还有一种提议,就是政府对于独占者的定价,要加以管制,使独占者所定的价格,要与完全竞争下所产生的价格一样。② 假如这一点能够做得到,独占的毛病,可以一扫而空。虽然由政府来管制独占事业的价格,在立法上及技术上都有相当的困难,但是美国政府过去已经对于公用事业及铁路公司所定的价格,加以管制。现在如果扩充这种管制的范围,使独占事业所定的价格,近于完全竞争下所产生的价格,在美国实现的可能性,较之国营或由政府参加竞争两种办法,都要大些。假如这一点可以做到,那么美国大企业与消费者敌对的局面,便可取消。消费者可以通过价格机构,来指挥大企业的生产。消费者的主权,在大企业中也可树立起来了。

---

① 在1944年,美国《新共和》及《新民族》杂志中,曾有人发表这种主张。

② Meade 对于管制独占者的价格,曾提出一个简单的标准:"We conclude that if a maximum price for the product is fixed at a level at which it would be equal to the marginal cost of production, and if minimum prices for the factors of production are fixed at the figures which would have to be paid if the factors were employed up to the point at which their rewards were equal to the value of the marginal products, the results of perfect competition can be reproduced."见第236页注2所引书,第199页。

## 八

我们假如站在消费者的立场,来批评这两种生产制度,就可看出苏联国内妨害消费者利益的,是计划经济,而在美国妨害消费者利益的,则为私有财产制度。苏联假如取消计划经济,美国假如取消私有财产制度,同时再假定苏联采纳价格机构,而美国亦实行社会主义,则这两个国家的经济组织,必较今日更为完美,而人民的生活程度,必呈现一更高的水准。社会主义,即取消私有财产的经济组织,是否可以与自由的价格机构同时存在呢?它们将如何配合以发挥其功能呢?这些问题,是与人类的自由与幸福,关系最为密切的问题。

# 谁知道中国的资源?[*]

在经济建设的过程中,总会有一天,主持经济设计的人,要提出这样一个问题,就是:谁知道中国的资源?

如果说中国的资源没有人知道,那自然是言过其实的说法,但如果说,我们对于中国的资源,知道得并不彻底,并不详尽,因而对于经济设计无法进行细密的工作,我想应当是大家所承认的。

在中国所有的资源中,我愿意提出两种来讨论,即土地与铁矿。这两项资源与农业建设及工业建设的关系,是十分密切的。但是我们对于这两项重要资源的认识,是否充分呢?

首先拿土地来说。我们在小学的教科书中,就知道中国是一个地大物博的国家。小学的教员,从来也没有告诉我们过,中国的面积,到底有多少大。如果我们去查地图或者关于各国面积的专门著作,就可发现各家的说法是不相同的,由此可见世界各国的专家对于中国土地的面积,尚无定论。从农业建设的观点看,面积的大小是次要的,可耕地的大小才是主要的。中国到底有多少可耕地呢?首先对于这个问题提出答案的,是美国一位农业专家贝克耳。据他的估计,中国的可耕地有 7 亿英亩,这比美国与苏联的可耕地便少了 3 亿英亩,而且这个数目,还有人怀疑它太大,可是比

---

[*] 原载《观察》第 6 卷第 10 期,1950 年 3 月 16 日。

这个更确切的数目字,我们也没有看到过。其次,在中国的可耕地之中,已耕地到底有多少呢?关于这个问题,答案就非常繁杂了,有说中国的已耕地为 2.8 亿英亩的,也有说只有 1.8 亿英亩的。这两个数目之差,便有 1 亿英亩。最近农业部长李书城在全国农业生产会议上说:全国估计有耕地面积约 14 亿亩。如以每英亩合华亩 6.5 计算,14 亿亩等于 2.1 亿英亩左右,这当然也是一个估计,因为中国各省的土地测量,是至今还未完成的。

中国的可耕地与已耕地的数字,为计划农业生产所必需的资料。我们的农业生产计划,是朝着争取于短时期内恢复并超过战前粮食、工业原料和外销物资的生产水平总目标前进的。这三项任务的完成,都需要有充分的可耕地来作基础。譬如说,我们在 1950 年,计划增产粮食 100 亿斤。这 100 亿斤的粮食,有多少可由改良技术来达到,又有多少须由开垦荒地来到达呢?如其中有一部分,要由开垦荒地来达到,那么这些荒地是在什么县或什么乡呢?假如我们没有完备的已耕地及可耕地数字,我们是不能对于上列问题作一答案的。又如我们去年的种棉面积为 3900 万亩,今年要求增至 5000 万亩,这新增的 1100 万亩,是将原来种粮食的土地改变过来的呢,还是新开垦的荒地?假如是采取前一项办法,那么由此而减少的粮食生产,将用什么方法补偿;如采取后一项办法,那么这些新棉区应在哪些地方发展?这些问题,也非有已耕地及可耕地的数字不可。

假如我们把目光看得远一点,就可知道中国的农业建设,在最近的将来,把谷物问题解决之后,继着来的,就有一个提高营养水准的问题。前者只解决"如何吃得饱"的问题,而后者则解决"如何吃得好"的问题。我国大多数人民的营养中,缺乏动物性的蛋白质,缺少维他命,缺少矿质。这些缺点,只有加增我们食品中的动物产品成分,才可解决。我们看苏联的农业建设过程,在解决了谷物问题之后,就提出牲畜饲养的问题来。马林科夫去年曾指出,谷物生产方面所获得的进展,使得着手消灭牲畜饲养方面的落后状态成为可能。苏联现正计划于最短期内增加牲畜,保证在1951年时生产相当于1948年一倍半的肉类、脂肪、牛油、蛋、乳品及其他动物产品,以供应人民。假如中国将来也有一天要推行一个发展牲畜计划,以提高中国人民的营养水准,那么这些饲养牲畜所必需的土地在什么地方?甘肃、青海、四川、西康、新疆这一带的牧地,是否能够供给足够的饲料,养活足够的牲畜,来满足中国人民的需要?这一个远大计划的草拟,也需要西北与西南各省的土地资料。

在过去,研究中国农业问题的人,曾因得不到可靠的与详细的土地资料而烦恼;现在,我们已有希望在最近期内得到关于中国土地资源的材料了。我们这个希望,便寄托在从事土改的干部身上。关于土改的工作,老解放区已经做过,华北除绥远外,正在进行,其余各区,在减租减息及组织民众的工作已有基础之后,也必然是要进行的。中国的土地,在这次土改运动中,得到了前所未有的彻底清理。我们相信,凡是经过土改的地方,政府是能够得到关于已耕地及未耕地的正确数字的。这是土改的一种副收获,他把历朝的一笔土地烂账可以算得清楚了,因此我们希望将来各区各省以及各县的土改总结报告中,可以看得到中国可耕地与已耕地的正确数字。这种数字的发表,是对于中国学术界的一大贡献。

其次,我们提到中国的铁矿。中国的工业化,其所采取的途径,当然与资本主义的国家是不同的,当然是以苏联的经验作参考的。在苏联决定工业化的方针时,正如斯大林所明白指出,不是把工业之任何发展都算做工业化。工业化的中心,其基础是在于重工业的发展,归根结底,是生产资料生产之发展,是在于本国机器制造业之发展。这与资本主义国家的工业化从轻工业开始是不同的。我们要走苏联的路线,在《共同纲领》中已有表示,因为我们的工业化,也是以恢复和发展重工业为重点。重工业的核心是机器制造业,而机器制造业的基础则为钢铁业。所以谈到发展重工业,我们自然要问中国的铁矿在哪里,储藏量有多少。

在美国出版的《社会科学百科全书》中,曾有一张表,说明全世界各国铁矿的储藏量,其中提到中国的铁矿蕴藏量为12亿吨,占全世界总蕴藏量0.6%,同时提到美国的蕴藏量是为943亿吨,占全世界总蕴藏量41.8%;苏联蕴藏量为26亿吨,占全世界总蕴藏量1.2%。

关于中国铁矿的蕴藏量,百科全书的估计,与抗战前中国地质调查所发表的数字,是相差无几的。假如中国的铁矿,真是这样的少,那么中国的重工业发展,将来是会遇到资源上的困难的。但是我们决不这样的悲观。在抗战期内,中国的地质学者,在西南各省探矿,比以前略为细密了一点,就把中国的铁矿资源,一下就加了4亿吨。再拿东北来说,在1943年,日人对于东北的铁矿,曾估计为18亿吨,比当时地质调查所估计的全国总量是还要大些。到了1945年,日人曾把东北的铁矿储量,估计到44亿吨,此数是否可靠,须待我国的专家复勘,才可断定。我们由此可见,中国的铁矿蕴藏量,决非像我们以前所想像的那样低,我们需要派出大量的地质学者,在各地以最新的探矿方法,发现以前所未发现的铁矿。只有在这种工作精密地做完之后,我们才会正确的知道,中国地下到底藏有多少铁。

我们这种乐观的推测，也是看了苏联在十月革命后探矿所得的成绩而发生的。苏联的铁矿，在帝俄时代所已发现的，如我上面所引的统计数字所表示，比美国真是少得多了。罗克兴在《苏联的工业》一书中也说，俄国在1913年时，铁的蕴藏量据估计不到20亿吨。但在十月革命之后，苏联的地质学者得到政府的鼓励与赞助，在广大的地面上进行勘测，在第三次五年计划初期，苏联已发现铁的蕴藏量，总计相当于2674亿吨。世界上铁的蕴藏量，总计为5000亿吨，因此苏联的蕴藏量，并不是占世界总蕴藏量1.2%，而是占了一半以上了。比起美国的蕴藏量，也就大了三倍。苏联这种美好的结果，在中国将来是否可以重演，不得而知，但是经过详细的探勘以后，中国铁矿的储藏量数字可以提高，则是可以断言的。这种新获得的数字，对于我们将来计划分区设立重工业中心，是最基本的资料。政府自今年起，已在各大学加紧培植地质人材了。我们希望将来这批生力军踏遍中国的疆土之后，有好消息不断的报告给我们。

二月四日

# 吴景超先生学术年表*

**1901 年（清光绪二十七年）**

3月3日，出生在安徽省歙县一个茶商家庭。

**1915 年**

考入清华学校，次年插班中等科二年级学习，接受系统的英文与西方人文社会科学和自然科学训练。据室友梁实秋描述，他"好读史迁，故大家称呼之为太史公"。在校后期对社会学发生浓厚的兴趣，在课本之外取阅各家著作，使自己获得比较开阔的视野。在校期间还积极参与文学创作活动，被誉为"当时清华校园的文艺领袖""与闻一多齐名的文艺干将"。

**1917 年**

开始参与《清华周刊》的编辑工作，前后共有6年，1922—1923学年担任总编辑。

**1923 年**

清华学校毕业，插班进入美国明尼苏达大学学习社会学，于1925年获学士学位。

**1925 年**

进入美国芝加哥大学社会学与人类学系学习。

---

\* 本年表由吕文浩撰写。

**1926 年**

12月,硕士论文《太平洋地区的中国移民》通过答辩,获芝加哥大学社会学硕士学位。

**1928 年**

8月,博士论文《唐人街:共生与同化》通过答辩,获芝加哥大学社会学博士学位。旋即回国任金陵大学社会学系教授兼系主任。

9月,回国后至上海,孙本文为他洗尘,遍邀上海各大学社会学教授作陪,席间提议成立东南社会学会,编辑《社会学刊》作为会刊,吴景超当选为编辑。1930年东南社会学会并入全国性的学会组织中国社会学社,先后担任多届理事,并于1935年担任正理事。

**1929 年**

《都市社会学》由世界书局出版,这是中国第一部都市社会学著作。同年《社会组织》也由世界书局出版。

**1930 年**

《社会的生物基础》由世界书局出版。

**1931 年**

本年秋季学期起改任清华大学社会学系教授。发表《两汉的人口移动与文化》上篇(《社会学刊》第2卷第4期),下篇于次年发表于《社会学刊》第3卷第2期。

**1933 年**

开始为《独立评论》撰稿并参与社员活动,后期胡适不在时曾短期代理编辑工作。

**1934 年**

9月9日,在《大公报》上发表"星期论文"《发展都市以救济农村》,引起广泛讨论,先后有李炳寰、刘子华、万钟庆等学者发表文章与他展开讨论,他又发表《再论发展都市以救济农村》(《独立评论》第136号)以作答复。

**1935 年**

2—4月,先后发表《建设问题与东西文化》(《独立评论》第139号)、《答陈序经先生的全盘西化论》(《独立评论》第147号)等文,表达他对于中西文化的折中立场,反对陈序经的全盘西化论。

11—12月,先后发表《论地主的负担》(《独立评论》第175号)、《再论地主的负担》(《独立评论》第180号),吴世昌、汪民桢与他有所讨论。

7月,发表《西汉的阶级制度》(《清华学报》第10卷第3期)。

9—12月,兼任清华大学教务长。

年底,随翁文灏赴南京,任国民政府行政院秘书、参事等职。抗日战争爆发后,他先后出任行政院经济部秘书、战时生产管理局主任秘书。

**1937 年**

2月,《第四种国家的出路》由商务印书馆出版。

4月,在《社会科学》第2卷第1期发表《同业公会与统制经济》。

4—5月,在《独立评论》上发表《中国工业化问题的检讨》(第231、232、233号)。

**1938 年**

7月,《中国工业化的途径》由艺文研究会出版,长沙商务印书馆印行。

11月16日,与蒋廷黻、翁文灏、陈之迈、何廉、陶希圣等在国民政府任职的"学者从政派"在重庆创办《新经济》半月刊,至1945年

10月1日共出版138期。吴景超担任主要编辑工作,前后发表文章69篇。

**1942年**

4月20日,在《大公报》发表"星期论文"《官僚资本与中国政治》。

**1943年**

10月,《中国经济建设之路》由商务印书馆出版。

**1944年**

2月,《战时经济鳞爪》由中国文化服务社出版。

**1946年**

5—8月,以中国善后救济总署顾问的身份视察贵州、广西、湖南、广东、江西五省灾情及各区善后救济分署工作,行程5000多公里,调查实录整理成《劫后灾黎》一书由商务印书馆于1947年出版。

**1947年**

3月,重返清华大学社会学系任教授。

**1948年**

与钱昌照等发起组织中国社会经济研究会,5月15日创办《新路》周刊,负责主要编辑工作。

10月,发表《论经济自由》(《新路》第1卷第21期)。

10月,发表《计划经济与价格机构》(《社会科学》第5卷第1期)。

12月18日,《新路》停刊。

**1949年**

4月,发表《马克思论危机》(《社会科学》第5卷第2期)。

**1950 年**

4月,发表《苏联工业建设研究》(《社会科学》第6卷第1期)。

10月,发表《苏联农业建设研究》(《社会科学》第6卷第2期)。

**1951 年**

3月28日,在《光明日报》发表《参加土改工作的心得》,受到毛泽东的肯定,毛致胡乔木信中称"写得很好,请令《人民日报》予以转载,并令新华社广播各地"。

**1952 年**

高校院系调整,撤消社会学专业,各院校社会学系也随即撤消,调任中央财经大学教授,同年加入中国民主同盟,并当选为中央常委、全国政协委员。

**1953 年**

本年起任中国人民大学经济计划系教授。

**1954 年**

9月,《有计划按比例的发展国民经济》由中国青年出版社出版。

**1955 年**

2月8日,发表《我与胡适——从朋友到敌人》(原载《光明日报》,同年收入《胡适思想批判》第三辑)。

7月,《苏联工业化时期的计划收购和计划供应》由通俗读物出版社出版。

7月,发表《批判梁漱溟的乡村建设理论》(《新建设》1955年第7期)。

10月,发表《批判梁漱溟的中国文化论》(《教学与研究》1955年第10期)。

**1957 年**

1月,发表《社会学在中国还有地位吗?》(《新建设》1957 年第1期)。4月参加《新建设》杂志展开的座谈会,就开展社会学研究的有关问题进行讨论。7月被指责为帝国主义走狗的走卒,"章罗联盟"的谋士,错划为"右派",受到多次批判。

**1968 年**

5月7日,因肝癌病逝于北京,终年67岁。

# 以历史主动精神探索中国致富图强的现代化之路

——读吴景超的《中国经济建设之路》

王 昉

吴景超先生被誉为"中国都市社会学第一人",是中国社会学研究的开拓者之一。他早年留美,先后在明尼苏达大学、芝加哥大学学习,获硕士和博士学位,回国后先后在多所高校任教,曾任国民政府行政院秘书等职务。他一生致力于社会学的本土化,寻求中国实现国家富强的途径。商务印书馆2010年再版《第四种国家的出路》的导读文章中,吕文浩先生对吴景超先生在社会学领域中的杰出成就和主要学术观点进行了系统介绍。吴景超先生同时也是中国近代卓有建树的经济学家,他的研究充分体现了社会学和经济学交叉融合的特点,在产业经济、区域经济、人口等领域提出了一系列富有创见的观点。美国南伊利诺伊大学 Paul. B Trescott 教授在《经济学:西方经济思想引进史(1850—1950)》一书中写道,在芝加哥大学求学期间,吴景超接受了经济学的训练,他最初写的一篇论文是关于中国在国际经济中的地位的,后来转向了社会学领域,并于1928年获得了社会学博士学位。① 这部书中还提到,

---

① Paul. B. Trescott, *Jingji Xue: the History of the Introduction of Western Economic Ideas into China 1850—1950*, Hong Kong, China: The Chinses University Press, 2007, p.281.

1944年和1946年,在汉学家宓亨利(Harley Farnsworth MacNair)编写的两本关于中国的论文集中①,是将吴景超作为在西方受过学术训练的中国经济学家进行介绍和评论的。1946年宓亨利编著的《中国》(China)一书出版,此书被列入联合国丛书(The United Nations Series)系列。全书分为六个部分,分别从文化、历史、宗教、哲学、经济等方面介绍中国,吴景超负责编写第五部分"经济和重建"当中"经济发展"的部分。由此可见,其在经济学领域的成就在海外学术界也享有盛誉。吴景超与刘大中、蒋硕杰、巫宝三、浦山等人一起被认为是民国时期跻身世界学术前沿的经济学家,他的经济思想不仅对民国时期的学术和政策有着重要的影响,至今也有其重要的理论价值和现实意义。

《中国经济建设之路》收录了吴景超在抗战前和抗战期间撰写的代表性论文,1943年由商务印书馆初版。1944年中周出版社再次出版的版本,分专题论述战后经济发展战略和政策问题,系选编1943年版的内容而成。商务印书馆拟于近期再版此书并将其纳入"中华现代学术名著丛书"系列,加上此前出版的《第四种国家的出路》,为系统、深入认识吴景超的学术思想和理论品格提供了重要的资料基础。中国自19世纪70年代以来的工业化,由于自然和社会条件特殊,历经坎坷,走出了人类工业发展史上的一条新路,取得了举世瞩目的建设成就。如今,在我们坚定不移推进中国式现代化道路的进程中,重读80年前出版的《中国经济建设之路》,如

---

① 1943年8月,费孝通等中国学者被芝加哥大学邀请,参加名为"自由中国"(Unoccupied China)的论坛,论坛上的发言和演说和讨论经宓亨利整理编辑而成《来自自由中国的声音》(Voices from Unoccupied China)一书,于1944年由芝加哥大学出版社出版。1946年宓亨利编著的《中国》(China)由加州大学出版社出版。

何准确把握其历史逻辑和时代价值,就笔者个人浅见,有以下几方面心得。

## 一、从时代背景和学术环境了解本书的成书动因

近代以来,无数仁人志士为寻求国家救亡图存之道,前仆后继。面对"中国究竟应当向何处去"这一历史之问,民国时期的知识分子进行了深层次、多维度的思考,形成了丰富的研究成果。如方显廷的《中国经济研究》、何汉文的《中国国民经济概况》、马寅初的《中国经济改造》、王亚南的《中国经济原论》《中国社会经济改造问题研究》、刘大钧的《工业化与中国工业化建设》[1]、许涤新的《中国经济的道路》、朱伯康的《经济建设论》等等,都对当时中国的经济状况进行了分析和讨论,并围绕如何改变国家积贫积弱的情况,建成一个"富强而幸福的中国",提出了不同的设想和方案。

20世纪二三十年代,在世界经济危机的大背景下,中国出现了农业大萧条和严重的农村危机。学术界先后展开了关于中国发展道路的三次论争,代表性的观点有"以农立国"和"以工立国""农工兼重"等。以章士钊、梁漱溟等为代表的"以农立国"派主张复兴

---

[1] 刘大钧组织国民经济研究所出版了"论中国工业化"的系列著作,包括刘大钧的《工业化与中国工业建设》(1944)、韩稼夫的《工业化与中国农业建设》(1945)、曹立瀛的《工业化与中国矿业建设》(1946)、褚葆一的《工业化与中国国际贸易》(1945)、韩稼夫的《工业化与中国交通建设》(1945)、刘鸿万的《工业化与中国人口问题》(1945)和《工业化与中国劳工问题》(1945)。

农村,振兴农业从而发展工业。吴景超是"以工立国"派的代表人物,他认为发展工业才能改变中国贫穷落后的面貌。在这场讨论中,吴景超先后撰写了《发展都市以救济农村》《世界上的四种国家》《我们没有歧路》《都市教育与乡村教育》等文章阐明了"以工立国"的立场。吴景超的一个重要的逻辑起点是,中国人口密度过高和农业人口过多,因此,既要减少人口的绝对数量,也要通过发展工业将过剩人口转移到城市工商业。事实上,到20世纪30年代,论战的双方都承认工业化的合理性,这一主题的讨论已聚焦于"如何实现工业化"上了。全面抗战爆发后,第二次世界大战和中国的抗日战争给中国"知识界提供了一次重新思考中国工业化问题的机会,最终导致工业化理念在中国思想界完全确立"①。本书的内容,也正是基于这样的时代背景和学术立场而形成的。吴景超的《中国经济建设之路》出版前后,有何廉、方显廷的《中国工业化程度及其影响》(1938)、方显廷的《中国之工业化与乡村工业》(1938)、刘大钧的《工业化与中国工业建设》(1944)、以及由翁文灏、胡庶华、简贯三编辑《中国工业化丛书》,包括伍启元的《中国工业建设之资本与人材问题》(1946)、章友江的《中国工业建设与对外贸易政策》、(1946)和谷春帆的《中国工业化计划论》(1945)等相继出版,这些著作不仅深入地探讨了实现工业化的具体路径和方法,也反映了20世纪三四十年代中国经济结构演变的现实与趋势。

民国时期一批有海外留学背景的知识分子,怀着强烈的报国

---

① 阎书钦:《国家与经济:抗战时期知识界关于中国经济发展道路的论争——以〈新经济〉半月刊为中心》,中国社会科学出版社2010年版,第126页。

热情,以历史的主动精神不懈努力,无论是在学术研究还是在实务救国方面,都做出了重要贡献。① 吴景超也是留学生中的代表性人物。他1928年年底学成回国,先后在金陵大学、清华大学任教,1936年起出任国民政府行政院秘书、国民政府经济部秘书,后历任国民政府经济部工矿调整委员会、战时生产局主任秘书、行政院善后救济总署顾问等职务,直至1947年重返清华大学。1938至1945年期间,他还担任《新经济》编辑工作,先后撰写了60多篇文章。《新经济》的办刊宗旨是探讨以经济建设为核心的"建国问题",其实质就是中国的"现代化"问题。《中国经济建设之路》一书中的文章,大部分是吴景超在担任国民政府行政职务期间所撰写的。扎实的学术背景、理论积淀,对政策的近距离观察和亲身经历,使得他对于中国当时的局势认识清醒而深刻,能比较准确地把握中国经济建设中存在的问题和弊端。现代化核心的要义是从传统农业社会向现代工业社会变革,胡寄窗先生曾指出,"工业化是任何现代国家均必须经历的一个历史过程。这个过程随着一国的自然条件和社会经济条件之不同,其发展模式和完成时期也有极大的差异……不论工业化进程的难度有多大,一个经济落后的国家如不能倾其全力以实现工业化任务,就不足以置身于现代化国家之林"②。可以说《中国经济建设之路》是中国经济现代化理论早期探索的重要成果之一。

---

① 有兴趣的读者不妨读邹进文教授的《近代中国经济学的发展:以留学生博士论文为中心的考察》(中国人民大学出版社2016年版)一书。
② 引自胡寄窗为《中国工业化思想及发展战略研究》(赵晓雷著,上海社会科学院出版社1995年版)所写的"序"。

## 二、从本书的体例结构来认识吴景超经济思想的基本逻辑

《中国经济建设之路》原书分自序、第一章"抗战前的经济建设"、第二章"几个失败的教训"、第三章"经济建设的展望"四部分，此次再版，增加了"相关研究补编"，收录了作者另外七篇文章，最后还有吕文浩先生编写的吴景超先生学术年表。

在第一章"抗战前的经济建设"中，本书对1881—1940年期间中国经济的发展情况进行了总结和分析，开宗明义地提出为什么要总结60年来的中国经济，"这60年来经济的变动，是使中国由一个中古时代的经济走向近代化的经济……我们现在检讨过去60年的经济变动，是要温习我们已经走过的路程，看看我们已经有了什么成绩，因而决定我们在哪些部门，还要继续的努力"①。本章以10年为一个历史时期，对中国经济各个部门：商业、工业、交通、矿业、农业等的发展概况进行了整理。对1931至1940年这10年间，作者认为应该分为两个阶段进行认识，"抗战前的数年，是中国最进步的几年，经济各部门的发展，无一不可使人乐观"②，同时书中引用了1936年的海关报告，对当年经济情况进行了描述，1937年之后"中国经济的正常发展路线完全毁坏了"③，但是吴景超也指出，抗战虽然造成了沿海沿江大都市的破坏，但是客观上促进了内地的建设和开发，使得中国的现代化更为深入。第二章"几个失败

---

① 本书，第2页。
② 本书，第13页。
③ 本书，第13页。

的教训"是本书比较特别的部分,作者通过查阅档案,搜集了汉冶萍公司、湖北象鼻山铁矿、安徽售砂公司、龙烟铁矿以及国民政府筹备国营钢铁厂的资料,对四家企业创办、经营管理方式、失败的原因以及钢铁计划的实施前奏等进行了梳理和分析。第二章的第六部分"整理生产事业的途径"从组织架构、人才选用、廉洁管理等方面详细论述了如何克服旧有企业的弊端,振兴企业的具体路径和方法。第三章"经济建设的展望"共包含十篇文章,这部分是本书的核心内容,从国民经济体系、人才训练、资源开发、国内资金筹集、工业区建设、国际收支平衡和利用外资等各个角度讨论了战后中国经济建设的发展战略问题。本书"相关研究补编"收录的文章,讨论的主题涉及工业化过程中的资本和人口、美国资金的出路和中国利用外资、社会主义和计划经济之间的关系、计划经济和价格机构、中国的自然资源和工业区划设置等,这几篇文章均完成于抗战之后,在内容上和第三章中收录的文章有着密切的联系,是对有关内容的进一步补充,反映了吴景超在工业化和经济体制问题上认识的递进和发展。

从全书的体例结构和布局安排来看,形成了回顾历史—理清当下—展望未来三段式的逻辑体系,各篇文章在编排和内容上形成有机联系的整体。书中收集的文章,除了两篇是在抗战前一年所写,其余十五篇都是在抗战期间写的,这反映了作者在不同历史时期对于中国经济建设问题的关注重点。吴景超在自序中做了说明,"是在两种不同的心情之下写的","抗战初期……我国虽然高谈经济建设已有多年,但是经济建设对于抗战,似乎没有很大贡献……我怀着检讨过去的心情……想从这种研究中,发现我们过去的错误,以为将来改进的参考",这是对本书第二章的定位进行的说明,也反映了作者对抗战之前中国工业化走过弯路的痛惜。关于另一种心情,作者写到,"……战后经济建设的各种问题,现在即应研究,以便战争结束之后,我们便可大规模的进行经济的建设"。虽然全书的文章写作时间历史跨度近十年,但都围绕着如何实现中国的现代化,构建一个"新社会"这一中心展开。

《中国经济建设之路》初版时间为1943年10月,正是抗日战争形势已趋明朗,即将迎来胜利曙光的时期,吴景超对如何建设一个更加欣欣向荣的中国满怀着期待,他在自序中写道:"我愿以满怀的热忱,把这本小册子献给全国留心经济建设的同志。"

## 三、从系统性、整体性认识本书的学术观点和学术贡献

如果要全面认识吴景超先生的经济思想,应将《中国经济建设之路》和《第四种国家的出路》(1937)、《中国工业化的途径》(1938)等结合起来阅读。这几部著作的核心观点就是,中国富强的唯一出路是工业化,要实现国强民富"非急起直追,设法使中国于最短期内工业化不可"①。《第四种国家的出路》提出都市、市镇与乡村三者关系密不可分,中国应当走发展都市、救济农村的工业化道路。《中国经济建设之路》对中国走工业化之路的重要意义、工业化需要的条件、工业化的途径等进行了详细论述。在分析了中国工业化各项社会经济条件的基础上,提出了一系列实现工业化的设想方案以及经济发展方略。这两本书都共同收录了《中国

---

① 吴景超:《中国工业化的途径》,商务印书馆1938年版,第4页。

工业化问题的检讨》一文。《中国工业化的途径》一书则强调了工业化的两个维度,一是机械化的生产;二是人口的职业分布由农业向工商业和交通业转移。基于此,吴景超认识到工业化是城市化的主要推动力。

吴景超对于中国经济建设之路的规划有其完整的逻辑链条和系统方案,提出了一系列超越当时主流思想的学术观点。首先,吴景超认为,从世界各国发展的历史来看,工业化是一国致富图强的发展路径,工业化的特征包括生产机械化和农业生产人口占比的降低,"促进工业,是国民经济建设运动的中心工作,可无疑义"[①]。在工业国的建设标准方面,他依据苏联的标准,认为工业产量应占国民经济的70%左右。其次,在轻、重工业发展的优先顺序上,当时的学术界有不同的观点。以刘大钧为代表的部分学者认为,从中国的人口、资本、经济条件来看,宜优先发展轻工业。而吴景超、方显廷、顾毓瑔等人认为应该优先发展重工业。吴景超在1937年曾随翁文灏到欧洲游历,苏联和德国工业给他留下了深刻的印象,抗战期间他的工业化理念有了新的发展,他认为,"经济建设有两个目标,一是致富,一是图强"[②]。国防工业是经济建设中最重要的。在《中国工业化途径》一书以及本书同名文章《中国经济建设之路》中,吴景超比较了英美和苏德经济建设目标的不同,提出"我国过去的经济建设,倾向于致富的目标,而忽略了图强的目标……我们应当把国防工业,看得比民生工业更为重要"[③]。在具体的实现方式上,

---

① 本书,第76页。
② 本书,第120页。
③ 本书,第120页。

他认为应该通过扩大本国农、矿产品等原材料出口,以换回可以促进本国国防工业的器材,发展以国防工业为主的重工业。"国防第一、民生第二"的思想并非单纯出于对苏、德国防力量的羡慕,而是认识到"国防工业在一定程度代表合理完善的工业结构的基础性重工业"①,"有了国防之后,再来提高人民的生活程度,那种提高的生活程度才能够维持下去"②。再次,在传统农业国如何实现工业化的具体条件上,本书从人才、资源、资金等不同方面进行了详细阐释。发展经济学的奠基人张培刚先生认为,不同的国家,推动或阻碍工业化发展的因素主要包括"人口数量及其地理分布,资源种类、数量及分布,社会制度,技术,企业创新管理才能"③。同时农业国工业化的实现,还需要在与工业国的贸易工程中,谋取本国工业化的需要。吴景超关注的实现工业化的几个条件和张培刚的观点一致,同时也提出了自己独到的见解,例如在工业化资本的筹措方面,他特别强调利用外资、筹集外汇的必要性,这实际上是对孙中山利用外资、发展实业来振兴中华经济思想的继承和具体化。此外,在工业化所需人才方面,他提出了高级别人才要引培结合,同时不同类型的人才,在培养、训练、引进所需的时间和方法上应有差别;在对外贸易方面,他突破了当时占主导的贸易保护主义的思想,在对国货和外货各自的优劣进行了仔细比较后,写到,"我们深信中国工业的前途,是光明抑或黑暗,大权是操在我们自己手

---

① 马陵合:《经济与社会之间:吴景超学术思想的过渡性特征》,《民国研究》2012年春季号,社会科学文献出版社2012年版。
② 本书,第122页。
③ 张培刚:《农业国工业化问题再论》,《农业与工业化》(中下合卷),华中科技大学出版社2009年版,第100—101页。

中。外货的竞争,是不足畏的"①。工业区划的建设方面,吴景超提出工业区的布局,"第一要顾到经济的条件,第二要考虑国防的安全。……在中国境内分建若干工业区,而非如过去的集中于沿江沿海,也不是如少数人所提倡的集中于内地"②。20世纪30年代,中国的工业制造区主要集中在长三角以及辽宁、河北、山东和广东等地,当时的一些学者如方显廷、龚骏等,从实证的角度对于中国工业的空间分布进行了研究。吴景超认识到了中国的国家安全、资源禀赋与工业化空间进程之间的关系,提出应着眼于全国范围来改善产业布局和提升产业体系建设。

在阅读本书的过程中,对吴景超学术理路发展演变的节奏也要有准确把握。吴景超先生一生的学术研究可以大致分为三个时期:抗战前他主要关注农业与工业之间的关系,在战时重点思考如何实现工业化的问题,抗战胜利后更多关注经济体制问题。20世纪30年代,世界经济危机暴露了自由放任经济的弊端,苏联的计划经济体制取得了重大成就,在此背景下,中国兴起了计划经济的思潮。当时中国学术界的主流思想是采用政府干预的办法,将"计划经济"视作人类社会的必由之路。在本书同名文章《中国经济建设之路》中,吴景超在"国防与民生"之后随即讨论了"国营和民营"以及"自由与管制"。在国营和民营关系的认识上,吴景超认为政府对于生产事业参加的范围要扩充,直接主办的事业要增加,"中国的经济建设,应由政府通盘筹划"③。只要掌握经济监督权和指导权,"假如实业兴办的决定权在政府、指导权在政府、监督权在

---

① 本书,第150页。
② 本书,第111页。
③ 本书,第125页。

政府,那么国营与民营是无关重要的"①,"抗战胜利之后,我们尽全力于建国,而且是在国防第一的政策下建国。为应付这种需要计,管制经济不但不能取消,还要设法加强"②。叶世昌先生认为,这种思想和发展经济学早期认为计划化是发展中国家启动经济的重要手段是一致的。③

　　1943年以后吴景超的经济思想发生了明显的变化,有学者认为,这是由于吴景超在对美国进行考察后,对其经济高速增长印象深刻,对统制经济认识产生了动摇,因此再度回到自由主义本位价值观的立场上。④ 本书"相关研究补编"中收录的《计划经济与价格机构》《社会主义与计划经济是可以分开的》发表于抗战胜利后。在这两篇文章中,我们可以看出,吴景超从自由选择在经济发展中的作用以及经济制度的目标应该是"提高人民的生活程度"出发,在对比研究以美国为代表的自由经济主义和苏联的计划经济体制后,提出走一条中间道路,经济上"后起的国家"在实行计划经济时,不能考虑借鉴其他类型经济制度。社会主义与计划经济可以分开,"计划经济并非社会主义带来的"⑤是吴景超在抗战之后提出的最为重要的观点。他认为应吸取计划经济与市场经济的优点,使之相互补充。"在价值系统中,我同样的重视'经济平等'与'经济自由'。我一向的看法,深信社会主义可以使我们经济平等,而计划经济则剥夺了消费者的自由。只有社会主

---

① 本书,第123页。
② 本书,第126页。
③ 叶世昌:《中国发展经济学的形成》,《复旦学报》2000年第4期。
④ 马陵合:《经济与社会之间:吴景超学术思想的过渡性特征》,《民国研究》2012年春季号。
⑤ 本书,第221页。

义与价格机构一同运用,我们才可以兼平等与自由而有之。"①社会主义国家可以采用市场经济,同样资本主义国家也可以采用计划经济;政府的作用是补充市场,而不是代替市场。这一观点的提出不仅反映了吴景超"经济思想的重要转折和独特之处,也是 20 世纪中国经济思想发展史上最早出现的社会主义与市场机制相结合的论述"②。

## 四、从历史意识和实践自觉来认识吴景超的治学风格和研究方法

作为"建设型知识分子"的代表,吴景超立足于中国特殊国情,将历史意识与实践自觉相结合,在探索中国现代化发展的理论和实践道路中形成了自己的治学特色和研究方法。谢泳曾评价吴景超"凡论述某一问题,视野都很开阔,他总是要把眼光放在全世界范围内考察,他引述的理论和数据都是当时最新的,他涉猎之广泛、学术格局之宏阔,在同时代学者中,是不多见的"③。首先,吴景超的研究从实际出发,并不拘泥于学科或者问题本身,他具有多学科的学术背景,在研究中综合运用社会学、经济学、历史学的融合与交叉的方法,注重理论与实践的结合。读者们可能不太熟悉的是,吴景超先生对汉代历史也有深入的研究,他试图从汉代的个案历史材料中发现社会科学上一般规律性的问题,这一特点也反映

---

① 本书,第 223 页。
② 钟祥财:《1949 年以前吴景超的经济思想及其方法论特点》,《社会科学》2012 年第 1 期。
③ 谢泳:《清华三才子》,东方出版社 2009 年版,第 180 页。

在本书的研究中,即从具体的事实分析出其中蕴含的理论。其次,吴景超的研究具有宏观的视野,善于从历史与现实、中国与世界的纵横交错中认识中国的问题,寻找符合中国基本国情和文化传统的发展路径。在讨论中国工业化所需要的资金、就业人口的结构、国民收入及储蓄、工业区划的布局时,都对英、美、德、日等工业化先行国家的情况进行了分析,在和中国进行比较的基础上提出自己的判断。他所主张的方案不是对西方的简单模仿,而是要走中国自己的道路。在《答陈序经先生的全盘西化论》一文中,吴景超从学理逻辑和价值取向两个层面进行论证,主张在西化的过程中要有"选择"的余地。费孝通先生也曾评价,"他的研究是宏观的,用全世界各国的材料来做比较,去找中国社会的出路,去理解中国社会"①。再次,吴景超在研究中重视调查,大量采用统计数据进行定量和比较分析。民国时期,各种数据统计受到重视,统计被认为可以起到"验国情盈强、国势强弱,参互比较,以实施政之方"的作用,吴景超的研究中,充分使用了当时统计调查的成果,以数据来呈现、诠释与说理。

吴景超的实践自觉不仅仅体现在实践的本体论上,更是一种价值理念,他的研究不只是为了用不同的方式解释世界,还在于"为认识世界、改变世界提供强大的理论支撑,并在理论付诸实践中不断丰富和发展它"②。他的很多观点,从今天来看是非常具有前瞻性和深刻性的。如外资的利用、社会主义和计划经济之间的关系等,"虽然其研究在当时代并未全然转化为现实,但是当今其

---

① 费孝通:《在纪念著名社会学家吴景超教授学术思想讨论会上的讲话》,载《吴景超文集》"代序一",商务印书馆 2008 年版。
② 洪大用:《实践自觉与中国式现代化的社会学研究》,《中国社会科学》2021年第 12 期。

部分已经成为了国策,部分成了现实,部分正在被社会验证"①。其对于工业化的强调,正是牢牢把握住了中国近现代社会经济发展最核心的要义。透过《中国经济建设之路》,我们能深刻感受到以吴景超为代表的一代知识分子所具有的责任感和使命感,他们追求"为天地立心,为生民立命,为往圣继绝学,为万世开太平"的理想抱负,以历史主动精神去探求更好的中国,正如吴景超先生自己所言,其毕生所追求的是"使我所居的社会,因为有我,可以向真美善的仙乡再进一步"②。

---

① 庞绍堂:《吴景超先生的学术思想与学术风格》,《南京大学学报》2004 年第 5 期。
② 吴景超:《暑假期内我们对于家乡的贡献》,《清华周刊》第 7 次增刊,1921 年 6 月。